# Will

# (Runaway Gate)

Gregory Danilevsky

# Воля
# (Беглые воротились)

**Григорий Данилевский**

**Will (Runaway Gate)**

ISNB: 978-1-60444-884-9

**Воля (Беглые воротились)**

© Индоевропейских Издание , 2018

ISNB: 978-1-60444-884-9

# ВОЛЯ (БЕГЛЫЕ ВОРОТИЛИСЬ)

## ЧАСТЬ ПЕРВАЯ

## РОДНЫЕ ГНЕЗДА

### I

### Голубятня

Наступали новые времена. Разнесся слух, что крестьянам, так долго и упорно мечтавшим о свободной жизни, о разных зауральских, закавказских и новороссийских новых местах, хотят дать волю.

И вот из разных мест России и из чужих краев, по-видимому без всякой причины, стали в верхние, средние и южные губернии возвращаться беглые помещичьи люди. Это было за год и несколько месяцев до издания положений о воле. Одних помещиков это радовало, другие в недоумении пожимали плечами, не понимая, откуда это взялось и что из этого будет.

Однажды весной, в конце мая, по пути в тот угол на юге за Волгой, который населился в давние времена, с одной стороны, украинскими, а с другой — русскими выходцами, шла кучка людей — два старика и шестеро молодых. Дойдя до каменистых бугров, за которыми уже начинались прибрежья Волги, они сделали в глухом овражке последний привал, сварили еще раз общую кашицу, закусили и готовились разойтись в разные стороны.

— Пойдем к своим господам, живы ли они? — сказал семидесятилетний седой сапожник, Гриценко, тридцать три года бывший в бродягах в Бессарабии и в Крыму. — Удивятся господа, коли живы, ей-богу!

— Возвращаться, так возвращаться! — прибавил другой старик, Шумейко, восемнадцать лет торговавший в Одессе у какого-то купца квасом по поддельному паспорту. — Шабаш, молодцы! значит пришла пора!

— А как ты, Илюшка, говоришь про мужика? — крикнул опять старый бродяга-сапожник молодому парню, который всю дорогу умудрился вести

1

на поводу невзрачного, хотя молодого, гнедого коня. — Как ты это про мужика-то говоришь? Да брось коня! успеешь еще на него наглядеться.

Черноволосый Илюшка, рослый, кудрявый, хотя несколько мешковатый молодец лет двадцати двух, к которому относились эти слова, молча оправил дорожную котомку на гнедке, погладил его, еще раз оправил, вспрыгнул на него и сказал:

— Вам, дедушка, все смех. А у меня в голове не то… Эх! горе на вас смотреть!

— Да ты про мужика-то скажи, про мужика, Илько.

— Да что ж сказать? Реши: отчего мужик нынче дешев стал?

— Не знаю… — старик покатился со смеху.

— Оттого, что глуп! — ответил Илья.

Собеседники громко расхохотались, потом замолчали, разом все перекрестились, встали от еды и пошли одни направо, другие налево. «Эки места-то, места! Вольница тут жила когда-то. И теперь еще куда ни глянешь, дичь и глушь!»

Илья поехал рысцой на один из соседних, с детства знакомых ему холмов, поросший мелким лесом. Солнце село. Он привязал лошадь в кустах, взобрался на дерево, осмотрел еще раз окрестность, как будто припоминая что-то, давно виденное и забытое, и пошел с холма лощиною.

Наутро и в последующие дни некоторые соседние и дальние помещичьи дома и сельские конторы были приятно, а может быть, и неприятно изумлены возвратом нескольких беглых бродяг, из которых об иных в родных селах даже исчезла всякая память. Там явились, как с того света, тридцать лет бывший в бродягах Антошка Крамар, кузнец и восемь лет пропадавший без вести повар, Михей Пунька. Явились, бывшие в далеких прогулках, лакеи, плотники, столяры, кучера, ключники, кондитеры и писаря. Иных господа и свои братья, дворовые, стали с горячим любопытством, хоть и ласково, допрашивать: «Где были, у кого служили, чем кормились в это время, что делали?» Но на все был один ответ: «Где были, не помним; у кого служили, не знаем; а жили и кормились, где день, а где ночь — и сутки прочь». — «Что же вы так это вот, с одного маху, взяли да и воротились?» — продолжали допрашивать свободных еще вчера пташек, от которых, так сказать, еще воздухом пахло, ручные по-прежнему, домашние птицы разных клеток тихого русского юго-востока. «Надо же когда-нибудь и честь знать!» — лукаво отвечали прилетные, добровольно воротившиеся пташки.

Новизна переставала быть новизной. Все начинало идти по-старому. Молчаливая барщина одна как бы заметно обновлялась: она насчитывала новых постоянных рабочих.

Илья Танцур между тем, привязав в лесу коня, выломал себе палку и, спустившись в лощину, долго шел чуть видною в сумерках тропинкою.

2

Стало еще темнее. Илья начинал спотыкаться о кочки, о хворост, положенный в виде гатей по болотным перемычкам луговой дороги. Кое-где он разувался и бранился про себя за остановки, потому что стемнело еще более, а он торопился. В воздухе было тихо и мягко. Точно теплым вином пахло. От запаха болотных трав, березовых листьев и фиалок голова хмелела. Илья остановился.

— Волга не Волга, бог весть, что такое белеет вправо! Ах ты, башка моя, глупая башка! В двенадцать лет перезабыть все так, что оглянешься и не узнаешь!

Впереди послышался отдаленный переливистый лай.

— Так и есть, наша Есауловка!

Сердце крепко забилось в груди парня. Он удвоил шаги, пошел еще смелее и, спустя несколько времени, почувствовал, что местность вокруг него изменилась. Впереди чернел будто лес, слева стоял точно ряд мельниц. Он с наслаждением расслышал впотьмах людской говор, отозвавшийся уже недалеко. «Нет, пережду, пока люди уснут! Так-то легче будет к родителям явиться!»

Танцур еще послушал, переждал, огляделся и пошел к деревьям, при мысли: «А! двенадцать лет дома не был! Жив ли батюшка, жива ли матушка? Много ли ребятишек-сверстников в живых осталось на селе? И чем теперь батюшка состоит, в рядовых ли мужиках, или при должности какой? Да и что самое село теперь стало, пока я по свету с ветром маялся да гулял? Ребенком убежал от розог немца-приказчика; никто не защитил меня тогда; отца все голопятым звали; он сам, помню, лямку тер пастухом за овцами; мать все хворая лежала. А теперь я вон какой вытянулся; узнают ли родители меня теперь? Ах ты, свет-свет! Господи!» Илья шагал и шагал...

На пути впотьмах встретилась канава. Илья попробовал ее глубину палкою, перелез, очутился опять в густых деревьях и залег под кустом, потому что невдалеке послышались ему опять отголоски людского говора, а он не знал, куда забрел.

Тихая весенняя ночь перекликалась отрывистыми, шепотливыми и неясными звуками. Вскоре, однако, кругом будто стало виднее, хотя небо было еще без месяца. Тихо лежал в кустах Илья, боясь и кашлянуть. Вдруг ему почудились невдалеке, между деревьями, чье-то всхлипыванье, плач и вздохи. Чей-то жалобный голос то затихал, то опять раздавался. Танцур повернулся к той стороне, тихо прополз между деревьями и кустами и поднял кверху голову. Ему почудилось, что вздохи и шепот раздаются где-то вверху, точно над деревьями. Страшно стало Илье: «Что за притча, не то птица стонет по-человечьему, не то человек на ветках где-то сидит!» Он встал и, тихо, как ночной зверь, ступая, обошел вокруг дерева, сверху которого раздавались, по его мнению, в потемках стоны, и вместо живого дерева ощупал гладкий столб. Отошел в сторону, присмотрелся: голубятня, в виде домика, на плотной высокой подпоре. Голос затих.

— Кто тут? — решился спросить вполголоса Илья, осматривая воздушный голубиный терем, с крошечными оконцами, чуть рисовавшийся на сумрачном небе.

Ответа не было.

— Кто тут? отзовись! не бойся!

Танцур прислушивался.

— Я... — прошептал пугливый голосок.

— Да кто ты?

— Фрося...

— Какая?

— Барынина... горничная Фрося...

— Где же это ты сидишь?

Голос опять затих.

— Сидишь где ты? Ну? да говори же!

Илья смотрел вверх.

— В голубятне заперта... А вы кто, позвольте спросить?

— Я-то?

— Да.

— Я так... посторонний.

— Дядюшка, голубчик! освободите меня. А не то, рассвенет — пропала я и бедная моя головушка.

Из окошечек воздушной голубятни опять послышались горькие стоны, плач и вздохи.

— Да как освободить-то тебя, чем?

— Лестницы поищите поблизости тут или поодаль; она здесь где-нибудь в саду, ищите.

«Так мы в саду. Что за диковина! Чей же это сад? Наш был не в этой стороне», — подумал Танцур, бросился искать впотьмах лестницу и скоро нашел. Он приставил ее к столбу, взлез туда, посоветовался с необыкновенной пленницей, как поступить, сломал палкой задвижку небольшой дверцы, в которую деревенские повара весной лазят грабить детей воздушного домика, и снес оттуда на руках дрожавшую от страха, стыда и отчаяния молоденькую горничную.

Она отбежала к садовой канаве, быстро оправилась, хотела бежать далее и остановилась.

— Кто вы? — спросила она, — за кого бога молить? Говорите скорее!

Илья подошел и взял ее за руку.

— Зачем вам? Лучше вы сами скажите, кто вы и что за невидаль такая тут случилась с вами?

Девушка потупилась, стала вертеть по земле ногою.

— Надо к барыне-с... Я горничная здесь, коли знаете нашу барыню. Нас много у нее. Поляк-управляющий давно к нам, видите, подбивается. А мы плевать на него. Он и пойди дозором. Я тут в сад выходила иной раз... не к нему... а к знакомому такому другому человеку... Он нежного, можно сказать, сердца и совсем не такой вовсе подлой души... Выбежала я и сегодня, будто в прачешную... А поляк и наткнулся на нас. Этот-то мой душенька, значит знакомый, убежал от стыда да от страху, а поляк меня, оторопелую дуру, ухватил с дозорными, да и запер тут до утра в голубятню. «Утром, говорит, узнаем, кто такая тут из девичьей со всякою сволочью, с музыкантами соседскими дружбу водит; а теперь не хочу барыни, говорит, будить!» Так и сволокли меня сюда и толкнули в будку... Индо руки все изломали, платье оборвали... Голубей сонных всех спугнули, и долго они, горемычные, кругом меня в тьме-тьмущей этой летали, крыльями мне в лицо веяли... Стала я плакать; хотела крик ко двору подать, пусть бы хоть и барыня уж узнала; страшно так это мне впотьмах стало, как все голуби-то прочь разлетелись... Я плакать... а тут и вы отозвались... Скажите, кто вы?

— Нет, прежде уж вы мне оповестите: какое это село? Что теперь, барыня у вас, а не барин? Есауловка? — спросил Илья.

— Нет, не Есауловка, а Конский Сырт... Наша барыня — арендаторша!

«Так я не туда попал, — вот что!» — подумал Танцур. Месяц готовился в это время выйти. Кругом стало еще светлее. Илья разглядел миловидное личико, плотно подвязанные вокруг головы косы, белую косынку и полные плечи освобожденной пленницы.

— Мой знакомый, можно сказать, благородный и не такой подлой души человек, как наш приказчик! — сказала Фрося, не двигаясь с места и щипля руками концы косынки, — он по гроб жизни и света не забудет вам этой услуги-с. Но можно ли узнать опять-таки ваше имя?

Фрося подняла глаза и хоть искоса старалась заглянуть в лицо своего освободителя.

— Мне благодарности вашей не надо. А вас бы высекли? скажите мне!

— Ну высечь не высекли бы; а сраму такого набралась бы, что хоть в воду да и утопиться. Так можно ли, опять узнать, как вас зовут?

— Ильёй... а по прозвищу — не знаю и сам, как сказать. Жив ли еще отец мой, про то верно не знаю и не ведаю тоже.

— Вы из Есауловки?

— Оттуда; только двенадцать лет дома не был... Я сын Романа Танцура, коли знаете; он за овцами барскими у нас ходил, помню, как я от управителя с армянами бежал.

— Вам Роман Антоныч папенька-с? — быстро спросила Фрося, и в голосе ее зазвучало столько удовольствия и вместе желания чем-то особенно радостным удивить слушателя. — Так вы ничего не знаете? Дорогою по соседству ничего не слышали?

— Ничего не слышал и не знаю, мы торопились и прятались от всех.

— Так, так; теперь помню... Про сына его... про вас точно люди сказывали, да и он сам часто жалел об вас; даже по людям вас долго разыскивали.

— Так что же? говорите!

— Как же! ведь ваш отец теперь главным приказчиком над всею Есауловкою! Да, и живет в самом барском доме, под низом; а барин ваш все за границей. Как же, мы это знаем! князь десять лет дома не был. Наехал раз, сменил немца, поставил вашего отца, уехал, да с тех пор и нет его... Теперь пора мне в девичью; все спят; прощайте! Извините...

— Как же я в наше-то село дойду? Темно: до утра бродить буду...

— Я бы вас свела, Илья Романыч, да надо в дом заранее в девичью воротиться... А впрочем, так и быть, пойдемте... Ступайте, только бережнее, тут будет опять канава, а дальше мостик через Лихой. Это у нас речка.

— Так это мы за Лихим?

— Точно-с, эта река в Волгу тут, если помните, подале упала и разделяет Сырт от вашей Есауловки. Мы дружка против дружки живем с вами-с...

— Теперь помню, помню: мы на горе, а вы на долине.

— Так точно! Вот и не ошиблись, именно-с...

— Кто же ваша барыня?

— Ох... сердитая наша барыня, Палагея Андреевна Перебоченская, если еще в те поры вы слышали! Она, должно быть, дончиха. Одни говорят, что хутор, где мы живем, ее имение; а другие, что не ее, а чужое, арендное. Только сказать вам, наша барыня так тут крепко сидит, что в ином и своем так не обживешься. Ох... все ее здесь боятся! Да! Забыла-с еще... С вашим отцом они очень хороши-с... Роман Антонович, ваш отец, у Палагеи Андреевны в силе, завсегда обо всем говорит и нам часто беды наши у нее вымаливает. Да позвольте еще: он дома теперь или нет? Что я это забыла! Дома, или за скотом опять в Черномор поехал? Нет — дома, дома: вчера за сахаром к нам мальчишку своего конторского, Власика, присылал. Он приказчиком теперь у вас, а сперва только за гуртами ездил. Наша барыня тоже гурты держит, на лугах наших их нагуливает. И сама даже в поле скот осматривать на дрожках ездит, даром что старуха. Ах, да! еще скажу вам... Нет!.. лучше после. Мы уж и пришли в вашу Есауловку, — а вот и ваш двор. Видите, дворец-то какой у вашего князя-барина! сам большущий... Я вас славно провела. А теперь и домой мне пора. Прощайте-с! Вон светится внизу окно вашего отца. До свидания-с... По гроб жизни, можно сказать, мой знакомый вам не забудет этого.

Фрося еще что-то сказала издали и исчезла впотьмах. Илья остановился у порога барской конторы, теперешнего отцовского жилища. Чего только не переиспытал он в эти минуты! Чего только не было теперь на душе его!

«Батюшка в приказчики попал! — думал Илья, стоя у входа под низ дома. — Вот не ждал! Из скотников, из пастухов, из голопятых, как его звали, в приказчики такого села! Тысяча душ, почитай, будет; помню. Шапку, бывало, за версту снимал он, как подходил к барскому дому, а теперь сам тут живет. Жива ли матушка? Я у этой щебетуньи и не спросил. Ну, как-то отец теперь с людьми водится? Ведь он, почитай, сам тогда мне посоветовал в бегах быть, как я на посылках тут день-деньской у немца маялся, на пинках рос, тычками да слезами сыт ходил и на липке в саду с горя два раза даже повеситься хотел перед тем, как армяне в Крым сманили меня. Приказчик! Не очень же он обрадуется и коню, которого я было ему на хозяйство добыл и привязал пока в лесу!»

Он сошел в коридорчик нижнего яруса дома и стал, замирая от волнения, у дверей. Долго он не решался взяться за скобку, оправил красный пояс на новых шароварах, обдернул синюю чуйку, потоптался на месте высокими новыми сапогами, снял в потемках шапку, пригладил черные кудри, крякнул и хотел войти, но опять остановился.

«Как-то отец теперь примет меня? — подумал Илья, все еще стоя в потемках. — Куда повернет меня? Думал, что отец в бедности... Эх!»

Дверь с шумом растворилась из конторы, а на порог выткнулся рослый, плотный, широколицый и смуглый человек, род мещанина, в нанковом кафтане и в картузе. Он, очевидно, хотел куда-то идти, но, наткнувшись на незнакомого впотьмах, торопливо отшатнулся, взял со стола свечку и спросил:

— Кто это? Что ты тут за человек стоишь впотьмах?

Илья не сразу узнал располневшего отца и тихо, молча ступил в комнату, где худощавая пожилая женщина в ситцевом нарядном платье, спиною к дверям, снимала со стола ужин. Найдя глазами образа, Илья с чувством перекрестился, пока приказчик с удивлением его рассматривал, держа свечу в руках, и упал в ноги отцу.

— Батюшка, не обидьте, благословите меня! Я ваш Илько!

— Илья, Ильюша! — крикнула женщина, убиравшая со стола. Она быстро обернулась и, уроня на лавку поднос с посудою, кинулась сыну на шею.

— Илько! — проговорил, в свой черед тронутый и пораженный неожиданностью, приказчик, торопливо ставя свечку на стол. — Вот не ожидал дорогого гостя! А я в обход было шел посмотреть, все ли сторожа на местах! Господи... вот гость! — Роман дрожащими руками снял с гвоздя икону, благословил ею сына, дал ему ее, а потом свою руку поцеловать и заключил: — Ну, полно, жена, выть над ним да обнимать его, теперь пришел, так уж насмотришься, налюбуешься им! А лучше давай-ка ему поесть; верно, голоден с далекой дорожки. Вздуй огня в печи, яичницу, что ли, ему изготовь, пока мы о деле потолкуем.

Седая Ивановна, утирая радостные слезы, встала, опять кинулась к сыну, посмотрела на него, сняла с него пояс, чуйку, заплакала и тут же засмеялась, качая головою.

— Так, так, Илько; хорошо, что ты воротился. Ей-богу, хорошо! А я-то уж считал, что ты пропал навеки: панихиды по тебе служить собирался, да твоя мать вон все останавливала, говорит: еще подожди, сердце чует — жив Илько. А сколько будет лет, как ты в бегах был?

— Двенадцать!..

— Точно, двенадцать, я тогда еще в рядовых, кажется, был. Да… теперь уже десять лет в приказчиках состою. Всем селом заправляю. Ты, верно, слышал, Илько?

— Слышал, — отвечал Илья, рассматривая смуглые, будто из меди вылитые, черты отцовского лица, его черные густые брови, карие глаза и черные с проседью, под гребенку стриженные волосы, курчавые, как и у Ильи.

Рослый широкоплечий стан отца был по-прежнему прям и крепок, только стал сильно полнее с той поры, как он с длинною палкою перестал ходить за скотом и, в потертой сермяге стоя в поле, жаловаться на судьбу одному перелетному ветру.

— Много воды утекло с тех пор, как ты в бродяги пошел, Илько… Да наехал барин после тебя. А тут немца сместили, меня наставили. Ну да о том после… Пожалел я тогда, что тебе сам же совет дал и что ты утек. Через разных бродяг о тебе разведки делал, в полицию явки давал. Хорошо, что ты воротился. А было бы еще лучше, кабы воротился прежде. Нужен ты мне был тогда, да и теперь еще более, пожалуй, будешь нужен. Ведь ты грамотный, кажется?

— Выучил тогда пьяный немец… Помните, как бил? Струны проволочные в розги ввязывал. Уксусом после кропил…

— Так, так. Да давай же, жена, гостю дорогому поесть скорее! А не выпьем ли мы на радости, Илько, водочки? Пьешь?

— Нет, не пью.

— Ну, так я выпью!

У Ильи в голове все мелькал между тем припасенный отцу на хозяйство конек. Как ничтожен теперь казался ему этот его заветный подарок!

— Ну, а что же ты нажил, сын, на воле-то, столько лет маявшись вдали от отца и матери? — спросил шутливо Роман, стоя у дверей.

— Я-то?

— Да; за двенадцать лет люди сотни, тысячи, умеючи, наживают!

Илья глаз не поднимал. Роман самодовольно посматривал на своего забулдыгу, блудного сына, не обращая внимания на мучительный, болезненно любящий и жалобный взор матери, устремленный на Илью из-за пылающей печки.

— Что греха таить, — сказал Илья, — как стал я подрастать у людей на воле, переходя с места на место да свою неволю былую скрывая, были заработки, были и деньги хорошие. Только рубль-то везде один: больше целкового не ходит. Как нажил, так и прожил — все одно, что и в здешних ваших местах. Были случаи, что и полиции надо было дарить и от своих братьев-душегубов откупаться. Дважды ловили меня, по этапу из города в город пересылали. Тут-то мозолей поношено, тут-то холоду да голоду испытано, вшей да комаров покормлено собою! А господь дал, после опять стал на воле жить, значит, я наживал, я же и проживал. Известное дело, чужая сторонка; как своей-то настоящей, собственной, значит, норки нет, куда и зверек лишний колос на запас тащит…

— Так ты, выходит, теперь к норке родной и направил путь? Дело! Чем же ты теперь желал бы тут быть у барина на селе? Отвечай по душе. Я теперь тут главный: что решу, тому и быть. Говори!..

Илья взглянул на мать.

— Вы, точно, главный тут! — сказал Илья отцу, — вам такая и дорога. А мне, когда милость ваша и вы дадите бродяге тут жить, позвольте… к обществу стать. Землю мне нарежьте; на хозяйство к плугу поставьте меня…

Роман задумался, вышел за дверь. Ивановна кинулась к двери, заперла ее опять на крючок, поцеловала несколько раз сына, посадила его за стол, поставила ему остатки ужина, свежую яичницу, обняла его горячо и оглянулась опять по комнате.

— Ты, сынку, не перечь отцу. Он тебе счастья желает. Должно быть, он тебе ключи сдать затеял; он давно ищет верного себе ключника.

— Эх, матушка, все это так, да земля-то крепче; с земли не сгонишь, а от места могут отказать и будешь бобылем. Какие я места имел! А все своя земля к себе тянет! Срубишь этак избенку, заведешься всем… Ну, да мне же это и особо еще нужно…

— Зачем?

Старуха пристально посмотрела в глаза сыну. Он оставил ложку, утеряся, перекрестился на иконы, поклонился матери и сел опять.

— Матушка, я нашел себе суженую.

Старуха радостно перекрестилась.

— Слава тебе, господи! Где же ты сыскал ее?

— Слыхала, матушка, про Талаверку?

— Про какого?

— Про Афанасия, что бежал тут по соседству от какой-то барыни двадцать четыре года назад? Он в столярах у нее был тут, в каретниках и в ее хуторе проживал.

— Ох, не помню что-то, сынку, не помню. Так что же?

— Столкнулся я с ним два года назад, в Ростове-на-Дону… Он там уже богачом живет: дом свой, своя мастерская. Ну, и есть у него дочка… Настя… Мы полюбились с нею, отцу сказали. А он и говорит: «Из рассказов твоих, Илько, вижу я, что ты из одних мест со мною; барыни моей ты знать не можешь: мал был, как бежал с Волги сюда в низовые края. И я, говорит, не знаю, жива ли моя госпожа-барыня. А только вот что. Хоть богат я, говорит, теперь, хоть волен, а помереть хотелось бы на родной стороне. Теперь, говорит, готовится всем воля; скоро, не скоро ли, слышно, всем землю дадут, кто по своей воле воротится домой в общества свои к нынешним пока господам. Я мастерства кинуть не могу, а ты иди, получи на своем месте землю, запишись в мир, дай знать, что пристроился, тогда приходи и бери себе Настю…» На этом зароке мы и расстались. Я дал слово землю себе на родном селе добыть, а он выдать за меня Настю; так как же мне идти в дворовые? Подумайте!..

Ивановна задумалась.

Поговорили еще немного. Илья разделся. Мать постлала ему постель на своей кровати у печи. Ложась спать, Илья увидел под скамьей в углу какой-то клубочек. Кто-то во весь нос сопел, свернувшись на полу котенком.

— Кто это? — спросил Илья.

— На посылках у отца сиротка тоже тут один, Власик!

Илья со вздохом лег. «Вот у отца теперь на посылках есть такой же, как я был когда-то у немца!» — подумал он.

Ивановна погасила свечку и тоже легла, вздыхая, на печи. Вскоре пришел с дозора Роман Антоныч; не зажигая свечки и не раздеваясь, лег на лавке у стола и долго лежал, не шелохнувшись, но видно было, что он не спал. Илье же всю ночь грезились вольные степи, таинственные перебродки по лесам и оврагам, гнедко, привязанный в лесу, надежды завестись своим домком и Настя. За час или два до рассвета Илья встал, тихо оделся, тихо отпер двери и вышел. Предутренний воздух был свеж.

«Надежда плохая, — подумал Илья, — теперь вряд ли получишь землю от отца! Или опять уйти на все четыре стороны? всем ветрам в пояс поклониться? Нет, будь, что будет!»

Он вышел на тропинку, по которой провела его с вечера Фрося, взобрался на знакомый с детства соседний бугор и увидел с него сквозь начинавшие яснеть сумерки не в дальнем расстоянии лесок, где привязал гнедка. Роща была оттуда не более как в трех верстах. Он быстро направился туда, вошел в кусты. Овраг был недалеко.

«Ну, гнедко, — подумал Илья, — иди теперь со мной; придется теперь продать тебя либо жиду, либо цыгану. Отец держать тебя не позволит! А я-то думал домком завестись, сад затеять, за Настей поехать на тебе!»

Илья стал звать гнедка, искать его; но след гнедка простыл. Конец ремня от уздечки висел, привязанный к дереву. Гнедко либо убежал, либо кто-нибудь его украл.

«Последнее добро и то пропало! — сказал Илья с досадою. — Пропадай же и ты теперь, моя волюшка»...

Он еще побродил по роще, звал коня, обошел весь лесок кругом, вышел на опушку, на другой высокий бугор, сел, уткнувшись головою в колени, и долго так просидел. Когда он очнулся, светлая картина родимых окрестностей и подступавшего утра тихо открылась перед ним.

Кругом шли то зеленые, пологие, то каменистые, лесами испещренные холмы. Влево расстилалась низменная, влажная луговая равнина, на которой из сумерек выходила усадьба Фросиной барыни. Конский Сырт. Прямо, отделяясь от этой низменности рекой Лихим, на крутом косогоре расстилалась Есауловка. Вправо от Есауловки и Конского Сырта, провожая извивы Лихого к его устью, шли сперва малые, потом более объемистые бугры, то горбатые, то плосковерхие, то остроголовые и изборожденные дождевыми протоками. В расщелине их в одном месте мелькнула широкая, белая туманная полоса, точно дым... Сердце Ильи дрогнуло. То была Волга... А за нею уже начала заниматься заря. Одевались огнями голубые вершины. Вместо темных пятен и щелей на холмах выяснялись леса. Между ними в отдалении узнавались кое-где вразмет кинутые поселки, бог весть откуда и когда тут севшая жильями, всякая набродная и перехожая вольница. Сизая тяжелая туча, нахлобучившись на низовое Заволжье, еще не пускала на окрестности довольно света. Все еще тонуло в сумерках; нагорные земли по сю сторону Волги и гладкая привольная ширь ее луговой стороны, с ее жирными, тучными и хлебородными залежами и целинами. Тронулся ветер... Отозвались ближние и дальние лесистые овраги и горы, так знакомые Илье, с их местными поволжскими прозвищами. Застонал любовными призывами Иволгин орешник; застукал наполненный шорохами и всякой таинственной, весеннею тревогой развесистый Дятловый липняк; зазвенели серебряными трубами низменные темные Соловьиные верболозы; зазвучали золотою дудкой песчаные Кукушкины кучугуры, засвистели кудрявые Дроздовые березняки, заклектали старые дуплистые громадные дубы на Орлиных лысинах соседних гор. Солнце выбилось, наконец, из-под тучи. Илья встал, прошел несколько шагов и опять остановился. Влево, вдали над Волгой, обрисовался новый ряд бугров. А по ним мелькали, уже будто сквозные и голубые от воздуха, новые бугры и курганы. То были бугры Стеньки Разина. «На них Степан Тимофеич последний свой опочив держал, — говорили в народе, — он тут последним станом стоял; а как его

11

в плен взяли, любимого своего есаула с братией послал селом поблизости сесть; они сели, и вышла из вольной кости нынешняя княжеская Есауловка!» Илья Танцур прикрыл глаза ладонью. Один двугорбый бугор, полосатый, как бухарская тармалама, сидел, свесившись, будто бородатый старик над водою. Он прозывался Емелькиными ушами, или ушами Пугача. На них Пугач двух воеводских дозорщиков повесил. С той поры, точно слушая что, торчали эти горбы, Емелькины уши. А еще далее шли отвесные и дикие Авдулины бугры, за которыми было село Авдуловка, происходившее также от каких-то вольных костей, занесенных сюда первыми украинскими и русскими колонизаторами этого края. А величавая, вечно широкая Волга голубой пеленой омывала подошвы бугров, пугливо ласкаясь к ним и отражая в себе цвета их зеленых, желтых и багровых глин, белых песков и разновидных хрящей и слюд. Роса сверкала по травам. Дикие тюльпаны желтыми и алыми колокольчиками глядели из расселен скал, по крутым косогорам. Яркий синяк и белые пушистые косатики заливали веселыми сплошными полосами низменные равнинки. Звонкие вскрикивания пробуждающихся птиц становились чаще и громче. Тихие прибрежные затоны и заливы Волги и Лихого еще дремали своими ивами и камышами, окутанные туманами. А уже по гладкой равнине вод мимо бугров, затонов, песчаных россыпей и степей двигались, белея парусами, вечные караваны Синего морца, Волги, всякие расшивы, беляны, мокшаны, коломенки и простые рыбачьи лодки. Над ними мелькали, отражаясь в воде, белокрылые чайки. Сонные бакланы, бабы-птицы и лебеди взлетали из-под носов наплывающих барок. Отзывались заволжские озера, окрещенные также народными именами: журавлиные, лебяжьи, куличьи, гусиные, утиные и всякие. Заря занялась невиданная, роскошная. Закопошился люд во всех концах. Двинулись стада овец по буграм, гурты рогатого скота и табуны лошадей на лугах и равнинах, где сто лет назад кочевали по тихим сыртам и улусам одни калмыки да татары. А по голубым прибрежьям и затонам раздавались голоса знакомой трудовой и исконной песни рабочего люда обоих берегов Волги и Дона, песни, построившей по этим рекам все села и города, заводы и барские дома, церкви, монастыри, пристани и остроги, песни, которая начинается не то стоном, не то могучим вздохом: «Ох, дубинушка, охни!»

Илья Танцур взглянул еще раз назад к стороне Дона, откуда пришел, а потом на Волгу.

— Прощай, батюшка, тихий Дон Иваныч! Здравствуй, матушка Волга! Пожил я вволю на Дону, в низовой степной Украине; поживу теперь и на Волге! Были мы когда-то казаками... Чем-то теперь опять будем! Наши деды вышли сюда из Запорожья, бились тут с татарами, охраняли границы, селились вперемешку с русскими; нас подарили русскому князю, вместе с землями и пожитками. Подождем. Авось отдадут нам опять наше...

Илья посмотрел на солнце, взглянул влево на Есауловку, широко и просторно раскинувшуюся по тот бок Лихого, впадающего в Волгу, и быстро пошел к отцу. Село давно уже дымилось низенькими трубами. Обе церкви на двух его концах приветливо белели. Перейдя мост через Лихой, Илья поднялся вновь на крутой глинистый берег, к которому к реке сходили крестьянские огороды, и пошел к барскому двору, окружавшему высокий и обширный каменный дом в два яруса, с крыльцами, колоннами, бельведером, шпилем для флага и службами. Сад шел за домом, почти касаясь столетними дубами, липами и пирамидальными исполинскими тополями его островерхой, по плану Растрелли, устроенной крыши.

## II

### Забытые музыканты

— Раненько ты, Илько, встал! Где был? — спросил отец.

— Не спалось; размяться ходил; на новом месте, знаете...

— Я вот все твоей матери смеялся, что, смотри, опять Илько тягу дал. Садись, пей чай. Вприкуску или внакладку хочешь? У нас настоящий полурафинад. В городе берем... Пей!

— Нет, по-моему, Антоныч, тоже лучше так, как Илько наш говорит! — начала приказчица Ивановна, — в мужиках как-то проще жилося нам; я до сих пор вспоминаю нашу хату, наш огород и сад на Окнине, за слободой, где мы жили!

— Дуры вы бабы! Давай еще стакан! Много вы понимаете! Мы подначальными были всегда, так подначальными и умрем. Не выдумаем мы ничего лучшего. У барина не служить, семи гривен с рубля не украсть, и жить не стоит. А, Илько? Что скажешь?

Илья молчал.

— Право, Роман Антоныч, ты Ильку позволил бы... Ты посмотри, Илько, какие у нас чашки; вот какие писанки на них расписаны: тут птицы, а тут цветы и слова... Прочитай мне...

— Ты, сынку, вчера матери говорил про Талаверку? Так Афанасий нашелся в Ростове? Нынче утром мать мне все рассказала. Ты в дворовые не хочешь?

13

Илья вспыхнул.

— Ну, что же: дело, коли бродяга этот Талаверка в бегах зашиб себе копейку. Да непрочна только жизнь его, и тебе с бродягами пора перестать якшаться. Человеком стать, вон что! Я тебя человеком сделаю. У барина тебе место выпрошу… Хочешь?

Под окном приказчицкой комнаты на дворе послышались голоса. Роман Танцур встал.

— Приказные пришли за распорядком работ. Я уйду. Ты посиди, Илья, с матерью. Сегодня суббота, так ты отдохни; завтра тоже воскресенье. А послезавтра ступай на работу, пока хоть и в рядовые. Я, брат, пример держу; у меня не зевай никто!

Роман ушел.

Взъерошенный Власик стал весело убирать чашки со стола, взглянул на Илью и весело улыбнулся.

Ивановна предложила сыну вымыть голову в теплой воде и надела ему вместо ситцевой рубахи белую.

— Матушка, зачем вы отцу про Талаверку сказали? — спросил, немного погодя, Илья.

— Что ты! Да он еще передумает и даст тебе землю. Проси только у него. Ведь он теперь сила и все у него в руках. Понимаешь? сила… Наша деревня почти забыта и заброшена князем.

Роман воротился с надворья.

— Ух, умаялся. Шутка ли, тысяча душ? всем надо толк дать. Пойдем, Илько, я тебе княжеский дом покажу. Где, жена, ключи? Ты глуп был маленьким, а теперь поймешь, каков наш князь, — и я всему тут голова!

Роман снял со стены ключи и пошел с надворья к главному крыльцу роскошного дома, построенного по плану гениального итальянца. Отец и сын вошли по резной дубовой, невысокой, под лак лестнице, уставленной мраморными статуями, в светлые сени нижнего яруса, оттуда в лакейскую, увешанную охотничьими картинами и украшенную оленьими и лосьими рогами. Ключ в высокой красного дерева резной двери повернулся. И оба мужика, отец и сын, вошли в огромную залу, с штофными голубыми занавесами, с амурами, музами и цветами на расписном потолке и со старинною позолоченною мебелью. Из залы прошли в столовую, где были двое хор для музыки и певчих, а окна выходили в обширный столетний сад, с террасами, прудами, беседками и мостами. Оттуда отец и сын прошли в портретную, потом в спальню князя, а там особою внутреннею лестницею во второй ярус дома и на вышку бельведера. В портретной старик Танцур остановился и стал сыну рассказывать о роде князя. Но еще долее он стоял перед портретом князя, нынешнего обладателя Есауловки.

14

— Село наше было когда-то вольное, — сказал Роман Танцур, — казаками наши предки зашли сюда и тут поселились.

Илья наставил уши.

— Как же вы помещичьими стали? — спросил он.

— Э! Мало ли что бывало! Мы за проказы там всякие, видишь ли, наряду воровских долго считались. Ты, верно, слышал, что нас есаул разбойника Разина населил. Ну, так вот мы тут по Волге основали Есауловку, перестали бродить, только долго еще сами разбоем жили. А после и усмирились. Прадед теперешнего нашего князя за свои услуги бывшей царице это село в подарок получил и поехал сюда. Голь да воровство одно он тут застал. Люди, говорят, жили, как звери. Ужас кругом по окольностям про наших шел. Князь-то сразу взял, да и укротил всю эту здешнюю прыть. Навез с собою, понимаешь ли, сынку, наемных перебежчиков-поляков да человек десять из запорожцев; составил себе род отряда и пошел косить да порядки новые заводить. Кнутом полслободы засек; виселицу над Лихим поставил, и на ней беспрестанно воры наши покачивались да ворон и сорок собою кормили. Какого-то старика, что выдавал себя за родича того-то разиновского есаула, в бочку забил, созвал село: «Вот, говорит, как я учу разбойников да бунтовщиков! Смотрите!» — да так в Волгу его и кинул. Плавал этот старик по Волге двое суток, а на третьи пастухи его на той стороне реки вынули, как его к берегу подбило, и стали ему голодному есть давать. Шатался, говорят, старик, как муха осенью, не мог все распрямиться — в бочке всего его разломало, — и отказался от хлеба. «Нет, сказал, не житье мне теперь: останусь жив — везде барин найдет». Лег на берегу Волги против нашей же земли, да тут и умер… В зале у того первого князя на стене семь плетей висело постоянно на колочках; так и держал — одну для воров, другую для ослушников, третью для потатчиков наших — комиссаров, четвертую для иных поблажчиков, и так всякому свою. Так-то, сынку, воровство наше тут покорилось. Вот его и портрет.

Илья взглянул на румяного толстого щеголя, в пудре, в орденах, в кружевных манжетах и в мушках. На золотой раме портрета Илья прочитал надпись: «Князь Адам Белоконь-Мангушко. 1758 год».

— Род нашего первого князя из-за Киева, сынку; сказывают, что гетманский род. Сын этого главного нашего князя отделал этот старый дом на новый лад и жил в свою волю. У него девка в церковь, бывало, не показывайся. Ни одной проходу не давал. Сын его, барин-то теперешний наш, с детства хилый такой вышел, все лечится; рано померла его жена, и он бездетный так и остался. Ныне он все по чужим краям живет, в Италию ему и пишу теперь. Так без роду и без племени век свой и доживает, и кому мы достанемся — не знаю. Денег ему отсюда вдоволь высылаем. Надо мною тут француз главный состоит; он при сахарном заводе в городе живет и сюда только поверять меня наезжает. Я же тут по хлебопашеству, гуртам, по винокурне и по всем работам. Так-то. Вот его портрет, Илько. Поцелуй барину ручку. Он наш благодетель.

Роман ткнул акварельное изображение седовласого пастушка в соломенной шляпе и с корзиною плодов в руке, к печально сжатым холодным губам Ильи, обтер пыль с портрета и опять поставил его на щегольском резном столике портретной.

— Да, кто-то тут будет барином, как князь теперешний помрет! — задумчиво сказал приказчик.

— В казну нас отберут, — начал Илья. — Уж слышно... опять казаками... хотят сделать всех.

Антоныч улыбнулся.

— Не верь, брат, найдутся новые господа. Уж так без господ не будем. Моли только бога за теперешнего князя. С ним мы не пропадем... А бредни о воле позабудь. Верно много глупостей в бегах наслушался! Теперь над нами господь чудо явил: из рядовых, из нищих, я сам, видишь ли, приказчиком... Старайся и ты!

Взошли на вышку. В окна бельведера во все стороны открывался нескончаемый вид полей, холмов и каменистых бугров, а далее белая полоса Волги, заслоненной несколько прибрежными высотами.

— Отсюда наш князь, как наезжает, любит смотреть на свои владения! — продолжал Роман Танцур, — и все спрашивает: «Те вон бугры мои?» — «Ваши, говорю, ваше сиятельство!» — «А вон тот лес и та даль?» — «И лес ваш и даль ваша!» Так он часто меня на первых порах спрашивал. Тут семь тысяч десятин земли княжеской... Есть над чем похлопотать, хоть князь нас почти что совсем забыл... Люди тут, как чужие всем... Да и нам, впрочем, крохи перепадают... О чем ты задумался, Илья?

— Вы, теперь точно вижу, батюшка, тут главный; дайте же и мне бога за вас молить, — на землю стать! к миру, к обществу пристроиться, своим домом обзавестись! Вы же говорите, что князь нас забыл...

Роман плюнул.

— Опять! Вижу я, что ты дурень, и больше ничего! Пойдем домой! В бегах ты ума не набрался, дураком и умрешь.

Ключи опять загремели. Роман с сыном пошел обратно. Тихо они шли снова мимо штофных голубых занавесей, зеркал и портретов, по паркетам, коврам и резным лаковым лестницам. Солнце ярко светило в разноцветные, голубые, алые и желтые стекла фигурчатых окон и наружных стекольчатых галерей. Внизу у выходного крыльца в сад Роман остановился и, как будто забыв вспышку на сына, опять начал:

— Князь забыл нас — так... Бог весть, когда и наезжал — так. Что же, однако, посудить, из этого? Ты ведь не мальчик, сынку, поймешь! Я был голодным батраком, правда. Даже мужики меня голопятым звали — тоже правда. Тебя немец гнал, а я защитить тебя тогда не мог. Все это так! Однако же, теперь? Знаешь ли ты, как я попал тут в приказчики? Немец, что тебя гнал и бил, замотался; князю стали мало денег высылать. Он, как тебя уж тут не было, и нагрянул, прямо из неметчины, в трех каретах явился. Приехал, таким чужаком ходит; бывало, все село на него из-за углов глядит. Уж и тогда стар он был, а все картины рисовал и село наше с разных концов снимал на бумагу красками. Тот портрет, что ты видел, он сам с себя тоже тут срисовал. Жил он у нас целое лето, скучал по дальним краям… А барыня Перебоченская, что за Лихим тут теперь живет, тогда землю на аренду сняла у своего соседа, приехала к князю и говорит: «Что вы все на немцев надеетесь, князь? Да ваш простой мужик лучше всякого немца тут управится. Вот хоть бы ваш Роман Танцур, что за овцами у вас ходил и два раза у вас в Черноморье ездил за скотом. Посадите хоть его в приказчики; в год, в два он привыкнет и всех этих, клянусь вам, иностранцев ваших за пояс заткнет!» Засмеялся князь: «А что же, говорит, сударыня, попробуем! у вас, быть может, верный хозяйский глаз! Позвать, говорит, Романка!» Меня и позвали. Вхожу я, а они оба сидят: барыня чулочек тут же вяжет запросто, а он на треножнике по холсту красавицу какую-то рисует. Стали они меня расспрашивать да тут же меня для пробы на год, под надзором барыни этой, и определили. Доходы князя я удвоил сразу; не забываю я с той поры за барыню, за Палагею Андреевну Перебоченскую, бога молить. Вот послужи так-то, Илья, и ты нашему барину, и тебе будет хорошо! Любишь ходить за садом? Учился где-нибудь?

— Учился в Крыму и в Бессарабии.

— Вот тебе бы на первое время и дело, а там в конторщики, мне помогал бы книги вести, счеты… Беда мне с вашим братом беглым, велено вас принимать. А какие бывают из вас? Вот почти весь наш оркестр музыки был в бегах и воротился. Буян на буяне. Ты бы их остерегался. Того и гляди — все в острог пойдут; ты вот хоть просишься к плугу, на землю, а они ничего не хотят делать!

Отец с сыном пошли в сад. Запустелые развесистые аллеи пахли черемухами и тополями. Кусты жимолости и рай-дерева были в цвету. За прудом отзывалась иволга, соловьи перекликались. Прошли мимо шпалер вынутых из-под зимней покрышки виноградных лоз.

— Это бы дело поправить надо было также. Наш француз требует, чтоб виноград мы поддерживали, а ходить за ним некому! Поработай, пожалуй, пока со всеми мужиками, Илько, а там тебя и к саду можно наставить. Тут в садовничьей хатке и жить тогда себе можешь, коли ищешь от нас сесть особняком. Кстати же, садовник был тут нанятой, да от нас недавно отошел…

17

На душе у Ильи отлегло; он просветлел. Роман подозрительно вдруг взглянул на него.

— А все-таки лучше бы ты мне, Илько, сразу под руку пошел — в конторщики; счеты бы вместе сводили. Я неграмотный, а ты грамоте знаешь... Я бы уж тебе тогда все бы предоставил. А то чужие все, видишь ли, ненадежные... Тогда о Талаверкиной дочке, что ли, мы бы с тобой подумали.

Весь день, в субботу, до вечера Илья действительно бродил по селу, заговаривая с былыми сверстниками и присматриваясь к разным лицам, но почти не узнавая никого. Отыскал двух-трех из бывших своих деревенских приятелей, теперь уже бородатых и заматерелых мужиков, давно женатых и наделенных кучею детей. Походил он опять по саду, побродил возле опустелой после зимы барской винокурни в конце села, оттуда слышалась музыка, скрипки, кларнеты и даже барабан! там обучался оркестр; видел издали Илья выход на громадный хлебный ток, так называемой барщины, толпы работников и работниц с очередной половины села. Под вечер он разыскал место былого двора и хаты отца, куда он, во время оно, забитым и голодным ребенком бегал с господского двора. Он нашел это место на Окнине, на окраине небольшой луговины, у глухого конца села. Окниной она называлась от просветов на земле множества студеных ключей, бивших сквозь траву у скатов того самого косогора, по которому было раскинуто село и где стоял особняком господский двор и сад. Вода здесь была необыкновенно холодна, чиста, вкусна и полезна для растительности. Стаи птиц постоянно роились над бархатною, густою и яркою зеленью луговины, — водились в ней и всякими стонами и криками наполняли здесь свежий воздух. «Эх, батюшка! вот бы где нам гнездо постоянное свить, на старом-то бы месте, а не под барским домом!» — подумал Илья, рассматривая былое свое пепелище, где торчала только груда кирпичей бывшей печки, валялось несколько черепков да росли три-четыре обломанные, а некогда развесистые вербы.

Окнина была сейчас за канавой сада, с той стороны, где в саду начиналась уже дичь и глушь и где росли одни ольхи да лозы, вечно полные стаями крикливых ворон и задорных кобчиков.

Поздно пришел Илья в отцовское помещение. Конторский чай он пропустил и едва захватил самый ужин. К старику Роману приходили опять озабоченные лица за приказом. Видно было, что приказчик строго вел себя с подчиненными. «И где отец этой важности набрался? Каков! Точно судья какой или заседатель!» — думал Илья. Мать скоро легла спать. Роман ушел в комнату, соседнюю с тою, где жил, и долго сидел там один, вздыхая и тихо пощелкивая костяшками счетов. Власик, набегавшись за день, как упал в свой тулупчик у печки, так там и заснул. Скоро заснул и Илья.

На другой день Илья проснулся рано. Это было воскресенье. Отец ушел в церковь; матери тоже не было. Власик чистил какой-то таз, пыхтел и возился, опять весь взъерошенный, веселый и проворный, как мышонок.

— Дядя Илья! вас там в саду, возле мостка, человек один дожидает! — сказал Власик, шевеля большими сквозными ушами, подмигивая и добродушно посмеиваясь.

— Кто такой?

— Не знаю! — Власик смеялся и оттого, что в конторе было новое лицо, и оттого, что на дворе было светло и его манило самого туда.

Илья умылся, оделся и вышел в сад. В конце кленовой дороги прогуливался худощавый человек в пальто и в картузе, держа одну руку в кармане, а другую — за лацканом. Подойдя к нему, Илья не знал, снимать ли перед ним шапку или нет.

— Илья Романыч? — спросил тот.

— Точно так-с…

— Кирюшка-с! Я первая флейта в тутошнем оркестре-с!.. Вашу руку!.. Я Кирюшка Безуглый. Позвольте мне-с от всего усердия взять вас за руку и поблагодарить-с!

— За что же? Я не знаю вовсе вас…

— Вы спаситель моей Фроси… Как же-с! Из голубятника, от этого поляка кровопийцы-с… Я все знаю и по гроб моей жизни этого не забуду-с; нет, нет-с, я вас обниму и того во веки веков не забуду!

Кирилло крепко обнял Илью. Серые, ленивые и тусклые его глаза глядели добродушно, ласково.

— Вы, Илья Романыч, можно сказать, спасли от сущей гибели и посрамления меня и Фросю. Не освободи вы ее, утром бы ей барыня косу отрезала-с, это беспременно! А не то послала бы в стан… Нас, так сказать, этот обход застал на месте… Помня ее девичий стыд и честь, я кинулся бежать — не от трусости, но чтоб ее спасти. Мне что? А теперь все спасено, и утром, на переборке, девушки сами Фроси не выдали.

— Ах, братец, я сам не думал, — возразил Илья, польщенный такими благодарностями господина, одетого в пальто.

— Нет! Уж вы меня извините, а я привел сюда и моего друга, Саввушку-с, тоже нашего музыканта. Мы из здешнего оркестра. Савка, а Савка! Саввушка! Выходи сюда!

Из кустов цветущего древесного жасмина поднялся другой, еще более сухощавый и чахлый человек, тоже в пальто и в фуражке. Этот был на вид совершенно чахоточный. Бледные впалые его щеки и мертвенно тусклые глаза резко оттенялись черными густыми бровями и маленькими шелковистыми усиками.

19

— Саввушка, благодари их. Вот Илья Романыч спас мою Фросю. Кланяйся, да ну же, кланяйся! Этого вовеки я не забуду.

Саввушка и Кирилло снова поклонились Илье.

— Ах, братцы! да что вы! Да я сам…

— Нет, нет! И не смейте вспоминать и беспокоиться. Мы ваши слуги отныне. Папироски курите?

— Нет… курил, да бросил.

— Ну, мы сами покурим. Позволяете?

— Ах, помилуйте. Почему ж?

— Мы отойдем сюда к сторонке, к канавам-то. Понимаете? Чтоб из дому не было видно — от вашего батюшки-с…

Новые знакомцы отошли к концу сада, к вербам. Кирилло достал из-за пазухи потертую сигарочницу. Он вообще вел себя развязно, к Саввушке относился шутя, а к новому приятелю весьма дружелюбно. На обеих руках его были перстни. Саввушка шел молча, тоскливо вздыхая и грустно посматривая по сторонам.

— Вы с отцом своим как? — спросил Кирилло, с важностью умелого закуривая сделанную им самим папироску.

— А что?

— Слышали мы, что вы теперь с воли… Значит, свету-то и делов всяких насмотрелись. Так как же вы с вашим отцом? Какого вы, то есть, о нем теперь понятия стали?

— Еще мало разглядел, братцы.

— А, мало! Слышишь, Саввушка? Савка, слышишь?

Кирилло подмигнул с невыразимым, торжествующим взглядом. Саввушка на него искоса взглянул, как бы сказавши: «Что и говорить! беда, да и баста!»

— Мошенник, пресущая бестия ваш батюшка! — сказал Кирилло, мигнувши Илье, — коли еще не узнали, так знайте!

Илья покраснел.

— Это такая выжига, что в целом, так сказать, государстве поискать! — продолжал Кирилло Безуглый. — Князь ему верит, а он людей полагает за ничто. Работы все под его началом; счеты он тоже ведет. Да это, впрочем, нас не касается. А вот что: за что он нас голодом держит, музыку-то? Мы было все разбежались… да опять вот сошлись?

— Так и вы тоже, братцы, в бродягах были?

— Как же! О, как же! Мы здешний, — говорю тебе, — есауловский оркестр. У нас венгерец капельмейстер, и мы живем за мельницами, в доме старого винокуренного завода. Захотелось нашему князю музыку свою тут иметь на случай приездов, как в киевской главной его слободе. Он и отписал. Сперва итальянца прислал, а потом венгерца…

— Давно это вас набрали в музыку? Я как тут был, вас не было еще.

— Да лет семь будет. Как приучили нас по малости, соседние помещики стали разбирать на балы, на вечера; даже в город два раза к губернатору нас на выборы возили.

— И выгодное это дело, братцы?

Саввушка тяжело вздохнул и сел на канаву. Кирилло достал из сапога флейту.

— Вот я на чем играю…

Он взял несколько звуков. Тонкие, тихие переливы раздавались под ветвями нависших верб.

— Хорошо?

— Хорошо… Очень, брат, это хорошо!

— Ну, а первое время я повеситься, Илья Романыч, хотел от ефтой-то каторжной дудки, ей-богу! Так она мне была не по нутру! Взяли меня от огорода. Дали эту дудку в руки. Я приложил косточки к губам. Дую, а оно не выходит, только пыхтит в продушинки. Уж бил же меня, бил итальянец. Одначе ничего — после вышло хорошо, и я сам теперь люблю эту статью. Только не все ее одолели, вот хотя бы Саввушка! Посмотри-ка на него.

Илья взглянул на приятеля Кириллы. Тот сидел бледный, болезненный. Кирилло Безуглый нагнулся к нему.

— Савка! Плохое дело кларнет? — спросил Кирилло.

— Плохое! — глухо проговорил приятель и закашлялся.

Кирилло посвистел еще на флейте и спрятал ее за сапог.

— Теперь я хоть девочкам-то играю на забаву. И все бы ничего. Да вот кормят-то, кормят нас теперь плохо. Прежде балов было больше, итальянец заработки имел, и мы ничего экономии не стоили. А венгерцу теперь плохо пришлось. Что заработаем за зиму, то летом и проели. А тут глушь; Донщина близко. Князь-то нас затеял, да, видно, и забыл. Вон хоть Саввушка — грудь надорвал. Да и не он один. Но вы, Илья Романыч, спросите, чем Савка до музыки, значит, был.

Илья спросил Саввушку.

— Художником в Петербурге был, живописцем, — начал печально Саввушка. — Я по живописи шел; сызмальства к ней наклонность имел! Князь сам меня туда отвез еще мальчишкой.

Кирилло с ожесточением ударил картузом оземь.

— Нет, вы спросите его, как он сюда-то, в эту музыку анафемскую попался? — заметил он, обращаясь к Илье.

— Как попался? — продолжал, грустно покачивая головою, Саввушка, — была моя одна там такая картина, значит, хорошая; ее хотели ставить даже на выставку… Меня поощрили. А у меня грудь и тогда побаливала. Князь и говорит: «Хочешь домой. Савка, родных навестить, воздухом свежим подышать на вакации?» Я говорю: «Очень рад-с». Он и взял меня сюда, довез до села. А отсюда-то поехал в чужие края и не на Петербург, а на Турцию, на Одессу, — меня же не взял; да с той поры, забыл ли он, что ли, или так случилось уж на мое горе, он за границей остался, а я тут застрял безвыездно. Приставал я к приказчику да к старостам, а тут вот вашего отца наставили! Он мне в ответ одно: «Я человек неграмотный, твоих дел не знаю». Глушь тут, вы знаете, какая. Посоветоваться не с кем. Жаловаться тоже некому. Поговорил я со стариком нашим священником, — тогда еще другого молодого тут не было, — а он мне: «Покорись, господа твои лучше знают, что делают, а иконы и тут можешь расписывать, коли кто тебе закажет». Скоро после стал из мужиков тут итальянец музыку составлять; Антоныч-то, ваш отец, и приказал мне, как уж обученному грамоте, к итальянцу на кларнет стать. С той поры я тут и стою. Выучился на кларнете, да грудью вовсе плох стал... Какой я музыкант! мне бы по живописи, вот что!

Кирилло дослушал приятеля и опять ударил картузом оземь.

— Эх! терпи, Саввушка! Такова, значит, доля наша! А что, господа, не выпить ли пивца или зелененького? Как же! Без этого нельзя! Вот вас за Фросю надо пожаловать...

— Я не пью, их угостите! — сказал Илья, указывая на Саввушку.

Саввушка махнул головой и улыбнулся.

— Нет! Куда уж мне! Вы идите! Я пойду побpoжу. Благо день воскресный. Завтра опять за музыку. Венгерец контракт какой-то с городом затевает и все заставляет новое разучать...

— Я не пойду завтра. Я с приятелем гуляю!..

— Художник должен в смирности жить, так учили нас в кадемии, — перебил Саввушка. — И умру, а не забуду ее! И дал бы я полруки на отсечение, чтоб посмотреть теперь на Исаакий, каков он?..

Саввушка замотал головою, повторяя: «Не забуду, вовеки не забуду!»

— Товарищ, руку! — спросил Кирилло Безуглый Илью, — идет?

— Что? — спросил Илья, подавая ему руку.

— Будем, значит, душа в душу жить?..

Илья вспомнил слова отца о музыкантах.

— Будем! — ответил он.

— Ты нас отцу не продашь? Ты не Иуда, малый?

— Не продам... Что вы, ребята!

— Ну, пойдем же в шинок. Водки не пьешь, меду или пива выпьем. А на Савку надежда плохая. Теперь уж он провоет целый день. Про своего Сакия вспомнил! Ах ты, художник!

Илья и Кирилло перелезли через канаву и за садом пошли в деревенский шинок, где флейтист тотчас представил нового приятеля всей честной компании и пошла попойка.

Илья Танцур, как сказал, так и поступил. Он отпил только несколько

22

из стакана пива, от прочего отказался. Но вышел он из шинка особенно веселый и довольный, даже раскраснелся.

Весенний яркий день затеплел по-летнему. Кучки народа бросились купаться к Лихому.

— Как слобода-то наша изменилась с той поры, как я тут был! — сказал Илья, уходя с Кириллой бродить далее за село, — народ совсем не тот стал. Как-то веселее глядит! Точно его никогда и не бивали!

— Да, новые времена подходят! — ответил Кирилло, — мы слышали, как зимой в городе были. Много болтают, да, почитай, пустое, — все еще ничего нет.

Они отошли далеко за село. Шли каменистыми буграми. Влево мелькали прибрежья Лихого. — Не выкупаться ли и нам? — спросил Илья.

— Давай. Можно для друга.

Кирилло был сильно навеселе. Они пошли к реке.

Скалистый отвесный берег Лихого здесь был особенно хорош, как у большей части рек, впадающих в Волгу. Кое-где по берегу торчали дуплистые липы и бересты, шли маленькие лески. Волнуясь и медленно поднимаясь, шли по берегу холмы, торча то зелеными плоскими шатрами, то меловыми остроконечными вышками, в расщелинах которых мелькали верески, россыпи желтых песков, сланцы разноцветных глин, а по гребням отдаленных бугров, будто кабанья щетина, остовы с незапамятной старины уцелевших дубов. Тут известковые стены, столпясь белым сказочным стадом, нависли над поемною болотистою равниною. Там те же белые холмы убежали прочь, волнуясь вдали беспорядочными логами, лесистыми балками и темными, зияющими оврагами. В недосягаемом для глаза отдаленье из них опять выскакивали два-три новых синеющих горба. Холмы огибали полнеба, подковою свертывали вправо и, будто усталые, бросались вдоль другого ручья, в упор к Волге, и всем своим отрядом облокачивались о ее воды, купаясь и отражаясь в их голубом разливе.

Илья и Кирилло стали раздеваться на берегу Лихого, под густым берестом, у плотины запустелой мельницы соседнего вольного села. Село было спрятано за косогором по тот бок реки. Место это представляло опять порядочную глушь и дичь, верстах в двух выше Есауловки. За рекой паслись рыжие, так называемые татарские, курдючные овцы. Мальчишка пастух спал в тени под камнем.

Новые друзья стали купаться, весело разговаривая и пересмеиваясь.

— Ты выкупаешься, домой пойдешь, отлично наешься у отца-матери! — сказал Кирилло, жадно остужая пылавшее лицо и тело прохладною водою.

— Да отчего же ты думаешь, Кирюша, что я спать лягу?

23

— Оттого, Илько, что уж про вашего брата казака сказано... Ведь ты казак по крови, по дедам, а мои деды москалями сюда пришли; у нас тут каша, месиво, ты видишь... ты черномазый, а я белобрысый, ты казак с Днепра, а я казак с Дону, то есть почти не казак! Сказано: «Оттого казак гладок, что поел, да и на бок!»

Кирилло, однако, прежде на себе испытал эту пословицу, вышел из воды, лег на солнышке, потянулся на траве и стал дремать, пока Илья смывал с себя прах долгих переходов и странствований на родину. Вымывшись дочиста, Илья опять бросился в реку; нырнул и выплыл, обогнувши лесистый островок у плотины. Посмотрел, а на другом берегу, под тенью мельницы, сидит молодой, невеселый и бледный священник с удочкой. Он слегка покачивался и напевал какой-то гимн.

— Здравствуйте, батюшка! — отозвался с непривычной развязностью Илья, выставившись по пояс из воды и особенно весело настроенный выпивкой пива, — извините, что я так... голышом, значит...

Священник кивнул ему головой, приподняв широкую пуховую шляпу. Это оказался человек лет двадцати пяти, сутуловатый, с широким скуластым лицом, глухим, отрывистым голосом и серыми задумчивыми глазами.

— Кто вы? — спросил священник, бывший слегка близоруким и не видевший из-за мельницы, кто это.

— Угадайте.

Илья выжимал воду из кудрявых черных волос. Бороды у него еще не было.

— По телу моему угадайте! Что? — спросил Илья, — трудно по телу угадать! Барин я или мужик? Ага! Трудновато?

В это время по другую сторону реки, выдвинувшись из-под береста, стал одеваться Кирилло, спиною к мельнице. Священник не узнал флейтиста и стал в тупик, рассуждая по замеченному на земле пальто музыканта, не господа ли охотники это из дворян, попавшие сюда случайно прогулкою вдоль Лихого.

Илья засмеялся.

— Что, батюшка? По телу-то белому все, значит, равны? Натура-то у всех нас, значит, одна перед господом?

— Вы не из Карабиновки, не господина Павлова родня? — продолжал спрашивать голого незнакомца близорукий священник.

Илья так и покатился со смеху.

— Раб, батюшка! Мужичок, ваше преподобие! Да еще из беглых, воротился, значит; становому пожива есть в другом каком случае!

Илья весело кланялся, высунувшись из воды. Священник, увидя свой промах, замолчал. Тут подошел Кирилло по плотине, и дело окончательно объяснилось. Илья скоро также оделся и прибежал на берег под мельницу.

— Это отец Смарагд, Илюша! — сказал Кирилло, — другой тот наш священник в Есауловке, что я тебе говорил. Мы с тобою сегодня обедню прогуляли. Вы нам простите, батюшка! Это Илюшка, батюшка! Романа Антоныча сын! — прибавил Кирилло, — мой новый друг! полюбите-с, как и меня!

Священник покосился на друга Кириллы и стал убирать удки и прочие припасы неудачной в этот раз рыбной ловли, угрюмо прибавив: «Заслужит, так полюбим!»

— Ничего, батюшка, не поймали? — спросил Кирилло, присевши на корточки.

— Ничего, запоздал, должно быть.

— Да вы, батюшка, все на червей. Попробуйте на хлеб. Караси пойдут: тут их гибель под плотиной. Мы венгерцу иной раз бреднем ловим...

— Далеко домой за хлебом теперь идти.

— И тут достану... сейчас вот достану... Для вас, батюшка, можно! Вот у мальчишки в котомке, наверно, хлеб есть...

Кирилло побежал к спавшему пастуху. Священник, сев снова под тень мельницы, не без любопытства посмотрел на сына Романа Танцура, который так озадачил его вопросом касательно своего тела.

— Так ты тот самый Илья, что так долго в бегах был? — спросил отец Смарагд, пристально и строго осмотрев с ног до головы стоявшего перед ним Илью.

— Я, батюшка.

— Где же ты был до сих пор?

— Где день, а где ночь, везде понемножку.

— Знакомый ответ...

Священник задумался.

— Сам пришел или привели?

— Сам... Я вам уж доложил про то...

— Что же так волю-то бросил?

— Еще неволи захотелось попробовать.

— Верно, узнал, что отец в приказчиках?

— Видит бог, не знал, батюшка. И что мне в том!

— Что же, если бы узнал?

— Может быть... и не воротился бы!

— Вот как! — Кирилло принес хлеба. Священник насадил на крючок новую наживу и бросил удку. Кирилло рассказал священнику, какую ему услугу сделал Илья. Священник опять осмотрел с ног до головы Илью.

— Ну, теперь, брат, тебе от барыни, от той Перебоченской, проходу не будет, коли она узнает, что ты выпустил ее девку из голубятни...

25

— Эва, батюшка, бабой пугать стали! Уж будто с той поры, как я бегать стал, на них и управы не выдумали!

— Что таиться, Илья, не говори! — перебил Кирилло, — это такая, что ее не задирай! Не знаешь ты еще этой барыни, батюшка правду говорит!

Священник, как видно, пользовался на селе полною любовью прихожан. Парни с ним совершенно не стеснялись. Он умел с ними говорить, не важничая и вместе не теряя своего обычного грустного и строгого настроения. Рыба, однако же, не клевала.

— Палагея Андреевна Перебоченская на чужой земле живет, — продолжал священник, — только дом ее построен самою. Она землю эту на аренду сперва взяла и перевела туда своих людей. Только люди ее почти все разбежались, и Конский Сырт этот как был еще до меня, и теперь глушь-глушью. Устроена только одна барская усадьба, сараи для скотских гуртов, да две-три людских хатенки. Она все разыскивает своих беглых, но они как-то к ней все нейдут.

Илья с трепетом вспомнил каретника Талаверку в Ростове и дочь его Настю, и мороз пробежал у него за спиною.

— Твой отец к ней часто ездит; она из соседей его только и жалует.

— Да, сказывали…

— Вы, батюшка, ни-ни! Его-то, Илью, то есть, с отцом вы не мешайте! — заметил решительно Кирилло. — Он на отца не похож, ни-ни! Право слово! Он в дворовые идти не хочет, а к миру…

Священник молча закинул снова удочку.

— Как же так, Илья? Отец-то, чай, не плохое теперь тебе место при себе дал бы? Он так много делает доброго князю, так хорошо ведет все дела по имению, что князь и тебя отличит.

— Не знаю, батюшка, что еще будет. А я бы от мира, от общества то есть, не отлучался бы. В дворовые записываться претит. Мне бы лучше на землю, к хлебу, к овечкам, а не то, и сад люблю, виноградом занимался…

— О, разорительница эта Перебоченская! погубила она не одного тут человека! — как бы про себя заметил пасмурный и бледный священник.

— Расскажите, батюшка, про генерала! — подхватил Кирилло, насаживая новую приваду на удочку священника. — Вы про генерала Рубашкина ему расскажите! Как она завладела его землей и владеет себе, ничего не слушая; как двумя тысячами лугу владеет, всем значит Конским Сыртом, как скот и табуны по нем нагуливает на продажу и никаких бумаг на ту землю у нее нету…

— Да, братцы, — со вздохом сказал священник, — не дай господи никому попасться в переделку к этой-то барыне. Генерала Рубашкина она точно, кажется, по миру нищим пустит. Оттягала у него всю землю, и вряд ли он ее получит обратно. А какой бы он сосед был хороший?

— Слышишь, Илюша? генерала в порох столкла! — сказал Кирилло, —

что же бы она с Фросей-то сделала, если бы ты ее из голубятни не вызволил?.. Зверь-баба, ехидна! Видали мы скотников, гуртовщиков из мужчин — те бывают ловки да бойки, а эта всякого мужика-гуртовщика за пояс заткнет…

Илья стоял в раздумье. Из его ума не выходил далекий беглец, старик каретник Талаверка и его дочка Настя.

В это время, на бугре, в полуверсте от мельницы, показался в широкой соломенной шляпе, с черною лентою на тулье, в пикейном белом сюртучке, лаковых полусапожках и в розовом платочке на шее, не то юноша русский помещик, не то залетевший из Швейцарии в эту глушь счастливый путешественник, студент града Гейдельберга, не то, наконец, упавший сюда с неба интереснейший виргинский плантатор. Собеседники замолчали. Священник, сильно щурясь, вгляделся, бросил удочку, наскоро собрал рыболовные припасы и пошел навстречу к незнакомцу.

— Идите, ребята, домой! — сказал он Илье и Кириллу, — да снесите ко мне на слободу и снасти! А ты, Илья, зайди как-нибудь, ты про виноград толковал; у меня лозы есть подрезать. Я тоже пробую…

— Кто это? — спросил Илья Кириллу про незнакомца.

— Этот-то генерал Рубашкин и есть. Он живет тут в двух верстах отсюда, за косогором, в вольном селе Малом Малаканце. От нас этот Малаканец в пяти верстах будет. Там генерал живет на квартире у простого мужика. Уж сколько времени тягается с Перебоченскою, а ничего с нею не сделает! Все ждет решения. Генерал и тот ничего не сделает иной раз! Что же мы-то сделали бы, коли нужда встретилась бы?

Генерал снял шляпу, дружески протянул руку священнику и вместе с ним пошел, как бы без цели, разговаривая, по той стороне реки. Вероятно, священник что-нибудь сказал ему про Илью, потому что Рубашкин издали оглянулся на него, уходя в поле.

Илья и Кирилло перешли по плотине обратно по сю сторону Лихого и направились к Есауловке. Не доходя до своего села, они в развесистом зеленом байраке присели отдохнуть. Кирилло вынул опять из сапога флейту и стал играть. Флейта так нежно и так игриво запела, что издали могло показаться, будто в зеленом овраге, перелетая с кудрявого дерева на дерево, стала перезванивать голосистая, желтобокая иволга. И точно, заслышавши иволгу, весь байрак мало-помалу откликнулся голосами других птиц. Эти голоса были подхвачены соседними перелесками и кустарными буграми. Через час пела вся окрестность, опять заслонившись от солнца широким углом беловатой, развесистой и медленно плывущей по небу тучей.

С понедельника действительно отец рано, чем свет, выслал Илью на огульную работу с мужиками. Пол-Есауловки работало исстари с начала недели три дня, а полсела три дня в конце недели. Часть рабочих пошла в поле с плугами пахать под гречу, а часть — на ток очищать вороха мякины и домолачивать оставшиеся с зимы скирды хлеба. Приказчик поставил сына с лопатой на легком ветерке, приказав ему перекидывать какие-то хлебные осадки; сам с палкой походил, как говорится, помозолил между молотниками, сел на каурую кобылу и поехал рысцой в поле к пахарям.

Появление нового лица на селе, а особенно на огульной работе, всегда вызывает заметное впечатление. Тут же явилось такое любопытное лицо, как сын старого волкодава, бывшего голопятого Ромашки Танцура, сын приказчика, двенадцать лет бывший в бегах. Мужики исподлобья смотрели на него, постукивая по снопам цепами. Бабы, особою пестрою толпою молотившие в стороне овес под надзором десятского, мало-помалу, едва уехал долговязый Роман, будто отдыхая, стали облокачиваться на цепы и смотреть во все глаза на Илью, тихо перешептываясь между собою.

— Чего не видели, пучеглазые! — зевая, крикнул десятский, более по привычке, чем из рвения к опостылевшей ему самому работе.

Он также лишний раз повел глазами на Илью, который в щегольских высоких сапогах, в нанковых шароварах и в синей чуйке усердно вскидывал лопатой сорную труху, не поднимая глаз от земли.

— Такое же иродово зелье будет! — с холодною злобою сказала одна из более бойких баб.

— А одежа-то, одежа! — подхватила вполголоса другая. — Как на свадьбу, псенок, вырядился. Туда же! С нашего брата, беглого, сейчас бы сняли чужую одежу, допросили бы; а его, в чем пришел, сюда приставили! Верно в помощники себе готовит…

«Душегубово племя!» — «Не сеяно растет!» — «Чай прибыл с батькой распивать!» — «С господами станет ведаться!» — «В приказчицкие доносчики, хамово отродье, скоро попадет!» — раздались кругом отрывистые, сперва сдержанные голоса. Десятский громко засмеялся, зевая и палкой колотя по земле.

— И теперь француз наезжает сюда почти задаром! — заметил и он тихо, — а как сойдутся отец с сыном, нам хоть по лесам разбежаться.

Илья с мучительной тоской глянул искоса вокруг себя, собираясь перейти от одной кучи трухи к другой. Десятки любопытных, сердитых и недружелюбных лиц по-прежнему пристально смотрели на него. Илья взмахнул лопатою и, будто ничего не слыша, стал опять работать.

— Молчит! — шепнул кто-то из мужиков на всю толпу.

— Воли налопался! — резко сказала баба, — подавиться бы тебе, душегубово семя!

— Эй, вы! работать! — отозвался десятский умышленно строгим голосом.

Работа пошла своим чередом. Тяжело дотянулся день для Ильи. Нелегко прошли первая и вторая недели. Стали косить первые поемные луга. То же повторилось с Ильёй и на лугу, когда он, в числе ста или двухсот косарей, очутился среди густой травы на прибрежье Лихого. Работа шла опять под надзором десятского. Его отец был за покупками в городе. Косари прошли три ручки и стали разом всей оравой точить косы. Раздались опять насмешливые голоса:

«Приказчицкий наследник!» — «Иродово зелье!» — «Вскормлен нами, да нас же зубами за груди!» — «Не сеяно растет!»

Илья не вытерпел, бросил косу, вышел из ряду вон и сел к стороне, как будто отдыхая. Но его и там допекли громкие, в упор кидаемые насмешки. Илья стал против косарей, снял шапку и поклонился на все четыре стороны.

— Православные! — сказал он.

Толпа мигом смолкла.

— Сколько я ни ходил, православные, по свету, а нигде не видел, чтоб невиноватому голову рубили! Я от мира никуда. Между вас дитятею рос, между вас наша хата стояла, от вас я и теперь не пойду, коли не прогоните…

— Тебя никто и не гонит! Мы ничего…

— За что же попрекаете, православные?

— А водки выставишь, хамово отродье? — отозвался голос посмелее из косарей.

Другие громко захохотали.

— С нашим вам почтением. Много вас, братцы, да я и последнее отдам! Толпа весело загудела. Илья расстегнул жилет, из-под него вытащил две депозитки и отдал косарям. Десятский подошел, крякнул, погладил усы, протянул руку и вызвался сам в вольный шинок, в Малый Малаканец, съездить за водкой. Опорожнили бочонок с водой. Десятский вскочил на телегу и поскакал прямиком по полю. Через час поспела водка. Косари сели обедать. «Ну, это не голопятый, не волкодав; это не старик Танцур, а человек, как человек! Сейчас видно хорошую душу, что по свету между добрых людей уму-разуму набрался!»

С песнями воротились косари с поля, с первого починка косовицы. Старый Роман даже удивился, подъезжая поздно вечером к барскому двору. «Что бы это такое было? Праздника нет, а вся слобода песни играет!» Пошел осмотреть сторожей, и те были на местах. В слободе было смирно. Только песни долго еще не прекращались.

Так был принят Илья Танцур в состав своего общества, громады.

# III

## Генерал Рубашкин также дома

Кто же был генерал Рубашкин, с которым священник, отец Смарагд, от мельницы пошел полем и о котором Илье сказал музыкант Кирилло Безуглый, что его разорила барыня Перебоченская?

Адриан Сергеич Рубашкин, сын мелкопоместного дворянина с низовьев Волги, из былых казаков, часть родных которого была на Украине и в Новороссии, рано поступил в Петербурге на службу в какой-то департамент писцом да с той поры в продолжение почти сорока лет не покидал ни Петербурга, ни этого департамента. Там он получил, с тревогой в душе, первый канцелярский чин, там дослужился и до высшего места директора канцелярии, а потом департамента, и с ним до титула действительного статского советника, то есть небоевого генерала. Несмотря на сорокалетнее сидение за столом, сперва на потертом и продавленном стуле, а потом в раззолоченном директорском кресле, он сохранил силы, здоровье, бодрость духа и румянец щек. От первой казенной квартиры под чердаком, над министерским архивом и рядом с швейцарским помощником, до последней директорской квартиры в двенадцать просторных и теплых комнат, Адриан Сергеич остался тем же умеренным, иногда скуповатым, а подчас и любившим пожить смертным, который, впрочем, дело женитьбы отвергал, как совершенно ему неподходящее дело, и большею частию насчет женского пола обходился в тайне, как-то слегка, урывками, не придавая этому особого значения. Напрасно сперва засматривались на него дочки престарелых писцов, бухгалтеров, журналистов и столоначальников, а потом, когда уже он облачался в ордена и даже в звезду, дочки таких же директоров и даже министерские племянницы и внучки. Он говорил: «Женитьба — лотерейный билет; заранее не угадаешь, какой билет вынется. Блажен, кто выиграет; но еще блаженнее тот, кто вообще до всяких азартных игр не охотник». Живя в просторной сановничьей квартире с собственным швейцаром и холостыми назначенными вечерами, где собирался разнообразный люд поиграть в карты, поболтать и узнать новости правительственного света, Рубашкин являлся к гостям постоянно расфранченный, раздушенный, сюртук и белье свежие, с иголочки. Комнаты его были уставлены мягкою щегольскою мебелью, увешаны красивыми картинами. Бронзы, ковры, зеркала и штофы показывали утонченный вкус хозяина. Кабинет его был полон безделушками. На столах кучами лежали постоянно деловые бумаги. Хорошо обеспеченный щедрым жалованьем, Адриан Сергеич не мотал денег попусту. Отлично служил и ни в чем не отказывал себе в тихой домашней жизни смирного и приятного холостяка. Летом он жил на даче, но как-то скупо и торопливо пользовался благами дачной жизни и ежедневно являлся в город на службу, ни разу в сорок лет не взяв себе отпуска даже на месяц. Его любили все, от департаментских сторожей до крупных чиновников. Во всех своих потребностях и мелких привычках он был в высшей степени умерен. Одно только было предметом его искренней, безграничной любви — это Малороссия, мифический и таинственный образ которой когда-то с детства радостно мелькнул для него и скрылся на долгие годы. Все толковали вокруг него о Малороссии, не только тамошние уроженцы, но и видевшие ее хотя бы мельком. Рубашкин молчал, слушал, склонив голову и как-то тихо улыбаясь, и думал: «Я тебя давно покинул, моя родина; но я, как сквозь туман, помню твои уютные сады, белые, мелом мазанные, чистенькие слободки; помню твои чудные песни и твои привольные, грустно-синеющие степи. Я доберусь к тебе когда-нибудь и за то останусь среди твоих пустынь любоваться навеки твоею природою. Там я и умру. Дай только дослужиться до порядочной пенсии, чтоб не умереть под старость с голоду на родине. Но куда ехать? Земли там у меня нет. Живы ли родные, и про то, наверное, не знаю. Были, кажется, родные на Волге, были на Украине, были и в Новороссии».

Годы шли, Рубашкин, за давностью времени бросивший всякую переписку с немногими близкими лицами на родине, жил по-прежнему степенно и отрадно. Являлся в театрах, любил оперу, концерты, посещал несколько первых чопорнейших домов из высшего общества. Говорил и судил обо всем умно и дельно. Спокойно и умеренно встретил начало новых реформ. Как на отпетых, живых еще, но уже скорых покойников, с улыбкой посматривал на откупщиков, посещая их гостеприимные и по-прежнему шумные обеды и вечера, где еще толпилась вся служебная знать. С любопытством прислушивался он к поднятому тогда крестьянскому вопросу. Жадно пробегал в газетах и журналах первые намеки так называемой обличительной и гласной литературы. Но где-то, по какому-то департаментскому промаху, как указали ему доброжелатели, прихлопнули в печати и его самого. Он долго тер себе лоб и протирал глаза, прочтя о себе слова: «Бюрократы отжили свой век; у канцелярского стола — России не узнаешь; надо ехать изучать ее в провинции; туда теперь отодвигается все лучшее, там должна возрождаться заново наша жизнь». — «Я бюрократ? мертвец?» — спросил сам себя Рубашкин, воротившись с одного пышного, блистательного вечера, где толковалось много о разных последних регламентациях, кодификациях и прочих бумажных реформациях и где были в числе гостей даже два статс-секретаря. А тут еще обошли его второю звездою; какой-то его сослуживец в товарищи министра попал. Совсем огорчился Рубашкин. Природа еще сильнее стала его манить к себе. «Сорок лет прожил я даром в этом воздухе, в этой душной, смрадной тюрьме!» — сказал себе Адриан Сергеич, наскоро сбрасывая с плеч тончайший черный фрак с младшею звездою на груди, бриллиантовые запонки и перчатки. Отпустив единственного слугу из отставных солдат-малороссиян, он взглянул на свой письменный стол, заваленный кучею вновь принесенных для прочтения, соображения и подписи пакетов с текущими делами, опять повертел в руках листок газеты с заигрывающим письмом какого-то провинциального корреспондента о столичных бюрократах вообще и о нем самом в особенности и стал быстро ходить вдоль вереницы просторных комнат своей директорской квартиры.

«А они-то веселятся там, важничают, нос дерут!» — думал он о только что оставленном вечере, куда, гремя и сверкая фонарями, еще продолжали при его уходе подъезжать кареты. В его уме мелькали беломраморные плечи и величественные улыбки дам, блонды, шелки, бархат, золото и бриллианты модных туалетов. В его ушах звенели сабли и шпоры гвардейцев. В раздушенных залах гремела музыка. Носились, распространяя аромат духов и звуки французского диалекта, веселые пары. У зеленых столов играли в карты важные и задумчивые лица. Чистенькие мордочки будущих счастливых бюрократов, только что испеченные чиновники из правоведов и лицеистов, причесанные первейшими парикмахерами и обученные танцам и французскому разговору первейшими питерскими учителями, в кадрили и даже в польке, протискиваясь из толпы, на ходу сообщали своим дамам новости о крепостном, тогда модном, вопросе, о народном обучении и об откупах. «И это все блестящее, самодовольное собрание теперь оказывается гилью!» — решил Рубашкин, остановившись перед столом кабинета и опять повертев в руках невзрачную газетку с провинциальною корреспонденцией. Он вышел, чувствуя странный запах, в переднюю, глянул за перегородку, где жил у печурки его слуга-солдат, и застал его за какою-то непомерно душистою и жирною трапезою.

— Что это ты ешь?

Седовласый гвардеец вскочил, прикрывая ладонью дымившуюся лохань, и оторопел от изумления, что начальство его так неожиданно поймало.

— Что это ты ешь, Проценко?

— Виноват, ваше превосходительство! Кишки все оборвала здешняя пресная пища. Наквасил сам за печуркою бураков, да и сварил нашего борщу с перцем и с уткою.

— А вареников не делал?

— И вареников, ваше превосходительство, настряпал! — прибавил

Проценко, доставая из-под стола другую объемистую лохань, прикрытую тряпкой, из-под которой вырывалось еще более обаятельное благоухание.

— Ничего, брат Проценко! Ты, я вижу, умнее меня! Ешь на здоровье!

Рубашкин заперся в кабинете и просидел в кресле до утра. Пакеты с надписями «конфиденциально», «весьма нужное», «в собственные руки» и «к немедленному исполнению» — в первый раз остались нераспечатанными. Бледное мертвенное утро занялось над Петербургом. Рубашкин подошел к окну. Дворники в нескончаемый раз сметали снег и вчерашний песок с тротуаров, торопливо и важно производя эту работу, будто подметали улицы для последнего страшного суда. Бледные чиновники спешили во всех направлениях в свои канцелярии.

«Ум провинций!.. Жизнь областей!.. И точно… Вот она, новая наша заря!» — сказал со вздохом Рубашкин, отпер стол, достал бумаги и стал писать докладную записку к своему министру. И в то время как департаментские политики, разбирая в числе других и его карьеру, решали задачу, чем будет впоследствии Рубашкин и скоро ли его сделают сенатором или товарищем министра, — нежданная громовая весть разнеслась между его подчиненными и знакомыми. Министр принял его просьбу. Рубашкин выходил в отставку…

— Что с вами! Вы оставляете службу? — спрашивали его знакомые, тоскливо и с сожалением заглядывая ему в лицо.

— Бумажное царство в России кончилось! — отвечал Рубашкин.

— Вы только не хотите сами этого заметить и в том сознаться. Дадим место молодежи…

Он распродал мебель, зеркала, лучшие бронзы и картины, оставил себе только несколько любимых вещей, еще способных убрать одну или две небольших комнаты. Эти остатки уложил в ящики, сдал их в контору транспортов, взял с собою один чемодан, сел в вагон и поехал в Москву, а оттуда в Малороссию. Одна мысль наполняла его; уйти от неблагодарного Петербурга, пожить на свободе, на родине, упиться ее красотами. Адриан Сергеич соображал несколько смутно, что на юге России у него из родни должны оставаться два двоюродных брата: один — в бедном полтавском хуторе, где гостил иногда и его покойный, безземельный отец и откуда его самого повезли на службу, а другой — в какой-то степной полутатарской пустыне, где-то невдалеке от Новороссии, на юге, за Волгой. Он с ними лет двадцать уже не переписывался и наверное не знал, живы ли они. «Ум провинций, вот оно что! самоуправление областей!» — шептал Адриан Сергеич, проезжая срединные русские губернии и приближаясь к Малороссии. Где-то на дороге попался ему воз, запряженный волами, мелькнули белые избы. Далее звучно раздалось некогда родное для него украинское наречие. Сердце по старине у Рубашкина дрогнуло, он высунулся из кареты и долго не мог сквозь слезы разглядеть чуть памятные ему с детства поля и хутора, которые уже замелькали вокруг дороги. Карета сменилась перекладной. Тройка своротила на проселок. Пошли топкие зеленеющие берега Ворсклы. Был апрель. Весна захватывала дыхание птичьими криками, воздухом и солнцем. Вот большое казацкое старинное село, а вот одинокий, бедный дворянский хуторок… Рубашкин взошел на дрянное, покосившееся крылечко, стал на пороге низенького старого домика и не узнал своего двоюродного брата, оставленного здесь когда-то кудрявым и румяным ребенком, как тот, разумеется, не узнал его самого. Брат оказался рослым, оборванным, седым и совершенно испитым стариком. После первых приветствий оказалось, что этот брат, Флор Титыч Рубашкин, совершенно прожился еще лет семь назад и коротал век уже не у себя, а у старой и тоже седой своей сестры, которая у него вовремя успела купить его собственное имение. Старуха сестра, Васса Титовна, была слепая; Флору Титычу уже не на что было пить; он упросился к сестре на хлебы и поместился у нее на кухне. Дни проводили брат и сестра вместе. Флор Титыч святцы ей вслух читал, а сестра, дремля, вязала чулки на продажу для церкви. За обедом брат сестре кушанье разливал, ложку подавал, мясо резал, а после обеда подбирал на спицы спущенные петли ее чулка. Родичи Адриана Сергеича жили в маленьком домике, а в большом помещалось сельское правление другого соседнего помещичьего имения, где все наследники вымерли и имение это поступило в казну. Владельцев того поместья Рубашкин также когда-то знал в детстве. «Наши дворянские роды вымирают!» — сказал ему уныло Флор Титыч, передавая брату, как они с сестрой продали под то сельское правление свой родовой дом. «Там в наших комнатах теперь живут старшина и сельский писарь! — прибавила сестра, — у старшины, говорят, медаль на груди. А писарь спит в той самой комнате, где нашего папеньки и маменьки опочивальня была; в образной нашей живут конторские сторожа, а из детской сделана холодная для штрафных арестантов». — «Прихожу я раз туда, — перебил Флор Титыч, — а в коридоре портретом покойного дедушки кадка с водой прикрыта». Грустно вглядывался Адриан Сергеич в лица своих обедневших родичей. Но Флор Титыч не унывал, хотя на шее его не бывало даже галстука, а сквозь нанковые потертые шаровары просвечивали красные голые колени. Какие-то башмаки из суконных обрезков были надеты на его мозолистые и избитые босые ноги. Лицо небрито. Длинные седые волосы в беспорядке падали на сгорбленные плечи.

— Что ты думаешь, брат, с собою делать? — спросил его дня через три Адриан Сергеич, оставшись погостить у них.

— Пошел бы милостыню в город просить, да сестра не пускает. После смерти своей хочет мне этот флигелек и хутор отказать.

— Не тебе, а твоим семи дочерям, которые все в гувернантках! — перебила его сестра.

Пошел генерал бродить с братом по окрестностям. Через этот полтавский хутор покойный отец генерала, мелкий чиновник в приволжском городишке, увез Адриана Сергеича в Петербург на службу и вскоре где-то сам умер. Пошли они в сад. «Где же ваши старые дедовские липы? — спросил Адриан Сергеич брата, — я помню, они тут были!» Флор Титыч оглянулся: «Не говорите слепой сестре, я их срубил и продал; не на что было чаю сестре купить как-то». — «Что же ты, брат, здесь хозяйством сам не займешься? Земля у вас есть. Тогда бы и лип не нужно было рубить!» — «Эх, брат! то есть ты советуешь самому к плугу-то стать? Нельзя еще нашему брату, дворянину, землю пахать; а людишки, какие были у нас, разбежались за эти последние годы, как про волю слухи пошли. Нанялся я было точно вот в это сельское правление писарем; в той самой комнате стал заседать, где и ты когда-то со мной бегал и где, бывало, три-четыре няньки с ноги один чулок у меня когда-то стягивали. Да больно зазорно стало своим же соседям мужикам, отобранным в казну, писарем служить, хоть и получал я хорошее жалованье — семь целковых в месяц!»

Брат и сестра хуторяне, обрадовавшись приезду такого невиданного родича генерала, засуетились угощать его. Шептались все о посуде, о какой-нибудь курице, о том, что надо вот в город послать за говядиной, за макаронами и еще за чем-то, да все некого... Генерал их остановил. Оставил у них в углу, не развязывая, свои вещи, съездил за восемь верст в город, сам закупил разных припасов, привез прислугу и объявил, что остается погостить у них и несколько подышать свежим воздухом. Но не было весело на душе у Адриана Сергеича. Его окружала одна бедность и всякие недостатки да ослабевшая и ничем не оживляемая и не воскрешаемая вера в лучшую долю погибшего, некогда зажиточного быта. Кроме родственного хутора, весь околоток как-то жалко притих, точно и все остальные его жители обеднели и разорились. «Прошли наши времена! — говорили Флор Титыч и Васса Титовна. — Нам уж не поправиться, так мы и в могилу ляжем! Не так жили наши деды... Все миновало на нашей Ворскле!» — «Где же сохранилась былая, лучшая жизнь? — допрашивал родичей генерал, — где живут отраднее здесь на юге?» — «В Новороссии да внизу на Волге не так жалуются! — отвечали те, — там живет наш другой брат, Клим Титыч. Ему там досталось наследство за женой, и он живет богаче и не жалуется, как мы все».

Крестьяне показались генералу тоже чересчур ленивы и довольны, до скотства, малым. Быт со дня на день беднеющих окольных помещиков наводил на него уныние и тоску. Везде толковали об одних картах, охоте, водке да о мелких соседских дрязгах. Сказочное былое гостеприимство исчезло. Не встречалось более ни Пульхерии Ивановны, ни Афанасия Иваныча, ни Ивана Иваныча и Ивана Никифорыча. Одни крестьянские соседние комитеты утешили было Адриана Сергеича, питомца петербургской деловой, неугомонной практики. Но и в них скоро пошла чепуха и завелись личности. Тут судьба свела его с другим его двоюродным братом, именно с Климом Титычем Рубашкиным. Клим Титыч, как сказано выше, жил где-то в безлюдной полутатарской степи, за Волгой. Он от отца получил родовой клочок земли в Новороссии, возле Дона, где сам было служил; женился там на дочери одного майора из казаков, торговавшего скотом и имевшего большие капиталы, взял за женой ненаселенную землю между Волгою и Доном, знакомый нам Конский Сырт, вышел в отставку, продал свой собственный клочок земли и занялся жениным хозяйством. Жена его вскоре умерла от родов, не оставив после себя детей, а при жизни укрепила за ним по купчей свое наследство. Клим Титыч усердно провозился несколько лет над этим имением, но, не зная, как взяться за него без капитала, сдал его на аренду своей соседке Перебоченской, ездившей к нему иногда торговать коров, и переехал на спокойное житье в один из поволжских низовых городков, похваливая свое житье в письмах брату и сестре. Соседка была бой-баба; застав на арендной земле домик и избушку, обстроила усадьбу очень хорошо, завела на этой земле гурты скота, вольнонаемным трудом повела и хлебопашество, пустила корни в этом имении, да и затеяла его без дальних слов оттягать у смиренного Клима Титыча навсегда. Сперва пошли у нее с ним недоразумения по арендной плате, потом явились какие-то дополнительные условия о доме и о прочих сделанных ею постройках, наконец, было задумалась она даже над некоторым подложным, хотя и весьма грубоватым, документом будто бы его жены. Словом, вышла чепуха. А Клим Титыч, искупавшись невзначай рано весной в реке, в очень холодной воде, получил сперва кашель, а потом чахотку. Доктора послали его на последние деньжата в Крым, на южный берег. «Что ехать в Крым, — подумал он, — лучше съезжу в Киев на богомолье да, кстати, навещу брата с сестрой на старом отцовском хуторе!» Там Клим Титыч застал двоюродного братца, генерала, на старом родовом пепелище, не удовлетворенного тихим бытом старосветской Украины, как он, с питерской точки зрения, выражался, будто бы не имевшей впереди у себя сильных идеалов. Он разговорился с ним о Новороссии и о поволжском русском востоке.

— Вот где край, так край! — сказал он братцу генералу, — вот где жизнь начинается! Там наша Русь заново перестраивается. Какое там развивается пароходство! Строится и скоро кончится железная дорога по степи из Волги в Дон. Земли целинные, нетронутые, плодородные. Край непочатой, сущие американские степи. Поволжье — настоящие штаты по

Миссисипи, а низовье Дона и азовские побережья — Виргиния и Кентукки. Хотите, ваше превосходительство, побывать там?

— Еще бы!

— Нет, не шутя? Вы даже доброе дело можете сделать...

— Какое?

— Моим имением, доставшимся мне по духовному завещанию от моей жены, пустопорожнею землей, по имени Конским Сыртом, завладела одна бедовая соседка моя, госпожа Перебоченская. Она сперва держала эту землю на аренде, а теперь, без всякого с моей стороны акта, завладела этою землею окончательно и, что я ни делал, не отдает ее, да и полно. Живет себе там, как англичане в Индии; даже арендную сумму перестала мне платить уже лет шесть назад. Я все был болен; хлопотать сильно было некогда, да и ожидал, что она покается. Вы законы знаете лучше, чем я. Возьмитесь хлопотать и взять обратно мое имение, — я готов с вами быть в доле.

— Извольте; я совершенно свободен. И кстати, здесь мне что-то скучновато.

Клим Титыч дал Адриану Сергеичу полную доверенность, все документы на имение и уехал в Киев. Адриан Сергеич снова уложился, взял почтовых и скоро приехал в окрестности Конского Сырта и Есауловки. Он явился к Палагее Андреевне Перебоченской и предъявил ей свои документы, но с первого же приезда, несмотря на свой чин, получил от нее такой ответ и такой прием, что хотел было тотчас воротиться снова на хутор в Полтавскую губернию и, отказавшись, раз навсегда, любоваться красотами природы поволжского края, лучше созерцать тихие картины Украины старосветской или даже снова воротиться в Петербург на службу. Здесь вмешалась в дело сама нежданная судьба и остановила Адриана Сергеича надолго в окрестностях Есауловки. В соседнем городе, куда он перевел на первых порах свою переписку, он получил из Киева, в конце того же года, из полиции бумагу, где прочел такие ошеломившие его слова: «Мичман в отставке, Клим Титов сын, Рубашкин, умер скоропостижно в киевской градской больнице, где лечился от чахотки, и оставил все свое имение, состоящее из двух тысяч десятин незаселенной земли, по имени Конский Сырт, близ Волги, такой-то губернии и уезда, ему, отставному действительному статскому советнику, а своему двоюродному брату, Адриану Сергееву сыну, Рубашкину, вследствие того, что, по отношению полтавской земской полиции, уже не заставшему в живых его, мичмана Клима Титова сына, Рубашкина, оказалось, что собственные родные брат и сестра его, как ближайшие наследники его, Флор Титов и Васса Титова Рубашкины, того года и месяца, волей божиею, без умысла посторонних лиц, на своем хуторе сгорели ночью, без божеского покаяния, вместе с своим домом. Их

37

названный хутор, за долг приказу общественного призрения сгоревших владельцев его, имеет быть продан с публичного торга, так как после бездетных Вассы и Флора Титовых Рубашкиных никакого движимого имущества в наличности не нашлось, а все люди их оказались в бегах. Названное же имение Конский Сырт отказано ему, Адриану Сергееву сыну, Рубашкину, по законному духовному завещанию, каковое в подлиннике высылается на имя его превосходительства, Адриана Сергеева сына, Рубашкина, по месту его жительства, в подлежащее судебное место, для бесспорного ввода его во владение тою землей».

«Бедняки! — подумал Адриан Сергеич, — как ветром, снесло их всех! Прав был покойник Флор Титыч: заметно вымирает наше былое, сильное дворянско-помещичье поколение. Теперь я последний из могикан, остаюсь один — окончательная отрасль Рубашкиных. Наш род не привился в срединной Украине. Не привьется ли дело рук его в новороссийском востоке? Совью свое гнездо здесь, как некогда заводили, на отдаленных конечных украйнах южных степей, одинокие починки и заимки наши предки, коренные украинские казаки. Жениться мне уже поздно, а жажды деятельности во мне еще довольно. Место богатое: развернуться есть где. Что же? Мне еще с небольшим пятьдесят лет; шестидесяти еще нет. Моя генеральская пенсия — постоянный оборотный капитал, который я исподволь стану прививать к этой благодатной целинной, не тронутой еще аферами земле, где у покойного брата и у его арендаторши ходили одни гурты скота. Все, что выработал Петербург в идеале, все, что прославили там господа теоретики, все это теперь придется здесь испытать на практике. Немало и я там, на своей правительственной дорожке, погрешил разными самодовольными решениями задач этой таинственной для нас практики. Не только становым или исправникам, даже и повыше, я посылал громкозвучные ордеры и внушения, которые по чаянию нашей столичной братии должны были во всех концах благодатно пересоздать нашу матушку-Русь. Теперь я здесь сам рядовой и подначальный. Посмотрим, как улыбнется мне эта жизненная, областная практика? Наконец-то, из переселения, из бегов на север, и я воротился на юг. Я теперь дома. Как-то тут заживется?»

И практика, повторяем, на первых же порах оборвала генерала Рубашкина.

Еще в качестве поверенного бывшего смиренного владельца Конского Сырта, он вежливо и степенно явился к арендаторше этого имения, Палагее Андреевне Перебоченской, переговорить о ее видах на скорейшую разделку по арендной сумме и об очищении земли от ее присутствия, так как срок аренды давно кончился. Адриан Сергеич приехал к Перебоченской по-петербургски, весь в черном, в модном фраке, в белых перчатках и в лаковых сапогах, с портфелью под мышкой и даже не воспользовался деревенскою льготою насчет фуражки, а явился с шляпой. Голубые его глаза, здоровые румяные щеки и припомаженные, с умеренною проседью, волоса, предстали перед Перебоченскою с запасом добродушия и ободряющего, ласкового снисхождения и доверия; а плотно застегнутый на груди фрак, со звездой, при проходе его по зале в гостиную хозяйки, мимо зеркала, напомнил ему почему-то решительный и вместе великодушный вид какого-то чудодея-адвоката, которого он знавал в славе громких подвигов в Петербурге. Направляясь из уездного города, куда он сперва завернул для справок, к временной усадьбе Перебоченской, устроенной этою барынею на луговине, возле зеленого ольховника на Конском Сырте, Рубашкин наскоро рассмотрел этот поселок. Дом в пять-шесть комнат выходил на обширный двор, заваленный поделочным сплавным поволжским лесом. Кругом двора шли скотные, красиво построенные сараи, амбары, конюшня, кухня и людские надворные избы. Несколько просторных и чистых изб, для помещения наемных работников, поденщиков и пастухов, шли отдельным рядом за двором, вдоль молодого, но уже значительно загустевшего и поднявшегося сада. В саду торчала знакомая читателю голубятня, место неудавшегося плена Фроси. У нового, чистого колодца поили рослых быков. Стадо телят паслось на лужайке за садом. По двору шмыгали горничные, и перекликались между конюшнею и амбаром два рослые работника в красных рубахах. За воротами к избам прошел с длинными рыжими усами какой-то человек небольшого роста, но гордого и непонурого вида, вероятно, приказчик. На крыльце гостя встретили выбежавшие из дома разом две служанки. Спросив его имя и звание, они опять скрылись и потом ввели его в залу и в гостиную. В гостиной, на диване, за столом, Рубашкин увидел с картами в руках хозяйку усадьбы. Перебоченская на приветствие гостя слегка привстала и, не глядя на него, опять села. Рубашкин едва успел разглядеть ее высокий, сухощавый, несколько сутуловатый стан, сморщенное бледное лицо, жалкие, будто плачущие, дрянные глаза, белый старомодный, обвязанный сверху по ушам, чепец, какие носят нищенки-просительницы в городах, темное затасканное пальтишко, серый фланелевый платок, обвисший на тощих, костлявых плечах, гарусный ридикюль на руке с изображением огромного яблока и вообще нищенский и убогий вид хозяйки.

— Прошу садиться. Что вам? — спросила Перебоченская, вяло замигав по сторонам.

Рубашкин сел и объявил подробно свое звание, чин и цель приезда.

— Вы держите на аренде имение моего брата? — спросил он, собираясь произнести ловкий спич.

— Так, генерал.

— Вы, извините, денег ему не платите?

— Так, генерал.

— Вы съехать с этой земли не хотите?

— Так, генерал.

— Зачем же вы все это делаете?

Перебоченская положила карты на стол, достала из ридикюля табакерку, понюхала табаку и ничего не ответила, слегка, но зорко, посматривая на гостя.

— Позвольте вас вторично, сударыня, спросить, в качестве человека, уполномоченного формальною доверенностью, какие у вас на это виды?

— А вам на что? — спросила Перебоченская и оправила ленты чепца.

— Как на что? Да я законный истец, я представитель дел моего двоюродного брата.

— Палашка! — тихо вскрикнула Перебоченская, повернувшись на диване к стороне внутренних комнат дома. — Палашка!

Дверь в соседнюю комнату была притворена. Оттуда никто не являлся. Только было слышно, как в зале в клетке мерно прыгала с жердочки на дно и со дна опять на жердочку какая-то тяжеловатая птица. Да в передней аккуратно и звонко стукали заржавленным маятником часы.

— Палашка! — крикнула опять хозяйка, не оборачиваясь к гостю.

«Верно, закуску вспомнила подать или прикажет скорее обед готовить! — решил в уме Рубашкин. — Оно же и кстати, я-таки порядком проголодался!» И он с достоинством стал оглядывать комнату.

Дверь скрипнула. На пороге ее показалась плотная, широкоплечая, румяная и огромного роста горничная, с чулком в руках. Когда она вошла, пол заскрипел под нею.

— Беги, крикни тому генеральскому кучеру, — медленно и с расстановкой сказала барыня, — чтоб подавал их экипаж; они сейчас едут отсюда... Сейчас... слышишь?

— Слышу.

Горничная скрылась. Рубашкин обомлел. Перебоченская как ни в чем не бывало обернулась к нему и опять тихо и грустно устремила на него жалкие, дрянные глазки. Сначала показалось Рубашкину, что она сумасшедшая, и он только подосадовал на чиновников, не предупредивших его об этом. Он все еще молчал и смотрел на хозяйку. Хозяйка, вертя карты в руках, посматривала на него. На дворе загремел подаваемый экипаж.

— Что это значит? — спросил Рубашкин, в смущении поднимая на хозяйку брови.

— Вы как думаете? — спросила она, покачивая головой.

— Я не понимаю-с. Вы меня прогоняете? Значит, мне ехать?

— Точно так... Нечего и сидеть тут с грубостями!

— Как с грубостями?

40

Генерал вспыхнул. Перебоченская стала опять перебирать на столе карты.

— Во-первых, — сказала она тихо, — я сама знаю ваш чин и понимаю, что вы уполномочены доверенностью; но, во-вторых, не советую вам мешаться в это дело: иначе... вы меня уж извините... Я спуску никому не дам!

— Как не мешаться?

— Просто-с... Не я должна Климу Титычу, а он мне. Да притом же я тут в этой безлюдной глуши выстроилась; постройки все мои. И я вам просто-напросто советую не мешаться сюда и не очень важничать. Тут в степях, извините-с, вы не разгуляетесь очень... Я женщина, и женщина слабая, больная; но у меня... против всяких разбойников найдутся защитники... и весьма хорошие... Клянусь вам!

«Я разбойник?» — подумал про себя Рубашкин, вставая с портфелью, потому что в это время встала и хозяйка.

— Вы такие вещи мне говорите... вы так меня принимаете... что я.... извините также и меня, но по крайней мере хоть выслушайте, наконец... Я вам прочту доверенность, письмо моего брата...

— Знать я ничего не хочу-с! Лучше оставьте меня в покое.

— Я ехал из такой дали, думал с вами скоро все покончить; у меня ни квартиры теперь нет, ни души знакомых...

— А вольно же вам было все это брать на себя! Разговаривать далее — баста-с... Вот вам бог, а вот порог! Иначе я людей крикну, и вас выведут за то, что вы меня, старуху, беспокоите и грубите мне...

Рубашкин стоял румяный и озадаченный, с портфелью под мышкою фрака, застегнутого до подбородка, и в волнении натягивал перчатки. Тишина в доме была по-прежнему невозмутимая. Только снова прыгала в зале в клетке птица да в лакейской стучали часы. Солнце в это время ярко проглянуло на дворе и весело осветило гостиную со свеженькими цветами на окнах, с большим образом в углу под потолком, с картинами синопского сражения и американской охоты в пустынях пампасов на диких лошадей и с кучею шитых гарусных подушек на диване. Огромный жирный кот, как мертвый, спал у печки, раскинувшись на особой подушке. В комнате пахло ладаном.

— Так это ваш последний ответ мне, ехавшему за пятьсот верст, по просьбе брата?

— Последний, генерал.

— Вы не заплатите денег?

— Нет, генерал.

— Не сдадите аренды, которой срок давно кончился?

— Нет, генерал.

— И не выедете с этой земли?

41

— Нет, генерал.

В уме Рубашкина мелькнула невольно его пышная директорская петербургская квартира, толпа ловко наторенных подчиненных, ослепительные вечера первых сановников, которые он запросто посещал на севере, и тут же улыбка одного тамошнего администратора из передовых, сказавшего ему перед отъездом по какому-то случаю: «Не пройдет года, двух-трех лет, мы пересоздадим Россию, ручаюсь вам в этом!..»

— В таком случае, Палагея Андреевна, не прогневайтесь, если я прибегну… так сказать… к здешним властям и против вас употребят… силу!..

— Палашка! — тихо вскрикнула опять Перебоченская, обернувшись к дверям в соседнюю комнату.

— Сила законов одна для всех на свете… И если…

— Палашка! — уже на весь дом крикнула Перебоченская.

Рубашкин, во избежание дальнейшего скандала, поклонился, не дождался появления исполина-горничной и осторожными, неверными шагами направился через залу в лакейскую. На крыльце он перевел дух. Во дворе было тихо… Почтовые усталые лошади, опустив уши, дремали у подъезда. Ямщик тоже дремал на козлах.

— Едем назад! — сказал Рубашкин и сел в коляску, добытую с трудом напрокат в городишке.

Он выехал. Его никто не провожал. Кругом было тихо, будто все спало или вымерло. Вдали рисовались тихие голубые бугры прибрежий Волги. За Лихим белела, раскинувшись на холме, такая же молчаливая Есауловка. Телята паслись за садом, за ольховником. По лугам Конского Сырта бродил справа один скотский гурт, а слева — другой. Одинокие пастухи издали неподвижно глядели, опершись на длинные палки, с котомками за плечами, точно каменные бабы на курганах в украинских степях. «Позвала бы шальная барыня наметанных своих клевретов, что бьют на сало нагулянный скот, — подумал Рубашкин, — мигом уходила бы меня в своем доме, и никто бы не откликнулся тут за меня в этой глуши! Вот тебе и практика в провинции! Вот я дома…»

Генерал кинулся в город. Утаив главные подробности, он с достоинством рассказал чиновникам о странном поступке с ним Перебоченской. Чиновники с подобающим почтением к его чину и недавней служебной деятельности выслушали его, пожимая плечами, стали шептаться между собою, громко и с видимым негодованием относясь к упорству Перебоченской, и решили, что действительно надо принять против нее более сильные меры. Так сказал становой, так сказал сам исправник, так решил весь земский суд. Рубашкин стал жить в городе. Его скоро узнали все горожане. На улице чиновники и мещане кланялись ему, снимали перед ним шапки. Иногда он посещал скромные вечера у городничего, уездного предводителя и исправника. Ящиков с своими вещами Рубашкин не раскрывал и тут, а жил скромным бивуаком у одной дьяконицы и вслед за этою временною квартирой собирался разом спокойно поместиться в Конском Сырте, где за долг у арендаторши должны были отобрать и всю ее отстроенную усадьбу. Но время шло, генеральская пенсия проживалась, а дело не подвигалось вперед. Становой и исправник медлили, будто выжидая, не одумается ли сама Перебоченская, откладывали выезд к ней, не желая резко обидеть и притеснить слабую, хотя и действительно упорную женщину. «Да я-то чем виноват? — говорил, улыбаясь, Рубашкин, — и из-за чего я живу здесь в милом вашем обществе?» — «Ну, знаете, все-таки она дама». Посылались, однако, ей понудительные повестки. А тут, как с неба упала, бумага из Киева о смерти настоящего владельца Конского Сырта и о переходе имения в собственность к Адриану Сергеичу. Чиновный мир всполошился было и как будто собрался действовать сильнее. Получено и явлено в местной палате духовное завещание. Палата предписала: «Временному отделению уездного суда немедленно выехать в Конский Сырт, ввести нового наследника во владение; госпоже Перебоченской, не принимая от нее более никаких отговорок, под личною, по всей строгости законов, ответственностью всего земского суда, из того имения предложить в то же время удалиться, а воздвигнутые ею строения, буде таковые точно окажутся, обязать ее беспрекословно снести или сдать владельцу в счет ее долга, на основании оконченного срока аренды». Рубашкин, с сияющею улыбкою, обогнав пакет палаты, привез чиновникам из губернского города это предписание в копии. Явился и подлинник. Чиновники, покуривая папиросы, внимательно смотрели в глаза Рубашкину. Дело даже двинулось было вперед. Ожидая, что все теперь кончится в два-три дня, Адриан Сергеич загодя рассчитался с дьяконицей, послал на отдельной подводе свои вещи вперед, в соседнее с Конским Сыртом вольное село Малый Малаканец, где велел подводчику ожидать себя в какой-нибудь избе, а сам с временным отделением земского суда, в нескольких экипажах, поехал в Конский Сырт. Чиновники ехали почтительно, но с какими-то сдержанными и таинственными улыбками. Исправник ехал в коляске с дворянским заседателем и с стряпчим, становой с письмоводителем и еще с каким-то господином в сером пальто, в своем разгонном фургоне, а Рубашкин отдельно, взяв из города по пути подвезти к Лихому ездившего к благочинному молодого священника из Есауловки, знакомого читателю, отца Смарагда. Подъехав к границе земли Конского Сырта, чиновники остановились. Тут их ожидали собранные повесткою станового понятые из крестьян соседних и далеких деревень.

Выйдя в поле, временное отделение прочло указ палаты, обошло по указанию законного плана границы Сырта, как имения ненаселенного, указало их владельцу и свидетелям, проверило межевые столбы и пограничные ямы, на спине одного из понятых подписало заранее составленный акт о вводе Рубашкина во владение, отобрало руки понятых, причем за них подписался письмоводитель, и акт этот вручило новому владельцу.

— Только-то? — спросил он. — А сама Перебоченская? Вам ведь предписано немедленно ее вывезти отсюда и обязать ее все строения сдать мне или беспрекословно отсюда снести…

— Как же-с, как же-с! Это будет. Но по неявке сюда самой госпожи Перебоченской, за болезнью, на незаселенную вашу степь, ко вводу вас во владение, в качестве вашей ближайшей соседки, как того требовал закон, мы должны сами к ней поехать. Для этого, чтобы на случай освидетельствовать ее здоровье, мы взяли с собой и доктора; вот он…

Господин в сером пальто раскланялся Рубашкину из фургона станового.

— Поезжайте, а я пока останусь в ближнем селе, — сказал Рубашкин, — тут дожидаются и мои подводы.

Нововведенный во владение помещик с священником поехал к околице Малого Малаканца, а чиновники покатили к Перебоченской.

Свои подводы Рубашкин нашел в Малаканце среди улицы. Подводчик ругался на все лады. Никто из жителей не хотел его пустить к себе во двор. Все поселяне были здесь раскольники, и, заслышав о чиновниках, каждый отмаливался от подвод генерала.

— Не беспокойтесь, — сказал генералу священник, — здесь меня знают. Я дело улажу. Но позволите ли вы мне быть с вами откровенным, ваше превосходительство?

— Начать с того, что бросьте эти титулы. В чем дело! Будьте со мною запросто.

Священник поклонился и отвел Рубашкина в сторону. Они стояли среди обширной пустынной улицы.

— Извольте… Вы хотите, наконец, узнать всю тайную сторону вашего дела с Перебоченской?

— Хочу.

— Нанимайте здесь скорее квартиру, в этом Малаканце. Суд сделал все по форме — вы введены во владение. Тут хоть из окна будете видеть поблизости свое имение. Даром в городе не станете проживаться.

— Но что же это все значит?

— Жаль… У вас из генеральской пенсии за этот срок до новой получки денег, вероятно, мало что остается. А Перебоченская держит все уездные власти на откупу. Да-с, не удивляйтесь! Вы еще нашей практики хорошо не изучили, как видно, а от петербургской она очень отличается. Дело просто. Исправник — родной племянник Палагеи Андреевны: он начальник уездной полиции и председатель земского суда, по выбору-с дворян; так-то-с... Становой от нее в год (все это открыто знают) получает пятьсот целковых жалованья, кроме харчей и частых подарков: это вдвое против его казенного жалованья. Заседатель от дворянства получил от нее, после первого вашего приезда к ней, шесть пар отборных волов в подарок; я сам видел, как их ее главный гуртовщик, выкрест из киргизов, и погнал к нему за горы, туда вон, в его хутор. Известное дело — близость к нам татарских степей и улусов; смотря на последних, и эта барыня вершит дела, как иной ногайский мурза, прямо начистоту. Знает, что сильнее всего на свете деньги... А заседатель замешан еще в ее же деле и с вашим покойным братцем, как сюда наезжал, по его ходатайству, молоденький чиновничек особых поручений, и Перебоченская дала этому чиновнику пощечину-с...

— Как? Чиновнику особых поручений?

— Да-с. Чему же вы удивляетесь? И еще лучше я вам скажу: чиновник этот, так безвинно обиженный, с заседателем сами умолили барыню скрыть это дело, уехали и более ее не тревожат. Заседатель боится влиятельного губернаторского чиновника, а тот боится, чтоб сама барыня по губернии на бумагах не ославила этого случая, так как у нее есть на это и свидетели. Известно, молодой человек, едва из училища сюда навернулся, и боится. Как же-с! Это дело с нею будет и вам нелегкое! Ее по всему краю здесь знают. Она очень смела, хоть такого жалкого вида, и здесь первая богачка. Гурты ее лучшие в губернии; салом с Москвой торгует, а быков на убой посылает и в Петербург. Что ей стоит сыпнуть деньгами, когда деньги к ней, через поблажку чиновников, сами так легко идут... Скоро вся торговля скотом тут в околотке и далее будет в ее руках.

Рубашкин вздохнул и грустно оглянулся вокруг, как бы выискивая предмет, за который можно было бы ему ухватиться. Деревня, опустевшая от последнего предвесеннего выхода людей для подготовки спуска судов на Волгу, уже поломавшую тогда лед, молчала. Обнаженные от снега окрестности еще не были покрыты травой и уныло отсвечивались серыми, мертвенными холмами и долинами. «А в Петербурге теперь гремят концерты! — невольно мыслил Рубашкин, — щегольские толпы прогуливаются по Невскому и сотни хожалых городовых охраняют спокойствие каждого гуляющего. Вот там бы теперь, среди бела дня, крикнуть: сколько бы народу сбежалось на защиту? А тут крикни, так, кроме ветру, никто тебя не услышит!»

— Кто она такая, эта Перебоченская? — спросил Рубашкин.

— Бог ее знает. Жила, говорят, здесь поблизости на десяти или двадцати десятинах, тихая была такая. Брат ваш тогда потерял жену и начинал тут обзаводиться, домишко строить; скучал, да и капиталу у него не было, негде ему было деться. Она и подъехала к нему, сделала условие, стала разводить и нагуливать тут первые гурты. Свой домик в городе отдала внаймы; людей своих, кроме тех, кто от нее убежал прежде, перевела сюда. Сперва брату вашему хорошо и верно платила. Он переехал лечиться в город. Тут она сошлась, коли слышали, с нашим есауловским, бывшим пастухом и скотником, Романом Танцу ром, которого нашему князю потом в приказчики посоветовала взять. Предложила и князю гурты завести. Он согласился. Послал Романа за скотом в Черноморье, а оттуда велел проехать на Азовское море к Ростову. И она с Танцуром туда в фургоне съездила. Да с той поры, как уехал князь, бог весть откуда у нее и деньги взялись. Говорят, что прежде Перебоченская была богата по мужу, но потом все прожила на откупах: откупа с мужем где-то возле Киева держала. Ее пощипали и чиновники, когда муж ее умер за границей; но она выпросила позволение тело его перевезти в свой хутор, забила его в гроб, да и обвертела тело мужа кружевами, блондами и материями, а на таможне это и открыли. Словом, перед арендой Сырта она жила без гроша денег, тиранила своих людей, многих разогнала; хутор у нее даже брали в опеку. А тут вдруг через год разбогатела, съездив в Ростов. Повела она дело хозяйства широко, на тысячи; скоро обстроилась, как видите. Купцы к ней ездят за салом и за кожами. Сама бойню в овраге тут за садом воздвигла. Скот ее узнали даже петербургские мясники. Чиновничество так и льнет к ней. Заводского быка подарила молодому князьку из беглых татар, здешнему уездному предводителю, на хозяйство. И как вам сказать, не согрешить? Одни говорят, что ей дал сначала и теперь тайно дает на обороты деньги из есауловской экономии наш приказчик Танцур. А другие... будто он с нею, ездив в первое-то время вместе за гуртами для князя и для нее, где-то, не то в Черномории, не то на Азовье или на Дону, купил тайком большой запас фальшивых ассигнаций, да здесь-то мало-помалу, лет за десять они и спустили их и разменяли. Во всяком же случае скажу вам: ясно одно, что Роман Танцур в большой дружбе с вашею противницей и, как полагать надо, делит с ней или прежде делил все барыши пополам. Только и он обожжется: на такой камень наскочил, что не одного его разобьет...

Рубашкин медленно и молча ходил с священником взад и вперед по улице. Обоим было тяжело продолжать разговор. Они подошли к овражку за околицей и сели на обрыве.

— Что же мне делать теперь? — спросил Рубашкин.

Священник вынул кисетик, набил короткую трубочку крепчайшим турецким табаком и закурил.

— Позволяете курить? Не обижает это вас, что священник курит?

— О, сделайте милость!

— Когда у меня горе, я этим только лечусь. А горя у меня довольно: бедность, жена все хворает... Но вы — другое дело. Попытайтесь еще обратиться лично или письменно к губернскому предводителю дворянства, а наконец и к губернатору. Все похвальбы Перебоченской — вздор: у нее не может быть никаких актов. Она хочет только, как иной дикарь татарин, в мошенничестве время выиграть. Особенно ей нужно для нагула скота это лето. На бумаге вы будете считаться владельцем земли, а на деле будет она.

— Я сам заведу скот, пущу в поле.

— А она сгонит его, заграбит, велит, наконец, стрелять по нем из ружей. И это в нашей глуши бывает!.. Вы еще не знаете... Татарин за рекой, недалеко...

— Нет, не может быть! Она одумается...

— Увидите! Да вот едут господа чиновники. Прощайте! Я пойду пока вон в ту избу, чтобы вы с ними объяснились без меня! Пусть она не знает о моем к вам участии...

Чиновники подъехали, почтительно окружили генерала и подали ему акт освидетельствования Перебоченской. Оказалось, что она одержима таким опасным недугом, что не только не могла, по слабости и безнадежности здоровья, оставить своего дома и съехать тотчас с чужой земли, но даже не могла выслушать приказания об этом, не подвергаясь опасности скоропостижно заболеть еще более и даже... умереть. Акт был составлен уездным лекарем и подписан всеми наличными чиновниками.

— Итак, поздравляем вас с имением! — двусмысленно сказал исправник, любезно раскланиваясь с Рубашкиным. — А насчет Палагеи Андреевны надо подождать, пока выздоровеет. Что же вы теперь, генерал, куда?

— Да поселюсь здесь; стану хозяйничать пока на этой земле, хоть без усадьбы.

— Здесь? — спросил исправник и оглянулся с удивлением, — в Малаканце? на квартире у мужика?

— Именно здесь... Отчего же не нанять квартиры тут? Земля моя под боком, это будет как на даче!

— Да вы, ваше превосходительство, находчивы необыкновенно! Отличная выдумка...

— Благодарю за комплимент!

— Желаем вам успеха! — прибавили чиновники.

— Очень благодарен.

Временное отделение уехало. За пятьдесят шагов за околицей Рубашкину послышался со стороны уехавших довольно явственный хохот. Адриан Сергеич, сложа вводный лист и копию медицинского акта с донесением станового о причине нового невыезда Перебоченской из

Конского Сырта, грустно побрел в избу, где ожидал его священник. Новые знакомцы еще поговорили.

— Как бы мне, отец Смарагд, нанять в самом деле здесь в Малом Малаканце квартирку? Хоть оно и странно, но что же делать?.. Во-первых, вы мне очень понравились, и я рад такому соседу, а во-вторых, начинается весна. Здесь у Поволжья будет все-таки лучше жить, чем в уездном городишке, пока все более объяснится. Да оно и дешевле. Я в городе закуплю припасов; ящики мои с вещами, не разобранные до сих пор ни в полтавском хуторе, ни в городе с отъезда из Петербурга, я разберу здесь. Кое-как устрою, скрашу свою конурку. Будем видеться, гулять вместе. У меня есть недурное ружье; вы любите рыбу ловить. А тем временем я напишу еще кое к кому из высших властей…

— Не соскучитесь ли вы в этой глуши?

— О нет. Мне эти местности нравятся. Я подпишусь для вас на «Пчелку» или «Инвалид», станем их получать через ближайшую пароходную пристань на Волге, переписку откроем с дальним светом. Я встречу с окрестных гор разлив Волги, прилет дичи, расцвет лесов и трав. Я забыл о чинах, орденах — право, забыл. Буду гулять по вашим буграм; станем вместе любоваться этою угрюмою, дикою и вместе чудною вашею природою… Я уроженец юга… давно стремился сюда, и вот, наконец, я дома, в степях, где наши казаки некогда садились первыми зимовниками, колониями!..

— Все это так, генерал; но чем вы жить здесь будете?

— А моя генеральская пенсия? — спросил генерал.

— Точно; я и забыл…

Священник тут же разыскал Рубашкину квартиру у одной раскольничихи, бедной вдовы, на краю села, возле слободских бесконечных огородов, рядом с ветряными мельницами. С дворика этой хаты открывался красивый вид на окрестности. Здесь пробыл священник у Рубашкина в тот день до позднего вечера, с ним отпустил подводы и экипаж обратно в город, втащил с хозяйкой в комнату и развязал ящики с вещами.

— Сколько таких рядовых генералов обретается на Руси! — заметил Рубашкин, прощаясь с священником. — Они мирно поселяются по душным городам… жить на хлебах у государства. Лучше же я пережду, добьюсь своего и здесь употреблю сохраненные еще мои силы на возрождение выпавшего мне уголка на новых основах вольнонаемного труда. Тогда весело заживем, отец Смарагд! Не правда ли?

— Дай-то бог!

Недели через две поля зазеленели. Каменистые тропинки по берегам Лихого просохли. Отец Смарагд по-прежнему был угрюм, суров, ходил нелюдимым; забившись куда-нибудь под берег Лихого, напевал про себя священные гимны, вздыхал, ловил больной жене рыбку. Как-то он с удочкой наловил два ведра окуней возле водяной мельницы, отправил рыбу домой жене с деревенскими мальчишками, сопровождавшими его гурьбой к мельнице, и пошел проведать Адриана Сергеича. Он вошел в его нанятую избу и остолбенел от изумления.

Светлая, просторная комната в три окна на поле и в два во двор была устлана коврами и перегорожена красивою занавеской. Мебель, купленная в городе, наполняла переднюю часть комнаты и заднюю, где стояла железная кровать генерала. По стенам висели три-четыре небольшие картины, писанные масляными красками, в золотых рамах, два круглых зеркальца и несколько кенкетов для свечей. Стол перед мягким диванчиком был завален французскими книгами, большею частью романами. Альбомы карикатур лежали на красивой стенной полочке. Письменный стол был уставлен фарфоровыми, бронзовыми и деревянными безделушками. Тут же стояла чернильница, лежали бумаги и другие письменные припасы. За перегородкой в спальне, на ковре над кроватью висело легкое английское двуствольное ружье с прочими принадлежностями охоты, револьвер и крепкая трость с потайною шпагой. В углу за кроватью стоял шкаф с платьями, стол с посудой и самоваром. А у изголовья постели — крошечный столик со свечой.

— Поздравляю с новосельем! Как вы мило устроились!

— Да, и почту мою уладил получать в семи верстах! На Тайницкой пароходной пристани скоро станут получаться на мое имя письма и для вас петербургская газета. Я написал Исакову и не знаю, какую он вышлет. Это все я в городе устроил. Что значит, как захотят! Почтмейстер — отличный человек! Я у него купил и эту мебель.

— А, понимаю! Была, значит, выгода, так и устроил прием почты на пристани! Дорогонько же вам это все обошлось?

— Немало. Пока устраивался, деньги так и таяли.

— Жаль, однако, что у вас здесь все вижу французские книжки. Неужели вы в Петербурге мало читали из русской литературы?

— Да что же у нас читать? Только ругают меня, вас, всех!

— Э, как же вы судите! У нас в глуши и то лучше на литературу смотрят. Вы вот реалист, как я. заметил. А знаете ли, как много у нас явилось книг по части реальных наук?

— Будто? И хороши?

— Как не хороши! Запишите-ка, я вам скажу о некоторых, а вы выпишите их и хоть мне дайте прочесть. Я знаю их по разборам.

Рубашкин записал.

— Будем, будем почитывать. Но жаль, что у вас в семинариях по-французски не учат читать! Я сам уже самоучкой выучился в Петербурге и именно из-за этих романов, — прелесть! Куда только не перенесешься с ними!

Священник покачал головой.

— Как же вы кушанье свое тут устроили?

— Хозяйка готовит. И недурно, уверяю…

Посидели, поболтали.

— Вот уж пять дней, как я устроился. И как легко на душе. Целые дни брожу с ружьем по окрестностям. Горы ваши — прелесть; вид на Волгу с бугров — уму непостижимое очарование! Уйдешь по холмам, заберешься в глушь; леса расцветают, одеваются листьями. Дичи гибель. И не опомнишься, как день кончился.

«Что он, врет или правду говорит! — подумал священник, — не упорство ли тут чиновника, а не идиллия, которую он на себя напустил!»

— Что ваше дело? — спросил отец Смарагд.

— Писал к губернскому предводителю и к губернатору. Только ответа еще нет.

— А вы так хорошо устроили вашу почту! Тут письма в губернский город идут не более двух дней.

— Что делать? подождем!

Прошли еще три недели. Явились потом выписанные книги. Стали приятели их разбирать. Впервые тут священник увидел: «Записки оружейного оренбургского охотника» Аксакова, его «Уженье рыбы», «Записки охотника» Тургенева и целую кучу новейших столичных изданий по части естествоведения: о мироздании, о лесах и степях Америки, о море и его жизни, об облаках, об инстинкте животных и прочее. Кое-что взял отец Смарагд почитать к себе домой. Иное из этого он тут же прочел с своим соседом. Генерал сперва было вздремнул при чтении и сказал: «Нет, Дюма и Феваль лучше! Вот я вам переведу!» Но когда священник стал читать Аксакова и Тургенева, Рубашкин пришел в такой восторг, что крикнул: «Нет, я ошибался: французам до нас далеко!.. Так и подмывает идти на охоту! Я страстный охотник в душе!..» Схватил ружье, ушел в соседний лес и хотя страшно устал, но не убил ничего.

Прошел еще месяц. Священник ходил в гости к Рубашкину. Адриан Сергеич ходил к отцу Смарагду в Есауловку. Дела его не изменялись. Обитатели Малого Малаканца сперва, как на пугало какое, стали сходиться смотреть на нового своего поселенца. Ребятишки и взрослые следили из-за углов, когда он уходил на прогулки. Но потом они все привыкли. Вмешался было в жизнь генерала соседний окружной начальник над этим селом. Но отец Смарагд при случае сказал ему, что генерал чуть ли не прислан сюда инкогнито по поводу раскола, и Рубашкина все оставили окончательно в покое, тем более что с расколом окружной начальник решительно не знал, что делать. В конце этого второго месяца, вместе с нумерами «Инвалида», Рубашкин получил разом, наконец, два пакета из губернского города. Тогда уже он приобрел себе крепкого буланого конька и сам верхом за почтой ездил к одинокой пристани, где пароход какого-то общества грузился по пути обыкновенно раз в неделю дровами. В обоих пакетах был один ответ: сделано распоряжение о подтверждении и внушении кому следует, чтобы, наконец, просьбы его по делу о выводе Перебоченской из принадлежащей ему земли были немедленно уважены. И только!

Но эти просьбы не уважились опять ни на волос. Приехал поэтому, впрочем, в усадьбу Перебоченской какой-то чиновник, как после узнал Рубашкин, взял от нее новую какую-то явку и опять уехал. Присылал за ней еще коляску князек, уездный предводитель дворянства; Перебоченская выехала в ней дня на три в город, где был у нее домик, а в это время, по условию с предводителем, налетел становой, составил повестку губернатору, что госпожа Перебоченская по распоряжению местного начальства выбыла, наконец, такого-то числа из усадьбы Конского Сырта, и эту повестку послал в город. Палагея же Андреевна снова явилась в своем доме. Гурты ее по-старому гуляли по лугам и холмам Конского Сырта. Поляк, приказчик ее, в свое время, с весны, с батраками засеял без малого двести десятин пшеницы. Пришла пора косить луга. Перебоченская договорила артель прохожих на Черноморье косарей и стала, нисколько не стесняясь, снимать сено с лугов. Все это делалось явно, с полным спокойствием и перед самым носом оторопелого Рубашкина, который не только не успел с своей стороны сделать распоряжение о косовице, но даже стал из квартиры из Малаканца ходить на охоту и ездить за почтой, тщательно минуя собственную землю, где, по слухам, пастухи Перебоченской получили раз навсегда такого рода инструкцию: «Что же из того, что его ввели во владение? Владею землею я, и чуть он или кто, по его поручению, явится на землю, гоните всех взашей; ни косить, ни пахать земли, ни пасти скота я ему тут не позволю, пока жива и пока есть за меня добрые люди!»

Тогда уже старик Танцур был обрадован возвращением из бегов сына и обдумывал, как бы залучить и Илью в его общие дела с Перебоченскою.

Терпение Рубашкина, наконец, лопнуло. А главное — небольшой денежный запасец его совершенно истощился в переездах из столицы в полтавский хутор и потом на Поволжье, в первых и в дальнейших хлопотах в деле с Перебоченской и в обзаведении квартиркой в Малаканце. Не имей генерал в виду получить вскоре окончательно законного наследства, он спокойно поселился бы еще с осени где-нибудь в другом месте и прожил бы безбедно своею пенсией. А тут вдруг карман опустел, в дом никто ничего не давал, да и занять было решительно не у кого.

С такими-то сетованиями однажды, как мы уже знаем, обратился Рубашкин к отцу Смарагду, найдя его у мельницы за удочкой.

— Спасайте, отец Смарагд! Я забился сюда, надеялся, что скоро вся эта чепуха кончится. А оказывается, батюшка, что с одним ружьем да с петербургскими крепкими ногами, любуясь тут природою, мало добудешь себе средств к жизни. Начать хоть с пищи; даже дичи оказывается что-то не так много у вас, как я ожидал. Спасайте! Посоветуйте, что мне делать? Не возвратиться же мне снова на службу из-за того, что обед тут неизысканный, что капусточкой да яйцами все приходится пока пробавляться? Я ничуть и ни в чем не раскаиваюсь и доволен, что бросил службу, и хоть поздно, да все-таки приехал в этот край, где пахнет такою глушью и дичью, а с ними и свободой.

Священник задумался. «Ох, не верится — дурит!» — подумал он. Долго шли они взгорьем по берегу Лихого. Рубашкин в щегольском светлом сюртучке, широкой шляпе и в розовом галстучке, молча шел возле отца Смарагда.

— Извольте, генерал, последнее средство будет... Поедем со мной в губернский наш город. Там есть у меня приятель и родич, из семинаристов, учитель гимназии. Он знает всю подноготную города. Если он ни в чем не поможет, так уж я и не знаю, что вам тогда делать! А сам я, понимаете, ничего тоже не смыслю в этой путанице...

— По рукам?

— По рукам...

— На чем же мы поедем?

— Ваш буланый да мой рыжий — и довольно, запряжем их в мой церковный фургон и поедем. Жаль, что открытый. Ну, да ничего. Авось чего-нибудь добьемся... Жаль только, что жена моя все хворает.

Было решено ехать через пять дней. Подступал праздник троицы. Священник отпросился по письму у соседнего благочинного в недельный отпуск и стал ладить фургон.

В это время прислал ему, через поселянского мальчика, Рубашкин записочку такого содержания: «В моей жизненной барке открывается, наконец, еще сильнейшая течь: с каждым днем я, отважный пловец, более и более погружаюсь в хладные волны всяких неудобств. Сегодня хозяйка объявила, что вышел весь овес для моего буланого, а собственно для меня вышли весь чай и сахар. Я пил уже нынче одно молочко-с... Виват областная практика! потерпим. Ночью мне снились петербургские рябчики, трюфели и шато-д'икем. Утром рано убил я на буграх за Малаканцем в перелеске пару куропаток. Что делать! В этой первобытной пустыне еще можно не соблюдать весенних законов об охоте. Я сыт. Но мой конь голодает. Помните сказку о трех путях? Пойдешь налево, сам будешь сыт, конь пропадет с голоду. Эти места — левый, значит, путь.

Итак, пришлите три целковых взаймы. Возвращу, как получу снова часть пенсии. А между тем вот вам новая проделка Перебоченской. Племянник моей хозяйки, тощий мужичок, попросил у меня позволения выгнать на одну из двух тысяч десятин моей земли покушать травки две пары своих быков. Я, новый сыртинский помещик, позволил. А Перебоченская, извещенная через лазутчиков, выслала поляка-приказчика в поле, отбила у поселянина волов на моей земле и загнала к себе в стадо. Поселянину ее пастухи даже грозились стрелять, прогоняя с поля его прочь. Я написал к ней вчера едкое письмо, а она на словах ответила: „Скажи своему генералу, чтоб не трогал опять-таки меня, а то я наеду на него, загоню самого его к себе в сарай на хутор и еще высеку, чтоб не обижал женщин; пусть не очень тут храбрится". Пампасы, пампасы девственных пустынь Америки! Кстати же, я их, по вашему совету, читаю. Vale! Ваш Адриан Рубашкин».

— Чудак! — сказал, вздохнув, священник и обратился к хорошенькой, но болезненной и постоянно грустной своей жене: — Паша, есть у нас деньги? Дай три целковых: я генералу на время пошлю.

— Какие у нас деньги, Сморочка? Вон ты благочинному за треть благодарность послал, а за что благодарить-то! И я в порванных сорочках хожу, да и у тебя на зиму шубенка вон какая опять будет. У нас двое детей. Церковного вина надо купить в городе, свечей; мало ли чего?..

— Э! Ему надо помочь! Человек бедовой доброты, давай что есть, авось нас после не забудет! Мы не Перебоченская; фальшивыми ассигнациями не торгуем; сам знает наш приход!

Вынула Пашенька последние из комода деньги и отдала их мальчику.

— В город-то с чем вы, беспутные, поедете? А еще по такому делу ехать собираетесь! Срам, беспутные! А еще ты, Сморочка, священник, да и он генерал! Точно гимназисты живут!

# IV

## Как бегалось

В то время, как в Малом Малаканце устраивался генерал Рубашкин, в есауловском господском саду мостил себе норку Илья Танцур.

Приказчик Роман понял, что сразу сына не свернешь на иную дорогу, не поставишь его так, как хотел он, Роман, и пошел на хитрости: дал ему известную долю воли, чтоб посмотреть все, приучить его и потом сломить сына разом. Птица долго не была в клетке и успела чересчур порасправить себе крылья; даже, наверное, и перья-то у нее в это время особые, полетные наросли! Слишком уже от нее волей и воздухом пахло. Увидел Роман, что сын более не думает от него дать тягу, сам свозил его в уезд, явил его суду, при нем сняли с него допрос по форме, где он был в эти двенадцать лет, и получили в ответ по обычаю: «Где был я, и сам того не знаю! А делайте со мною, что хотите!» Илью отпустили и велели отцу подать о нем ревизскую сказку в казенную палату, как о воротившемся добровольно из бродяг, что Роман и сделал аккуратно. Пустив Илью поработать наравне с миром, Роман сказал: «Вижу, Илько, что тебе со мною жить как будто не ладно. Да и впрямь! Ко мне люди разные по должностям ходят, при тебе совестятся о мужиках правду говорить. Ты же к обществу идешь… Так вот что… Любишь ты, я вижу, садовое дело, и матушка-попадья, Прасковья Агеевна, говорит, что ты отцу Смарагду хорошо виноград подрезал и в рост пустил. Переходи же, когда хочешь, в сад жить, в пустку бывшего тут садовника, что возле верб. Хочешь — к нам есть ходи; а не хочешь, бери отсыпное месячное продовольствие от ключника заурядь с другими батраками. Мать тебе даст горшков и прочего. Там себе и копайся; сад смотри и веди его как следует. Я и французу в городе, нашему главному управляющему, Морицу Феликсычу, говорил о тебе, и он согласился. Пила и ножницы для подрезки сада тебе будут нужны, я знаю, равно смолка и прочее там для мази. В воскресенье съездишь в город, скупишь все, да, кстати, и у француза побываешь. Явись к нему. Ручку у него поцелуй. Он у нас главный тут…»

Илья съездил в город, видел француза, получил от него инструкции о саде и уехал. Французик, мосье Пардоннэ, был, как все французы, попадающие ныне в наши провинции в качестве техников и искусников всякого рода, как некогда попадали туда же их предки в качестве ученых воспитателей юношества. Он имел красный воспаленный носик, рыженький паричок, жил на ноге холостяка, и его комната, где он спал, встречала всякого вхожего тем острым и особенно противным запахом, каковой имеют таковые комнаты на Руси обыкновенно у всех французов-техников, точно так же, как его имели в старину подобные же комнаты французов-гувернеров. В них обыкновенно платье наших заморских гостей разбросано в беспорядке по протертым стульям и окнам, банка с ваксой покоится на книжке «Пюсель д'Орлеан» Вольтера; под кроватью по целым годам валяется всякий непостижимый сор, старые сапоги, бог весть для чего припасенный столярный и слесарный инструменты, объедки колбасы, фланелевые подштанники, хлебные корки, шприцовка; а в паутине и пыли висит на стене портрет какой-нибудь красавицы, привезенной из-за моря. Мориц Феликсыч Пардоннэ, впрочем, встретил Илью не в этой комнате, а в обширной приемной, уставленной шкафами с деловыми книгами. Он вышел в синей рабочей блузе, почему-то надевавшейся постоянно поверх сюртука, когда француз выходил в эту комнату встречать кого-нибудь по делам вверенного ему княжеского сахарного завода под городом. Задравши красный носик, наделенный постоянным насморком, он сказал Илье строго, хоть и с улыбкой, как сыну приказчика: «Трудись, мой миль, а в саду разведи мне вин... фрюи... и редис». Он очень не понравился Илье и тот все удивлялся, как такого мозгляка могли сделать главным начальником над всею Есауловкою. Его отец был, по крайней мере, велик ростом и из себя молодец, а этот французик — какая-то противная лягушонка.

Илья устроился в ветхой садовой пустке, то есть в плетеной глиняной избушке, в конце дикой половины сада, разбитой парком. Избушка была у оврага; ее спрятали с трех сторон старые вербы, а с четвертой — она выходила к луговой, болотистой под косогором равнине, носившей имя Окнины. Нечего и говорить, с какою радостью взялся Илья за устройство нового жилища. Отсюда был виден тот заброшенный склон косогора, над ключами и муравой Окнины, где еще оставались следы былой усадьбы старика Романа Танцура, дуплистый берест, несколько обломанных ветром и скотом верб, куча мусора и две-три ямы с стеблями какого-то тощего кустарника. Илья не переставал помышлять о возможности самому получить землю, если удастся, даже старое место на Окнине, ходил туда часто через садовую канаву и с жадностью принялся за устройство садовой лачужки.

Он очистил вокруг этой лачужки сорные травы, обмазал ее стены заново глиной, побелил их, покрыл избушку мхом и осокой, которой накосил тут же за садом. Выпросил у матери сундучок, спрятал туда кое-какие свои пожитки. Натаскал в избушку старой посуды; поставил кадку для воды, а ведро сам сделал. Выпросил себе на время у священника, за подрезку винограда, топор, долото, стамеску, молоток и буравчик, обязавшись за них еще прищепить ему несколько дичков яблонь и слив в церковном садике. Примостил к хатке, между печкой и углом, несколько досок себе для постели. Выбелил внутри лачужку и сени. Окнина была в саду со стороны полдня, и потому Илья сейчас же на лужайке, между хатой и садовой канавой, устроил огород и посеял маленький баштан арбузов, дынь, огурцов, пшенички, кукурузы. Жена священника снабдила его рассадой капусты, которую он хоть поздно, а все-таки посеял и стал с усердием поливать. Достал он у отца в кладовой цветочных семян для саду и у себя за вербами разбил и засеял цветничок. Под заваленкой избушки откуда-то взялась вскоре мышастая и невзрачная, по-видимому забитая собачонка, которая однако же быстро оправилась и стала по ночам так шнырять под деревьями вокруг лачужки и так забористо лаять, что Илья сам изумился. Она к нему сильно привязалась и везде сопровождала его в работах по саду. Илья стал получать месячину от ключника; натаскал под крышу пристройки к избушке разного лому, стружек и гнилых сучьев и сам стал стряпать. С той поры он вовсе перестал ходить к отцу в контору. Старая Ивановна было взгрустнула по сыне, но муж сказал ей: «Не твое дело! брось его — одумается!» И она стала по-прежнему возиться с собственными делами в конторской, стряпая, обшивая мужа и опиваясь по десяти раз в день чаем из чашек, расписанных купидонами. «Что, однако, этот сорвиголова делает там?» — сам себя однажды спросил приказчик, под вечер увидев, как из гущины верб в конце сада подымался дымок, и пошел туда окольными дорожками. Большая часть тропинок в саду оказалась расчищенною, деревья подрезанными и ветки с них правильными кучами свалены за клумбами. Виноград у обрыва за прудом был развешан на белых новых кольях и жердочках и густо зеленел, пуская длинные широкие листья и цепкие усы. Чернобровый Роман заглянул под пристройку избушки: на бондарском прилавке лежало в куче стружек кривое долбило и начатое липовое корытце. Он вошел тихо в сени. Дверь была раскрыта, а у ярко растопленной печи с засученными рукавами возился Илья. Собачонка залаяла и бросилась из хаты на Романа. К порогу кинулся и Илья.

— Что тут стряпаешь, башка? а?

— Ужин варю.

Роман с улыбкой покачал головою.

— Ну-ну, вари… Квасу где достал?

— Сам завел…

— Сад, однако, у тебя ничего, хорошо!

Роман ушел, помышляя: «Малый на все, кажется, руки. Прок будет! Пора бы уж ему и одуматься. Поговорю с Палагеей Андреевной. Очень бы теперь его нам нужно было. Людей верных у нас нет… Да и с барыней надо счет свести!»

Зажил себе уютно и отрадно Илья в лачужке. Редко когда он и сад покидал. Все копается в нем. Разве сходит на реку, выкупается, белье сам вымоет, рыбу удочкой наловит для попадьи. «Да я тебе хоть рубахи стану мыть!» — говорила ему мать, старая, располневшая в приказчицах Ивановна. Илья молча уходил от матери. «Чайку выпей; я тебе, Илько, чайничек дам, сахару и чаю; сам заваривай у себя». — «Вот, когда бы мне ружье да пороху — поохотился бы; и сорок в саду гибель; вишен пропасть цвело — все объедят». — «Проси сам у отца: то уж не мое дело!» Илья не просил. Он отца дичился и боялся, сам не понимая чего. Никто не заходил в сад к Илье. Иногда только по вечерам да и до поздней ночи звенела у него под вербами флейта. Это посещал его, в свободные часы от занятий в оркестре венгерца, друг его Кирилло Безуглый, проходя в сад не селом, а от мельниц из бывшего винокуренного завода, где помещался оркестр, напрямик буграми и Окниной. Кирилло садился с приятелем перед месяцем, под избушкой, курил папироску или наигрывал на флейте и иногда до белой зари с ним говорил без умолку.

Однажды пришел к Илье Кирилло Безуглый перед вечером и принес ему в платке небольшую картину, писанную масляными красками.

— Саввушка писал! Маляр-то наш, как видишь, художник. В последнем, брат, хрипении чахотки обретается! Взгляни! Это он так казака изобразил на коне. Мчится по степи, аки ветер. А то курганы, бугры, а вон ковыль расстилается. Вольный казак, как наши деды, брат, были…

— Неужто умирает Саввушка?

— Хрипит уже; бабки шепчутся над ним. Кларнет заел его… Вряд до утра проживет…

— Где краски он брал?

— Тайком за иконы доставал из города. Это он тебе в подарок прислал…

— Спасибо…

— Просил только, чтобы ты ему у отца чайку выпросил. В груди его все жжет. Про Питер толкует, про живописцев, про кадемию да про того Брилова, что ли про этого, — помнишь?

Илья внес картину в пустку, упал лицом в постель и судорожно зарыдал. Кирилло остался на дворе, гладя собачку, знавшую его. Илья повесил картину в углу, под почернелым образком, надел картуз и побежал к двору.

— Куда ты?

— Сейчас…

Он скоро воротился.

Выпросил у матери чаю и сахару, будто себе. Отослал с Власиком Кирилле. Между тем солнце зашло. Раскричались миллионы лягушек окрест Окнины. Запахло березами, липами. Светлая ночь встала над землею. Месяц тихо выкатился из-за бугров и осветил вербы, Окнину и угол Ильиной хатки. Зазвучала флейта на ее пороге, и долго уныло отдавались в глуши сада ее круглые, мягкие переливы. Вдруг какая-то легкая пушистая птица, взмыв широким серым крылом над вербами, крикнула у самого порога хатки и улетела. Илья, опустив голову в колени, сидел на пороге рядом с Кириллом и вдруг горько заплакал.

— О чем ты плачешь, брат? — спросил Кирилло Безуглый.

— Тоска, не поверишь, какая тоска! Это либо Саввушка помер и душа его над нами отозвалась, на тот свет полетела, либо…

Илья не договорил.

— Либо что?

— Уж не Настя ли моя в Ростове померла?

— Э, полно. С чего ты это взял?

— Ты так жалобно играешь, Кирюша! Такая тоска меня взяла: бедные мы с тобою, подневольные!..

— Ладно, я замолчу. Потолкуем лучше. Эта флейта у меня расхожая; в карты в городе выиграл у одного там музыканта. А настоящей флейты венгерец не дает...

Кирилло спрятал флейту за сапог.

— Эх, Ильюша, девки, девки! Губят они нас! Моя Фрося так козырь-молодка. Води, говорит, меня барыней; одевай меня, а не то разлюблю — пойду ночью к поляку-приказчику! Все равно, говорит, просит. А я ее за косы, атанде-с! Ничего, усмирил; еще пуще полюбила. И вправду говорит: ты голыш, и я в платье без рубах хожу; будет воля — повенчаемся...

Илья молчал.

— Что же ты не проронишь слова? — спросил Кирилло.

— Негде взять мне, Кирюша, слов таких, как у тебя! Настя учила меня в Ростове стишкам, да я забыл. Одни были: «Ах, за окном в тени мелькает русая головка!» А другие: «Гляжу я безмолвно на черную шаль!» Забыл и то и другое.

— Ну, так... Давай о будущем говорить. Я в одной книжке с Саввушкой читал, как люди в любви живут и как их злая судьба гонит! Ты этой книги не читал?

— Нет. Я вот «Ледяной дом» у каретника на фабрике с ребятами читал, как одного хохла нашего водой обливали в мороз и уморили. Плохие бывали дела!..

— Давай же о будущем толковать! — продолжал Кирилло. — Ты, Илья, ничего про волю не слышал? Скажи, как это ты так вдруг сюда сам пришел с свободы-то? Положим, и мы всем оркестром было разбежались; так мы недалеко забивались: тут же по Волге на барках промчались, пока их не скрутила полиция, а другие и сами воротились по воле, как и ты. Да что! Мы дома теперь опять, да и в бегах были почти дома. Иные тайком сюда из бегов по ночам к родным даже за бельем ходили. Вся слобода знала, что мы тут верстах в сорока маялись, а не выдавала нас. Но ты — другое дело!.. Двенадцать лет проходил в бродягах и ушел еще мальчиком. Так скажи же ты мне, как ты так вдруг воротился с приволья?

— Вышел сказ такой у нас. Все и узнали...

— Кто же это там вам сказ такой сказал?

— Не знаю... Разом всем стало вдруг это известно — идти по домам из бегов к своим господам, да и только; что в скорости волю всем прочитают и все воротят. Все и пошли... Ну, одним словом, понимаешь ли: сказано между народом по местам быть всем, где кто, значит, нарожден...

— А! Так ты и пришел?

— И пришел.

— И ждешь тут?

— Жду.

— Ну, ты, известно, земли хочешь: тебе тут и место.

— А тебе, Кирилло?

— Мне?

— Да.

— Как это только прочтут волю, брат, возьму сейчас Фроську, обручусь с нею, поп перевенчает, — мы и маху…

— Куда же? Зачем же тебе бежать? Ведь ты вольный будешь и без того? Куда же бежать тебе тогда?

— Куда глаза глядят, лишь бы от венгерца да от твоего батьки подалее, а ей от своей барыни.

— Нет, мы с Настей тут себе хату на Окнине поставим, жить тут станем. Так мне ее отец, Талаверка, заказал…

Кирилло закурил папироску.

— Скажи мне, Илья, как ты это, спрашиваю я тебя, с Настей своею сошелся?

— Да так. Как был это я в бегах, переходил с места на место, от одной беды к другой, и очутился, наконец, я, после всех этих мытарств, в Эйске. Город такой есть у моря. Работал я там над поломанной баркой с одним слесарем, тоже беглым. Таволгой прозывался. Вижу я, рассчитывается он с хозяином и сумку укладывает. «Куда ты?» — «В Ростов; лучше там наймусь, знакомый есть». — «Кто?» — «Талаверка». — «Не Афанасий ли?» — «Он и есть; а ты почем знаешь?» — «Мы, почитай, соседи: я от князя, а он от одной барыни, говорю, убежал уж давно-давно; я про него дома слышал… Чем же он в Ростове-то?» — Смотрю, Таволга замолчал, да так и ушел; побоялся видно, чтоб я не выдал по молодости лет его приятеля Талаверки. Стал я опять думать. Вспомнил, что Таволга про одного богача-каретника как-то все рассказывал еще прежде у Шелбанова и что он у него раз при кузнице жил. Потерял я сон и еду. Вспомнил через этого Афанасия Талаверку про своего отца, матерь и родину, и захотелось мне хоть этого Талаверку повидать. «Не узнаю ли чего о наших?» — мыслил я. Десять лет уж я был в бегах. Не вытерпел, уехал из Эйска на хозяйском дубу в Ростов. Нанялся в дрягили, в носильщики, значит, у грека тоже одного там, Петракоки; сил во мне прибавилось, я окреп: по четыре, по пяти пудов мог поднимать и носить. Стал я зарабатывать в день по целковому и по два; выпадали дни, что и три зашибал. Изломался весь, тружусь. А между тем все прислушиваюсь, не говорят ли про Талаверку.

Собачонка, лежавшая у ног Ильи, давно ворчала, злобно косясь в темноту. Когда он смолк на время, чтоб дух перевести, она с визгом шарахнулась под вербы, побегала там, полаяла и воротилась опять.

— Что это она? — спросил Кирилло.

— Так, верно, мышь заслышала. Лежать, Валетка, смирно!

Илья опять стал рассказывать.

— Только вот стал я прислушиваться на базарах, за мостом, за Доном, в подгородных харчевнях, на дешевке людей расспрашивал. Никто его не знает… Страх меня взял, точно весь род-племя мое вымерли… А что Талаверка? Я его семью знал и слышал, что он от своей барыни бежал втроем с другими двумя ребятами и сам он еще молодым был парнем. Разговорился раз я с одним бродягой из дезертиров, что после еще в убийстве торговки попался, а он мне: «Ступай, говорит, на такую-то улицу, возле городского сада: там есть каретник, и толкуют, что был он прежде из беглых; не он ли? Только на вывеске его, смотри, другое прозвище». Текнуло у меня сердце. Я пошел, и точно, смотрю, золотая по синему вывеска, дом собственный каретника, хоть деревянный, с пристройками, и на вывеске читаю: «Каретник Егор Масанешти, из Кишинева». Это и был, как я после узнал, тот самый Афанасий Талаверка, и я сразу понял, что и он, как тот, помнишь, трактирщик, прозвище свое переменил, что нарочно пробрался в Молдавию и оттуда уж воротился с купленным чужим видом…

Едва успел Илья сказать эти слова, как собачонка опять с лаем кинулась от порога пустки в вербы, залилась, обежала избушку и опрометью понеслась по темным тропинкам сада, как бы кого догоняя.

— Что бы это было? — спросил удивленный Кирилло, — не подслушал бы кто?

— Кошка, верно, тут бегала, у нас в доме окотилась вчера…

Собачонка еще, однако, лаяла по саду и, воротившись, не сразу снова успокоилась.

— Кончай же, Илюшка. Скоро заря. Надо к Саввушке сходить. Жив ли он?

Илья Танцур продолжал:

— Раз прихожу я к каретнику Масанешти, в другой. Нанимаюсь в слесаря у его помощника. Не принимают. И так подхожу, и этак — ничто не берет! Ворота на запоре. Слышна только работа в горнах, да дым идет из кузниц. Полиция к нему милостива. Хоть бы увидеть его, думаю, на улице. Хожу мимо дома, ну, так душа и льнет туда. Выбрал опять праздник. Пасха людям была, первый день. Оделся я, принарядился. Прихожу. Позвонил в шнурочек у калитки. Выходит девочка… беленькая такая — карие глаза, сухощавенькая… «Что вам надо?» — спрашивает. «Хозяина». — «Зачем?» — «По делу». Она осмотрела меня с головы до ног. «Да вы не подвох ли какой под отца?» — «Ей-богу, говорю, нет!» — «Ну, смотрите же вы, для такого праздника!..» Пошла, доложила отцу и опять кликнула меня с улицы. Пошел я за нею, как приговоренный к муке. Сразу полюбилась мне она. Это и была Настя… Прихожу я к Масанешти. Он на палатьях в людской лежит хмелеват: подмастерьев всех распустил.

Был он там один да дочка на пороге стояла. Вспомнил я наши места и его родню вспомнил. «Кто ты?» — «Здравствуйте, — прямо говорю, — Афанасий Игнатич!» Он и дочка так и обмерли. «Кланяется вам наша родная сторона, — продолжал я по памяти, — ваша сестрица Дарья Григорьевна и ваша тетушка Домна Саввишна, и ваша барыня и наше село Есауловка!» Кинулся он к двери, вытолкнул дочку, заперся на засов и ухватил меня за грудь. «Ты подвох! ты подослан! Ты погубить меня пришел!» Упал я на коленки и на образ стал божиться. «Много лет, — говорю, — и я ходил по свету, и я беглый... Не бейте и не обессудьте меня... Я сам горе мыкаю... Я Илюшка, говорю, Танцура Романа сын. А про вас слышал, признаюсь, еще в детстве, хоть вашу родню и барыню знаю». Долго не признавался старик. Все отнекивался. Я в слезы... Поверил ли он мне, наконец, или с хмелю то было. Кинулся он вдруг обнимать и целовать меня... «Ты через пять годов бежал после меня... Я же семнадцатый год бегаю». Ударился он седою головою в колени, да и сам в слезы... Ну, мы христосоваться, да молиться, да плакать там с ним наедине. Прошла неделя, присмотрелся он ко мне, слесаря того из Эйска, Таволгу, расспросил про меня. Я у него, точно, его застал. Тоже был тихий человек. В середине святой недели позвал старик дочку. Меня показывает. «Пятнадцать лет ни одной души, говорит, кроме этого парня, из нашего краю ни здесь, ни в иных местах не видел. Будь ты нашим гостем; верю тебе для этого праздника пасхи: ты не продашь меня. Да, я точно Афанасий Талаверка... Ты же как убежал и где был?» Накормили они меня обедом, разговорился я с ними и рассказал им все, то есть старику и Насте. От других в доме он хоронился, а от работников скрывал, где собственно наш край, то есть откуда мы. Так и я скрыл. Все же остальное я им передал про себя. Рассказал я, что бродячая жизнь да бездомовная воля мне надоели. «Поступай ко мне, — сказал старик, — только дам тебе совет. В народе ходят слухи про волю; скоро всем ее скажут и землю дадут. Верь мне крепко... Мне уж не возвращаться домой: у моей барыни и земли-то на ее людей вдоволь не станет, да я уж и мастерством таким занялся, что еще долго им буду сыт. А ты воротись, тебе землю дадут; лишь бы на месте ты был, как от царя вести налетят». Что же тебе еще, Кирюша, сказать? Что?! Прожил я у этого Талаверки полтора года; жалованье мне отличное было, как след... Но не в нем дело, понимаешь ты, братец?.. Не узнал я от него ничего про свой дом, чего хотел. Да зато узнал иное совсем на свете... Полюбилися мы крепко с его Настею. Будь прежде, я бы убежал с нею. А тут народ рушился из бегов к своим господам, точно клич кто зычный крикнул. Пошли слухи, что наверху в губерниях иначе уж и жить стало, полегче, будто все ждали там чего-то и притаились; что становые не так секут, господа добрее стали. Сказались мы отцу ее. Он упал перед иконами и долго молился, а после нас благословил. «Будьте жених и невеста, я не прочь и щедро вас награжу… Только ты, Илья, ступай домой, весь народ уж пошел. Иди и ты. Не след от общества отставать! Подожди — долее ждал. Получи землю от своего общества и отпиши мне. Тогда вызову тебя, обвенчаю вас и отправлю с богом на родину. Только избу себе с Настей ставьте. Пристроитесь, распродам мастерскую и к вам умирать приеду на Лихой. Глаза уж плохо видят. От родной земли откололся, а опять надо воротиться туда же, где все предки лежат костями…» Надоело мне самому мыкаться, Кирюша! Простились мы с Настей. Я пошел… да вот и пришел… и живу дома… Только, как видишь, пока вместо слободской хаты в этой-то конуре живу с одною собачкой…

— Ничего, Илья, подожди, — сказал Кирилло, вставая. — Хоть отец твой и живодер, да авось-таки одумается. Ну, пора уж мне! Прощай. Натерпелся ты, вижу я, шатаясь по свету… Всем нам было плохо: и мы бегали, и мы в бродягах, все музыканты, были… Только куда! Твоя жизнь не в пример забористее…

— Прощай же, да заходи почаще на флейточке поиграть.

Кирилло пошел к канаве. Бледная заря за Окниной загоралась. Ветер просыпался. Птицы начинали чиликать в ветвях. Где-то за садом на селе ворота скрипнули. Свежесть поднималась от лугов.

— Илья! — крикнул Кирилло с канавы, — я и забыл тебе сказать. Если Савка наш помер в эту ночь, так жаль, что его будет хоронить старый поп, отец Иван, друг твоего батьки и той барыни.

— Отчего?

— Отец Смарагд с тем генералом, что в Малаканце живет, поехали в город — последний раз, значит, хлопотать о Конском Сырте. Перебоченская не пускает генерала, а тому есть нечего почти…

— Ты откуда знаешь?

— Фрося сказывала, прибегала ко мне прошлою ночью; эти девки все про свою барыню знают…

Долго спал, не просыпаясь после этой ночи, Илья. Уже высоко солнце катилось, как прибежал к нему со двора в пустку Власик и объявил, что в ту ночь умер Савка-кларнетист. Хоронил Саввушку-артиста старый священник, отец Иван. Илья и Кирилло горько плакали, кидая на его наскоро сколоченный гроб в могилу горсти сырой земли.

— Отца Смарагда еще нет? — спросил Илья Кириллу на похоронах.

— Уже третий день в городе.

— Что-то он так там загостился…

— По делам; по делу, по этому, генерала.

— Когда бы господь им помог! — сказал Илья, — про генерала все говорят — душа человек! И нам, может статься, по соседству с ним лучше было бы. Говорят, за всякую пустую послужку деньги хорошие платит.

Роман Танцур с ночи, в которую умер Саввушка, уехал грузить на барки господский лес, сплавленный в Волгу с верху Лихого, и на похоронах не был.

— Эх, хоть бы оркестр наш, где и Савка играл, грянул ему вечную память, как гроб-то несли, — сказал Кирилло.

— Отчего же вы не собрались?

— Венгерец не позволил инструментов вынимать; погода, видишь, хмурая стоит, ну и нельзя — княжеские инструменты!


# V

# У границ Азии


Генерал с священником уехали в город. Сборы их были недолги. Смарагд прибыл к Рубашкину на гнедой кобыле, в церковном открытом фургончике, или, попросту, в телеге на колонистский лад.

К кобыле припрягли буланого. Замелькали каменистые бугры, овраги. Лошади бежали дружно.

Покормив их раза три-четыре в одиноких постоялых дворах, путники прибыли в обширный бревенчатый губернский городок, в одинокую улицу, в квартиру учителя недавно устроенной гимназии, Саддукеева, друга и дальнего родича священника, из семинаристов.

Город носил на себе признаки юго-восточных русских городов и, как сам недавняя колония, был раскинут широко и просторно. Дома его были выстроены на живую нитку, светлы и все с балконами, террасами и лестничками снаружи стен, из яруса в ярус. Церкви его не поражали тяжеловатостью и мрачностью вида, как это бывает в старинных городах северной России. Дом губернатора напоминал собою какое-то европейское заморское консульство. За городом в степи виднелись зеленеющие насыпи сторожевых окопов и бастионов, с разгуливающими часовыми в белых фуражках. По городу носились щегольские кареты и колясочки с воздушными кузовами, подделанными под камышовые плетенки. Дамы ослепляли нарядами. Все на улицах курили, хоть это тогда еще запрещалось. Толпились офицеры, татары, чиновники, калмыки, мещанки девушки с полуазиатскими лицами, в ситцевых, однако, платьях и с платочками на головах; казаки, гимназисты, кудрявые и черные, как жуки. Тележка путников трусливо загремела по городским улицам и переулкам. «Что вы так пригорюнились?» — спросил священника Рубашкин, вообще занятый и ободренный видом города. «Тоска, что-то недоброе чуется…» — «Э, что вы! С чего взяли?» Подъехали к обширному забору, за которым в молодом саду стоял двухъярусный домик, с красивою лестницею снаружи, наискось вдоль стены наверх. По лестнице было развешано белье. В окна глядело много цветов. Дети шумно бегали по двору. По улице, поросшей травою, гуляла пара ручных журавлей. Сам учитель, высунувшись из слухового окна, оказался на крыше, в халате и с трубкой в руках. Он гонял платком голубей, покуривая и следя, как они делали в небе свои широкие круги и кувырканья, и сразу не заметил въехавших во двор гостей. Дом был почти за городом.

— Рекомендую! — сказал священник, назвав Рубашкина, когда хозяин, суетливо переодевшись, сбежал вниз, а между тем горничная внесла в залу свечи.

Саддукеев откашлялся, придерживая лацканы вицмундира, улыбнулся, потер лоб и, пристально глядя на Рубашкина, знаком попросил гостей сесть и сел сам. Священник пустился рассказывать о причине их приезда, о личности и качествах Рубашкина.

— Ты мне. Смарагд, не говори о них! — перебил Саддукеев, — я уже историю знаю, долетела сюда… Вы, ваше превосходительство, простите ему; он ведь простота, добряк и сильно любит молоть чепуху. Мы с ним товарищи, даже родня… А дело ваше вопиющее!..

— Прошу со мною без чинов и церемоний! — сказал Рубашкин.

Священник что-то шепнул на ухо хозяину. Саддукеев, опять молча, с любопытством посмотрел на Рубашкина. Генерал сам еще рассказал ему свое дело и приключения с Перебоченской и под конец без обиняков попросил хозяина помочь ему советом и делом в этой непостижимой истории. Саддукеев, как бы по чутью, угадал личность нового знакомца: несколько раз во время рассказа генерала вскидывал странно руками, то складывая их на груди, то потирая ими колени, и встал. Его сухощавая фигура зашевелилась; красные, сочные, добрые губы осклабились, огромная белокурая кудрявая голова с большими сквозящими ушами закинулась назад.

— Так вот она наша настоящая-то практика! — сказал он, то улыбаясь, то странно подпрыгивая на месте и кусая до крови ногти, — Велика, значит, разница между писанием бумаг о законах и их применением! Значит, нашего полку прибыло! И вы домой свернули, опомнились? Да местечко-то ваше, выходит, другим уже нагрето! Но успокойтесь, не хлопочите. Коли пенензов нет, ничего вы тут не выиграете.

— Как не выиграю?

— Да так же! Отвечайте мне прямо, я уже здешние места знаю, — становому вы платите?

— Зачем? Я сам по министерству служил и порядки знаю…

— Ну, у вас там в министерствах порядки одни, а тут другие. У здешнего губернатора тут в одном из уездов тоже имение есть. Он губернатор, а чтоб по имению все, понимаете, обстояло хорошо, тоже ежегодно ордынскую дань своему же подчиненному становому платит. Да-с! А исправнику, заседателю, стряпчему вы платите?

— Тоже нет…

— Вот вам и вся разгадка! Смарагд, Смарагд! Колпак! ты во всем виноват. Дело пропало…

— Что же мне делать?

— Достать денег и заплатить, да теперь уже побольше.

— Где же достать, научите? Просто голову теряю: и есть имение, и нет его — презабавная штука…

— А, так вы и забавник! И мне приходится над всеми забавляться. Прежде всего, позвольте рекомендоваться. Я сын дьячка, учитель российской словесности при здешней гимназии, Саддукеев. Вот с ним готовились тоже в попы, дарования оказывал непостижимые; но так перед выпуском напроказил, что чуть не попал в Соловки. Одна барыня богомольная спасла. Тогда меня отписали по гражданству, и вот я стал учителем, сперва в одном городе, потом в другом, так и сюда домой на родину попал. Видели, что я голубей гонял? Это означает, что я ручной стал сам, силюсь выказаться консерватором-с, стремлюсь показать уважение к собственности-с; для этой цели женился на здешней купчихе, получил в приданое сии палестины, овдовел и тут же, извините, накинулся тайком на чтение журналов и книг новейшей поставки. Книги и прочее держу наверху. А тут видите — цветы смиренные, портреты властей. С виду я как будто и агнец, и отличный подчиненный нашего ректора, великого педагога, секущего по субботам виновных учеников вповалку; а ученики меня любят и ходят ко мне. Мы читаем, беседуем. Положим, я, как все, как и вы, лишний тут во всем, непутный вовсе, ни к чему человек. Да у меня, скажу вам, своя задача есть, если так выразиться, свое помешательство… Я задал себе такое дело…

Саддукеев помолчал и оглянулся. Видно, у него уже давно и много накипело на душе и он хотел перед каким-нибудь живым человеком высказаться.

— И вот я решился, в этом общем разладе правды и дела во что бы то ни стало… жить долее! Да-с, и как можно долее! Видеть осуществление хороших порядков хочется на своем веку не на одной бумаге, а и на деле, а знаешь, что не дожить до этого без какого-нибудь чуда… Вот я и устремил все помыслы на одно: пересижу, мол, зло, переживу его,ережду, авось хоть через сто лет исполнится то, над чем все слепые наши собратья бьются кругом. Ну, сто так сто, и решил я ухитриться непременно сто лет

65

прожить! Количеством, знаете, массою годов хочу взять! И уж всякие штуки для этого я делаю; потому наверное знаю, ей-богу-с, что мы с вами простым человеческим веком ни до чего не доживем!

Рубашкин засмеялся. Саддукеев рассмеялся тоже, но продолжал с уверенностью:

— Смеетесь? Ей-богу, так! Вон немцы, Бюхнер, что ли, говорят, что между населением разных пластов на земле, между появлением, положим, почвы каменноугольной и той, где появились птицы и звери, должны были пройти миллионы лет. Так и у нас, с гражданским обновлением. Готовят свободу крестьянам. Отлично; даже слезы выступают на глазах от этой одной вести… Скажите, что манифест скоро будет, что о нем где-нибудь уже намек сделан в газете; сейчас брошу вас, извините, и бегом пущусь к Фунтяеву в таверну, «Пчелку» понюхать… А все-таки сто лет хочу прожить… Не верю-с, вот что! Всех переживу… Остается и вам только пережить эту Перебоченскую, и больше ничего…

Подали чай. Священник мало принимал участия в беседе Саддукеева с Рубашкиным и несколько раз выходил на крыльцо.

— Мало вы говорите утешительного, — сказал Саддукееву Рубашкин, — так ведь и с ума сойдешь, если все над такими мыслями останавливаться.

— О, не сойду! Я все подмечаю-с… Позовут на бал к губернатору, — молчу, и, стоя в углу, посматриваю на танцующих, не грохнется ли кто в пол так, чтобы и дух вон. Сейчас это и отметится на моих умственных скрижалях. Все одним подлецом меньше будет… Голубей люблю; здесь много всяких воров, в том числе и голубиных. Поэтому я не часто выпускаю голубей с чердака на воздух… Но как встречу мертвеца на улице побогаче и поподлее, сейчас спешу домой и выпускаю на радость погулять и моих голубей на волюшке… Вы меня так и застали; это нынче умер инвалидный здешний капитан, мошенник и первейший живодер! Живу я умеренно, все рассчитал, обзавелся даже аптекой, лечебниками; с докторами дружбу веду, с медициной немного познакомился, чтобы прожить дольше и увидеть что-нибудь путное на белом свете. И ведь оно приятно ощупывать теперь сквозь мягкое тело свой собственный костяк, скулы, там, глазные впадины, сухие кости на коленях и, так сказать, осязательно угадывать в себе будущий свой безобразный вид, когда в могиле-то отродятся в желудочке червячки и всего-то тебя скушают дотла, в угоду разным подлецам, гнетущим свет и людей… Против этого-то костяка я денно и нощно веду самые ловкие интриги и убежден, что отстою надолго свои бренные телеса. Одна беда — летаргия, случай-с, как вдруг живого тебя закопают; и то бы еще ничего, да зависть тебя возьмет: что, как завтра же ударит над могилою трезвон, заликует правда, а тебе придется там в душных потемках могилы ожить и тщетно делать последние жалкие эксперименты: понатужиться, повернуться в гробу, поколотить с безумным, холодным отчаянием в глухую крышку гроба и попробовать, наконец, собственного своего мясца на закусочку, то есть обглодать без пользы свои руки... Это уже будет вполне скверно! Но я и тут принял меры. Подбиваюсь к кладбищенским сторожам, прошу попов не спешить с похоронами... Ей-богу!.. И это будто все в шутку, чуть перебираюсь на новое место. Советую и вам, генерал, то же самое...

Рубашкин задумался. Молча сел возле него, собираясь с новыми рассказами, Саддукеев. Но вбежали дети хозяина, и все ожило снова.

— Нет, вы для меня придумайте, без шуток, что-нибудь посущественнее, — сказал Рубашкин.

— Какие тут шутки! Трудновато, а впрочем, посмотрим... Я вообще ночью страдаю бессонницами, а особенно, как что-нибудь взволнует: какая-нибудь вдруг столичная новость; встреча с замечательною жертвой какой-нибудь житейской пакости, вот хоть бы с вами... Тогда я на другой день болен и в видах долголетия сейчас же сажусь на одно молочко и на сельтерскую воду... Так-то-с!

Далее, вечером хозяин и гости еще более оживились. Дети Саддукеева были сущие дикаренки, страшно загорелые, с протертыми локтями и коленками и сильно выросшие из штанишек. Уча с увлечением в гимназии, Садуукеев на своих детей не обращал почти никакого внимания. С утра задавал им уроки, а к вечеру редко даже вспоминал о них и почти никогда не поверял их занятий.

— Это будущие семинаристы, — сказал о них хозяин, — хоть скверно учат и кормят в семинариях, хоть чертовски там секут, но как плотоядный самец, да еще и вдовый, я их намерен именно туда отдать. Оттуда все-таки народ выходит менее тухлый и более как-то пикантный, чем из наших гимназий. Посмотрите-ка, генерал, как в гору идут теперь везде наши семинаристы! На них стал спрос... Вот хоть бы и Сперанский, как некогда отличался! А вы знаете, что ваш и мой приятель, этот отец Смарагд, в семинарии метил именно в Сперанские, на философию ударял, либеральничал, а теперь, бедняк, на что разменялся в Есауловке! Сухие корки по селу через пономаря собирает... Что делать! Правда, ваше преподобие? Да что ты так нахохлился? — спросил Саддукеев вошедшего снова в гостиную священника, — что ты вздыхаешь и как будто хандришь?

— Жену оставил не совсем здоровою; боюсь, не расхворалась бы пуще, кругом на сорок верст нет лекаря... Сам ты это знаешь!

Саддукеев подмигнул генералу на священника, который опять вышел на крыльцо.

— Вот вам и трагикомедия, генерал! Я его от души люблю; славный малый и в семинарии постоянно сидел в карцере за курение трубки... Но

67

подумайте, почему он заботится о жене, или почему должен заботиться? Умрет жена, — шабаш! Более жениться ни-ни, нельзя уже по их закону... Вот положение!

— Да, она женщина славная, — сказал Рубашкин, — все хозяйство ведет, сама коров доит, моет белье, есть варит.

— Что и говорить! А умрет, шабаш, Сморочка! Бери работницу — соблазн народу, или прочь от прихода... А сколько соблазну в этих предложениях раскольников! Еще удивляюсь ему...

Саддукеев замолчал. Стали накрывать на стол. В раскрытое окно сквозь темноту из сада послышался голос. Служанка как-то затихла на время с посудою, и смуглые кудряшки-дети также приумолкли по креслам в гостиной. Из сада ясно раздалось тихое пение грустного духовного гимна. Рубашкина, видимо, мало занимала вся эта обстановка и все, что говорил Саддукеев. Мысль о деле не оставляла его ни на минуту.

— Так-так, узнаю тебя, беззаветная личность, семинарист Перепелкин! — заговорил опять хозяин, и его глаза, холодные, серые и безжизненные, засветились любовью, — так звался у нас ты прежде, отец Смарагд! Дать острастку подлецу какому-нибудь, бывало, эконома-отравителя штурмом взять — его было дело. Ему бы в какую миссию, к ирокезцам; апостолом нового слова явиться в такую дичь, где бы грозило всякому попасть на крест или быть съеденным заживо своими же прихожанами. Вот бы где он себя показал! А ему пришлось коптить небо в Есауловке!.. Как тут не стремиться прожить сто лет?

У ворот раздался топот усталой лошади. Кто-то тихо и несмело подъехал. Не прошло десяти минут, как отец Смарагд, бледный и взволнованный, вошел в гостиную и в безнадежности упал в кресло.

— Что с тобою, камрад? что с тобою, Сморочка? — спросил Саддукеев.

— Паша моя умирает... Ах, господи боже! Второй день лежит без памяти, как только мы уехали! Верховой прискакал... Нашелся еще добрый человек!

Саддукеев вскочил с дивана.

— Ах ты, бедняк-бедняк! Жаль тебя! Да нет! Стой! Есть приятель у меня лекаришка... Да нет, опять стой! что и хлопотать! Завтра бал на весь город у губернатора. Наверное, и этот подлипало там будет...

Саддукеев быстро заходил по комнате.

— Я у вас, Адриан Сергеич, возьму тележку и лошадей! — сказал священник, — и уеду сейчас же, в ночь; вы воротитесь на почтовых или как там лучше, когда устроите все. Подумайте: ведь на сорок верст кругом нет у нас даже фельдшера!

— И это магнат! в Есауловке оркестр держит, а аптеки, фельдшера простого нет! — крикнул Саддукеев. — О алеуты, безмозглые обитатели Мадагаскара! Тысячи, куда! десятки тысяч на еду тратят, на мебель, на убранство домов и на бездушных кукол, своих жен, а доктора завести за триста целковых на целый околоток не захотят! Говорит об англомании! куда тебе до лордов! Недорос! Ирокез!

Сели в тревоге ужинать. Священник ничего не ел. Лошади его в тележке были опять запряжены. После ужина, однако, опять что-то надумав, Саддукеев сбегал в два-три места и воротился со склянками.

— Ехать все отказываются; такая, говорят, даль и еще к сельскому попу! А прописать лекарство, за глаза прописали. Да и что еще за болезнь у нее? к делу ли оно? Кто приехал с вестью? Спросить бы его… Позвать этого человека.

Вошел Илья Танцур. Он чуть стоял на ногах от усталости. Рубашкин по-французски объяснил Саддукееву, кто он и чей сын. Учитель осмотрел Илью с головы до ног.

— Вот, брат, — сказал он, — отец твой главный приказчик в вашей трущобе; в год, я думаю, не одну сотню крадет и не одну тысячу князю вашему высылает за море, а лучше бы хоть коновала какого завел у вас.

Илья оправился и ответил:

— Мы делов отца не касаемся; не извольте обижать нас, барин…

— Кто же тебя послал?

— Сам-с, от жалости-с… Прихожу раз, другой, а матушка, вот их жена, то есть, без памяти лежит. Девчонка, их работница, на улицу бегать ушла — шалить; дети голодные кричат. Некому воды подать. Я это… к отцу… Так и так, мол. Он резонту не дал. Я наутро вижу то же, взял из барской конюшни коня да и поехал. Оченно устал-с… Ругать отец еще будет. Позвольте овсеца для лошади. Денег своих не имею. А дорогою надо будет подкормить, хотя я и берег коня!

Рубашкин опять сказал что-то Саддукееву по-французски.

— Ты в бегах был? Долго? — спросил учитель.

— Двенадцать лет-с…

— Чем больна, по-твоему, их вот жена?

— Горит вся, мечется, а узнавать ничего не узнает…

— Ну, прощай, друг Смарагд! Спеши: вот тебе лекарство! там написано, как принимать. Да не жалей горчичников… Странный, однако, этот Илья; толк из него будет!

Священник простился и уехал в ночь с Ильёй, привязав княжескую разгонную лошадь к повозке и решив ее не оставлять и лучше покормить далее дорогой, чтобы успеть проехать хоть часть пути, пока еще не зашел месяц.

— Мы же с вами не пожалеем слез, когда действительно умрет эта бедная Сморочкина Паша! — сказал Саддукеев. — Жаль его! Что-то перечувствует его сердце под рясою, пока он доедет до дому? Мы же примемся за ваше дело! Если двоюродный братец мой, Смарагд Перепелкин, овдовеет, не знаю, устоит ли он тогда с семьей.

Гость и хозяин ушли спать. Ночью Рубашкину слышалось все воркование голубей на крыше. Перебоченская приснилась в виде Чингисхана с усами, окопавшаяся от него окопами, вышиной с добрую колокольню, и чудилась ему больная при смерти жена священника в белом чепчике и бедном ситцевом платье, звавшая опять почтенного слугу церкви запросто Сморочкой. Проснувшись, Рубашкин услышал в зале громкие шаги. Кто-то порывисто ходил из угла в угол. Он оделся и вышел. То был Саддукеев.

— Насилу-то вы проснулись; не хотел я вас будить. Утром в видах, понимаете, долголетия, я всегда задаю себе отчаянный моцион перед классами. Уходить не хотел, не видев вас, и вот тут все метался из угла в угол. Вот что я придумал…

— Благодарю вас…

— Вот что: сегодня у губернатора бал; оденьтесь и вы во фрак и сделайте ему визит. Он вас пригласит; вы на бале и объяснитесь с ним о деле.

— А утром объясниться разве нельзя?

— Он, аристократ, примет вас за нищего, за попрошайку, за сутягу и даст дело на рассмотрение правления. Надо это так, будто мимоходом! он юморист, даже сатирик, а чуть где в просьбе зазвучит неподдельная мольба о защите, вопиющее какое-нибудь дело, убивающее страдальца, он скажет: «Исполню тотчас», примет записку о деле, поковыряет в ногтях, полюбезничает, даже полиберальничает с вами и все сейчас же забудет, а к просителю оставит в своем сердце неимоверное отвращение, как к гнусной провинциальной твари и пролазу. Он из гвардейцев, богач, учился в пажах и попал в эту глушь временно, понимаете, чтоб попрактиковаться здесь, как английские ученые и чиновники ездят иногда путешествовать вокруг света, по программе своего воспитания. Наденьте, кстати, и звезду, коли вы ею украшены…

— Фрак и звезда остались дома в деревне, где я живу.

— Жаль! Примерьте, однако, мой фрак, а звезду мы возьмем напрокат у одного тут лакея; его барин, сенатор, здесь лечится кумысом. Лакей не откажет, звезда лежит давно без употребления. Вот хорошо, что я это сообразил!

Сказано и сделано. Во фраке и в звезде генерал Рубашкин отправился, под легкою парусинною накидкою, к властителю края. Властитель принял его очень вежливо, осведомился о его службе, не без удивления и легкого почтения узнал, что он так недавно еще и успешно служил на важном месте по министерству, и удивился его отставке. Сам будучи еще почти юношей, губернатор при этом вдруг стал жаловаться на боль поясницы, будто бы от тяжести дел в этом диком крае. Тут был принят еще какой-то помещик, сразу начавший начальнику края перепуганным и надорванным от отчаяния голосом рассказывать, как крестьяне у него сожгли недавно хлебный ток, а потом амбары и, наконец, пять дней назад его дом. «Что же вы хотите от губернатора?» — спросил его от себя в третьем лице, чистивший в это время ногти, губернатор. «Содействия!» — заревел, вытянувшись перед ним, запыленный и медноцветный от степного загара помещик. «Подайте записку». В это время мостовая у окна, где они все трое сидели, загремела, и в легком тильбюри на раскормленном до безобразия сером рысаке показалась какая-то городская дамочка, вся разодетая, сиявшая веселостью и удалью. Сзади нее неслись верхами трое франтов.

— Куда вы? — крикнул юный губернатор, высунувшись из окна.

— В степь.

— Зачем?

— Киргизы появились.

— Быть не может?

— Не бойтесь… мирные! Скаковых лошадей привели табун; куда-то на ярмарку ведут. Хочу и я поторговаться.

— Позвольте, сейчас…

Губернатор бросил ножик, которым чистил себе ногти, выбежал мимо оторопевших жандармов и часовых на улицу и подошел к тильбюри.

— Позвольте, милый наш вице-губернатор! — сказал он дамочке, — позвольте вашу ручку поцеловать. Вы все новости узнаете раньше меня… Я должен уступить вам пальму первенства! Я для вас ручной…

Дамочка с хохотом протянула ему руку, ломаясь и оглядываясь кругом, ударила хлыстом рысака, и тильбюри загремело далее.

— До вечера, — крикнул губернатор с крыльца.

— До вечера, господин ручной лев.

Губернатор послал ей вслед поклоны рукой. Погоревший помещик молча хлопал на все это глазами.

— Кто эта дама? — спросил он Рубашкина.

— Не знаю. А вас подожгли?

— Все сожгли в три темпа-с…

— За что же?

— Не знаю сам поныне. Сыплется на голову, как лава Везувия, и только. Думал найти тут защиту…

Губернатор вошел, еще улыбаясь, но не сел. Знак был гостям уйти. Первый с шумом зашаркал погорелый степняк-помещик.

— Так подайте записку! — сказал губернатор.

Помещик вздвигнул Рубашкину плечами, шаркнул опять и ушел, обливаясь испариной.

— А вас, ваше превосходительство, милости просим сегодня ко мне на бал. Молодежь хочу развеселить! — отнесся губернатор к Рубашкину, опять принимаясь за ногти. — Знаете, среди трудов... Я подобрал здесь все правоведов и лицеистов, студенты как-то ненадежны теперь стали! А у меня блистательно составилась администрация. Все люди хорошего тона, знают вкус в женщинах и отлично танцуют. Уговорили меня дать бал под открытым небом, в саду...

Рубашкин дал слово быть.

— В девять часов, запросто в Халыбовский сад; там наш бал! — сказал губернатор на прощание, почтительно посматривая на звезду Рубашкина.

«Как бы еще не угадал, чья это звезда?» — подумал последний уходя.

Рубашкин все рассказал Саддукееву.

— И отлично! — крикнул Саддукеев, поздно воротившийся из гимназии к обеду, — вы сделали одну половину дела, а я подумал о другой...

— О какой?

— Просите вечером, если все пойдет на лад и губернатор сдастся, просите у него, чтобы назначили на следствие и на вывод Перебоченской с вашей земли не кого другого, как одного из здешних советников губернского правления, и именно Тарханларова, а уж он, коли согласится, подберет себе помощников. Я обегал весь город, был у всех, знаете, мелких властей, у здешней, так сказать, купели Силоамской, ожидающей постоянно движения воды, то есть наскока такого доходного и прижатого судьбою человека, как, положим, вы... Я их, однако, предупредил, что вы мой приятель и чтоб все дело сделалось без подачки... Да то беда, что в этом деле уж очень многие замешаны; исправник ваш ничего не сделает, он племянник этой барыни; уездный предводитель, князек, дурак впридачу, ей тоже какая-то родня; становые подчинены исправнику... Все указали мне на Тарханларова. Это, скажу вам, молодчина, Геркулес с виду и бедовый по смелости... Коли он ничего не сделает, то есть не выпроводит этой барыни сразу, в один прием, при десятке или даже при сотне понятых и отложит дело опять на переписку, так уж вам останется одно: откланяться и уехать отсюда обратно, приняв меры к тому только, чтоб наконец, хоть проживя лет сто, пережить Перебоченскую...

— Да помилуйте, я этим имением уже введен во владение и имею формальный вводный лист!

— А на деле вы им владеете?

— Нет!..

— Таковы-то, генерал, наши провинции. Станете жаловаться в Петербург — все тут здешние замешаны, следовательно, станут отписываться; запросит министр, отнесут дело к тяжебным. И ждите его решения!

— Что же мне делать теперь?

— Позвольте, я не в меру взволновался; это вредно... Надо выпить, чего бы? да! сельтерской воды и опять походить... Так точно я был взволнован и по получении здесь известия о походе нынешних наполеоновских французиков! Вы, генерал, извините меня, что я этого нового Наполеона не очень жалую... Эй, Феклуша! Сельтерской мне воды!

Горничная принесла Саддукееву воды. Он выпил и стал ходить.

— Подождем еще пока обедать. А после обеда я кинусь узнать, сколько надо предложить советнику Тарханларову; вы же к нему прямо пойдите между тем и, рассказав все дело, просите принять порешение его на себя. На бале в этом саду буду и я. Там придумаем, как сказать все губернатору...

После обеда гость и хозяин не спали. Оба кинулись в разные стороны хлопотать о деле.

Рубашкин воротился первый, и не в духе. Саддукеев прибежал с кипой газет.

— Вот! вот! — говорил он, лихорадочно перебирая листки, — до бала успеем еще пробежать кое-что... Да-с... вот оно... Говорят... в фельетончике каком-то есть намеки, что составляются новые комиссии о разных реформах и что крестьянское дело идет к концу. Узнал я и о вашем деле, генерал. Оказывается, плохо-с, однако... Юстиция у нас еще не сбавила тут в глуши своей таксы: говорят, что менее двух тысяч целковых этот советник губернского правления Тарханларов за такое дело не возьмет...

Рубашкин вскочил. — Как! Две тысячи?

— А вы, ребенок, полагали менее? — спросил Саддукеев, не отрываясь от лампы у стола, за которым он с жадностью перебирал газеты только что привезенной почты.

— Две тысячи! — восклицал Рубашкин. — Да-с, да! Вот именно почему я и хочу, желаю всеми средствами прожить сто лет; и проживу, ей-богу, проживу! Вон, вон, точно: комиссии, комиссии... А, батюшки!.. Шагает! Уж не сбавить ли чего, однако, со ста лет? Вон, о редакционных крестьянских комиссиях наши официалы торжественно выражаются; скоро окончательно пробьется что-то! Ну, а ваш визит к Тарханларову чем кончился?

— Отказал наотрез!

— Отказал? Быть не может!

Саддукеев бросил газеты и, ладонью бережно придерживая их, обратил тусклые, усталые глаза на генерала.

— Отказал... Жена его беременна; не могу, говорит, как бы чего без меня тут не случилось с женою! Это не отец Смарагд.

— А про могущий быть ордер губернатора говорили?

— Говорил. «Не поеду, — сказал он, — хоть бы сам сенат нарядил, — извините; а про дело ваше слышал: точно скверное дело!»

Саддукеев и Рубашкин отправились на дачный бал губернатора, в загородный сад армянина-откупщика Халыбова. Множество экипажей стояло у решетки сада. Ворота и дорожки были освещены фонариками. Гремела музыка. У крыльца на особой эстраде шли танцы. Долго шатались без смысла новые два приятеля в толпе. Губернатор заметил опять звезду на груди Рубашкина и кивнул ему, подзывая его к себе. Рубашкин подошел к нему. «Вывези, Антошка!» — мысленно при этом подумал учитель, вспоминая сенаторского лакея, у которого для генерала была абонирована за полтинник с приличным залогом звезда. Толпа раздвинулась, губернатор прошел в боковую аллею с Рубашкиным.

Они шли и болтали о том о сем.

— Вы здешний помещик? — спросил губернатор, уже едва помнивший вчерашний визит к нему Рубашкина.

— Да-с! Имел бы особое удовольствие вас угостить у себя таким же балом, да со мною длится маленькое комическое дело…

— Какое? — спросил юный степной сатрап, лорнируя в потемках боковой дорожки каких-то полногрудых красавиц. Сатрапом и ханом любил сам себя звать этот губернатор с той поры, как по первом приезде из Петербурга ему удалось здесь принять с восточными утонченностями какое-то важное, ехавшее на север посольство.

Рубашкин, намеренно хихикая и с приличным юмором, рассказал ему о своем деле, как он получил наследство, как введен был во владение и как одна беспардонная барыня-хуторянка, торгующая скотом, мешает ему поселиться у себя и взяться за хозяйство.

— Что же вы не подадите мне записки? — спросил губернатор, забыв, что по этому делу он сам подписал шесть грозных, но тщетных приказов уездным властям и от самого Рубашкина получил две письменных плачевных жалобы.

— Не стоит! — сказал небрежно Рубашкин, рассеянно освобождая свою руку из-под локтя губернатора и всем оборотом тела спеша вглядеться тоже в каких-то красавиц по дорожке.

— Кто это? — спросил тревожно волокита-хан, и голос его, от чаяния тайной интрижки у постороннего, дрогнул.

— О! прелесть! вы их не знаете! Они из Петербурга…

— Не может быть?

— Ей-ей… три сестры-сироты…

— Так вы мне, однако, подайте записку! — проговорил, уже ничего не соображая, губернатор.

— Не стоит…

74

— Вы хотите меня обидеть? — шутливо спросил хан, чувствуя между тем потребность кинуться вслед за хвостами особ, похваленных гостем.

— Если вы требуете, извольте... Завтра же. Но с одною оговоркою...

— С какою?

Губернатор, смотря в дальний угол дорожки, начинал терять всякое терпение.

— С тем, чтобы вы исследователем назначили Тарханларова...

— Почему? — спросил губернатор, лорнируя дорожки, но тут же, по чутью, переходя из радушного в подозрительный тон.

— Ему давно хочется побывать у меня в гостях... Я ему красавицу припас.

— Но у него, кажется, жена в родах! что-то он на волокиту не похож, или притворяется? А? что? Кажется, жена его беременна...

— Родила, ваше превосходительство! — кстати вмешался тут Саддукеев, выросший вдруг перед собеседниками, точно из-под земли.

— Чему же вы радуетесь? — спросил губернатор, разглядев впотьмах голову учителя. — Точно вы сами участник в этих родах! А?

Все трое засмеялись. Радуясь своей остроте, губернатор прибавил:

— Если Тарханларов согласится ехать к вам в гости, извольте, я отпускаю его, подавайте только записку: без нее и не приезжайте ко мне, обидчик! Надо же и делами заняться...

Губернатор исчез под липами, а Саддукеев, присев к земле, просто зашипел от радости.

— Браво! склеилось наше дело! Теперь денег надо достать...

— Тут-то опять и беда. У меня ни гроша не осталось от первого приезда в эти места...

Саддукеев посвистал.

— Ничего... пустяки-с... Коли с вами не прихватим в откупу, я извернусь иначе еще для вас. Вы меня извините, другой здесь вам зря сразу не поверил бы! Да у меня уже Смарагд этот такой, видите ли человек, что темного господина никому не похвалит и не привезет... Я его знаю.

Тут же среди танцующих Саддукеев нашел Халыбова, шепнул ему несколько слов и прибавил:

— Я у вас двух сыновей учу, дайте нам взаймы тысячу-другую на месяц. У этого вот господина более двух тысяч десятин незаложенной земли есть... На днях ее получит...

Армянин поклонился и осклабился.

— Знаю я их очень хорошо и без тебя, слышал я о них. Только дам им взаймы не теперь, а когда от них эта барыня, как ее звать, переедет...

— Ага! слышите, генерал? — спросил учитель.

Рубашкин печально улыбнулся.

Армянин потрепал Саддукеева по плечу.

— Под твой дом, бачка, дам хоть три тысячи: место твое оченно мне нравится! Что, небось так не кинешься занимать?

Учитель на мгновение опешился. Снял с огромной скулистой головы серую пуховую шляпу, отер со лба пот, повертел в руках платок, посмотрел на армянина и сказал:

— Идет! Давай под залог моего дома, Нин Ниныч, этому господину… две тысячи!..

— Двадцать процентов на полгода? — торопился прибавить шепотом Нин Ниныч Халыбов. — Если согласен, то хоть сейчас до закладной, под простое домашнее условие дам тебе эти деньги!

Саддукеев уставился глазами в Рубашкина и крякнул.

— Идет! — сказал он.

Ударили по рукам, и пока толпа резвилась и тешила юного начальника, откупщик и два приятеля съездили в откупную контору и дело займа под сохранную расписку кончили в полчаса.

— Теперь, значит, вот что, — сказал Саддукеев, воротившись с Рубашкиным домой, — садитесь и пишите коротенькую докладную записку губернатору, чтоб не возбудить в нем подозрений, представьте все дело одним административным недоразумением, сошлитесь на справки по этому делу в правлении и завтра же рано занесите эту записку предварительно Тарханларову, чтобы он не промахнулся и не выдал вас, что вовсе с вами не знаком, да тут же отвезите ему и занятый презент…

— Как? Вперед?

— О, без сомнения, и целиком; он и расписки, разумеется, не даст. А с вас я возьму сейчас же…

— Извольте… Но… как он надует?

— Не бывало еще примера. У них на это есть своя совесть и довольно высокая: будьте спокойны.

Рубашкин получил от учителя деньги и дал ему расписку с своей стороны.

— Это на случай смертности, — сказал Саддукеев. — Я-то проживу еще, ну, а вы уже в летах… до ста годов не дотянете! ни-ни…

Они легли спать. При выходе из праздничного сада, к Рубашкину у ворот подошел помещик, утром жаловавшийся на поджоги. Он был опять возбужден и озабочен; пот лился с его загорелого лица, а волосы были взъерошены и выбивались из-под картуза.

— Что с вами? — спросил генерал.

— Сейчас пришло известие от жены и детей: сожгли у нас и овчарни. Ждал это в саду заговорить с начальством.

— Что же?

Помещик яростно плюнул, посопел и молча пошел в улицу.

— Куда вы? Попытайтесь еще…

— Нечего времени-то терять; вижу, тут танцуют, а мне не до того; надо просто-напросто заново скорее строиться; это будет вернее, чем тут жаловаться!

— Вот вам и еще наша областная практика! — сказал Саддукеев. — Значит, не вы одни!

Итак, генерал и учитель легли спать.

«Как-то мне удастся утром эта практика? — думал Рубашкин, засыпая. — Каково? Я, недавно высший администратор, теперь сам своею особою пойду и понесу какому-нибудь советнику, своему же бывшему подчиненному, и такую полновесную взятку…»

Утром гость и хозяин умылись, оделись, напились чайку и снова посоветовались. Рубашкин бросился в первую из растворенных лавок, купил какую-то плохонькую соломенную корзиночку с дамским прибором для шитья и детский игрушечный сундучок. В обе из этих вещей он вложил чистоганом по тысяче рублей серебром, явился на дом к советнику правления Тарханларову и поздравил его с новорожденным. На генерале были опять фрак и звезда. Тарханларов притворился подавленным такою честью от генерала. Еще не видя, что было в корзиночке и в сундучке, он сказал:

— Полноте! к чему вам было беспокоиться поздравлять меня, такого ничтожного чиновника! — И прибавил, однако: — Я вижу, что вы опять о деле? Не могу, теперь в особенности не могу: сами знаете, жена родила с вечера… Да и зачем мне именно ехать? Надо ехать кому-нибудь другому, по инстанциям, младшему. Это соблазн и обида для уездных властей!

— Что делать? — возразил грустно Рубашкин, расставя руки и ноги и слегка склонив голову. — Этих маленьких подарков новорожденному и родильнице, по русскому обычаю, вы, надеюсь, однако, не откажетесь принять, не обидите меня!

Тарханларов глянул искоса на невзрачные подарки. Он задумался, но, как бы по чутью, сразу в предстоящем, по-видимому, романтике-просителе, обыкновенно выезжающем на одних идеальничаньях, угадал зело умелого практика. Он также с полуулыбкою расставил руки и ноги, склонил голову набок, взял, хихикая, корзиночку и игрушечный сундучок, прижал их с чувством к груди и скрылся, будто спеша обрадовать ими родильницу и новорожденного. За дверью залы он остановился, подошел в соседней комнате к окну, открыл сперва одну вещицу, потом другую, радостно закрыл на мгновение глаза, потом оглянулся, вынул деньги, медленно их сосчитал, сунул комками пачки ассигнаций в карман, а корзинку и сундучок бросил на диван и, громко высморкавшись, оправился перед зеркалом. «Что, дитя купали?» — спросил он повивальную бабку, выглянувшую в это время случайно из спальни, и ушел, не дождавшись ее ответа и сам не помня, о чем ее спросил.

Молодцом, сияющим и бойким, вошел снова в залу Тарханларов, подошел и как ни в чем не бывало сел у окна против Рубашкина.

— Когда вам угодно, чтоб я ехал в ваше имение? — спросил он гостя, добродушно смотря на него светлыми и влажными голубыми глазами и взяв его руку в свои пухлые, раздушенные и добрые ладони.

— Сегодня же… или завтра утром, я бы вас просил.

Тарханларов поэтически-грустно раскинулся на стуле и задумался. Тут впервые Рубашкин разглядел, какой он был действительно красавец: грудь широкая, крутая, плечистый, губы антично очерчены, волосы закинуты назад, голос звонкий, речи строгие, белье ослепительной белизны, в лице гордость, ум, даровитость и во всех движениях какая-то вместе тихая грусть и безграничная смелость.

— Сегодня, так сегодня, а завтра, так и завтра! — весело сказал Тарханларов, — я вполне к вашим услугам! Хлопочите только, чтоб губернатор назначил меня.

— Вот и записка! Уже готова… Это я его прошу о вас! — Рубашкин подал ему записку.

— Хорошо, несите; а я через час буду у него после вас и в точности поясню, что и мне давно хочется побывать у вас в имении. Говорят, красивый действительно уголок… Теперь же я поеду в правление, пробегу ваше дело. Оно, по правде, нешуточное. Ехать стоит; советников попусту из города не посылают. До свидания!

Тарханларов и генерал поцеловались.

Рубашкин отвез губернатору записку и прибавил:

— Если бы не желание дать вам бал у меня на Лихом, я не тревожил бы вас ни за что этим делом.

Губернатор уже холоднее, однако, встретил им же самим заказанную записку и, пробегая бумагу генерала, даже не просил Рубашкина сесть.

— Вы, однако, рано вчера бросили наши забавы… Вас не было за ужином? а?

— Одно… свидание ожидало, — извините…

— Э!

Губернатор покосился на Рубашкина, видимо, недовольный, что его звезда не блестела за его ужином, молча пометил его записку к исполнению, зазвонил и велел дежурному чиновнику сейчас же ее отправить к Тарханларову. Но чиновник доложил, что сам советник Тарханларов и вновь прикомандированный к канцелярии его превосходительства чиновник, титулярный советник Ангел, ждут в приемной.

— Дела, как видите! — сказал губернатор и из-за стола грустно раскланялся с генералом. — Я вас не смею удерживать! Вы долго еще пробудете в, городе?

— До вечера только.

— Что же так?

— Вы будете смеяться...

— О! Пожалуйста, скажите...

— Дома, где я пока живу, ждет меня одно хорошее дело... также интрижка...

— Где же вы живете?

— В казенной деревушке, вблизи своего имения...

— Не правда ли, какой здесь край! Что ваша Колумбия, Перу. И каковы нравы, каковы красавицы! Не будь эта служба, не выехал бы отсюда. До свидания!..

— В моем имении?

— От души буду рад по пути заехать!

Вошедших чиновников губернатор принял сухо и строго: бумагу Рубашкина Тарханларову подал не сразу.

— Вам командировка от меня через губернское правление, — сказал губернатор советнику, не смотря на него.

— Слушаю-с!

— Далеконько, однако...

— Слушаю-с!

— К вашему знакомому... Рубашкина знаете? Он отсюда через оранжерею сейчас вышел, был у меня...

— Не видел, но рад исполнить приказание вашего превосходительства...

— Вы с ним приятель?

— В Петербурге служили вместе! — солгал молодчина советник, стоя навытяжку, — поохотиться на рыбку звал...

— То-то на рыбку... знаю! — Губернатор, видимо, догадывался, в чем тут штуки; но не решился лишить Тарханларова удовольствия этой командировки. — Вы бы там щуку-то одну нам поймали: урод какой-то там, говорят, упирается, не слушает судебных постановлений... Какая-то помещица, сущая азиятка!

— Слушаю-с.

— Велите заготовить сейчас бумагу. Вы знаете, я откладывать не люблю. Слышите?

Тарханларов умышленно замялся.

— Да! У вас жена родила...

— Ничего-с, я готов выполнить ваш приказ. Но позвольте чиновника в помощь подобрать надежного и знающего.

— Если вы так усердны, очень рад, — кого угодно? А! И вы здесь, господин Ангел! — прибавил губернатор.

Титулярный советник Ангел, обруселый грек, двадцать шесть лет исполнявший должности становых в разных окольностях тех мест юго-востока России, выжига из выжиг, с длиннейшими усами, человек без страха и отступлений, на вид увалень, а на деле — огонь и битый, как сам он выражался, до десяти раз всяким сбродом, почтительно поклонился губернатору.

— Что вам?

— Из ростовского уезда, слышно-с, на Волгу контрабандный чай перевалили. Не прикажете ли поискать? — спросил сыщик.

Губернатор взглянул на Тарханларова. Тот сделал кислую мину.

— Ох, уж мне эти чаи!.. Не согласен! — сказал губернатор. — Больше на прогоны выходит, чем этих чаев отыщешь. Да, Тарханларов! Вот, кстати, вам и помощник! Берите его с собою в эту командировку. Велите заготовить к вечеру бумаги — и с богом! Прощайте, господа!.. Очень рад!

Чиновники ушли, а губернатор, сказав жандарму, чтоб никого не принимали, отрадно потянулся, надел штатский щегольский пиджак, посмотрелся в зеркало, покрутил усики, взял книжку французского журнала и сел к окну читать, заставившись от праздных зевак штофным зеленым экранчиком.

— Все сделано, — сказал Тарханларов к вечеру Рубашкину, который поспешил выдать Саддукееву заемное письмо на две тысячи, — бумаги у меня; часть от себя я уже послал по эстафете, на счет получателей, в уезд стряпчему, исправнику и становому. В предводительскую канцелярию послал особое резкое отношение. Словом, пока мы на почтовых к утру будем там, я надеюсь, что виновники во всех этих адских упущениях придут уже в некоторый должный трепет. Едем мы в моей коляске; вы и я, а данный мне помощник уже уехал вперед. Прошу ужинать ко мне и сейчас же после ужина едем на всю ночь…

Рубашкин горячо обнялся с Саддукеевым, пришедшим его провожать к Тарханларову.

— Ну, прощайте, берегите свое здоровье, это главное! — сказал генералу шепотом учитель. — Многое не удастся, так хоть годами-то возьмете! А на всякий случай, пока — вот вам еще триста целковых. Это уже мои собственные последние крохи. Поправитесь — воротите. Да пишите мне оттуда!

Бойкие почтовые кони из донских, как бы чувствуя, что везут такого доку, как Тарханларов, подхватили его коляску живо и с громом понесли ее четверней по стихавшим улицам города.

# VI

## Штурм Перебоченской

Рано на заре генерал и Тарханларов проснулись в дороге, покачиваемые в коляске, в виду уездного городка, заброшенного в глухой поволжской юго-восточной лощине, между пологими каменистыми буграми.

Путники вошли в земский суд. Тарханларов, приезд которого сюда уже несколько подготовил данный ему помощник, был встречен тут всеми не без трепета. Но дело как-то пошло не очень плавно. Повестки хоть и были разосланы из суда к становому и в соседние села, но исправник отозвался делами, более не терпящими отлагательства, и, не дождавшись губернского следователя, вопреки его отношению, уехал из города в то самое утро в другое место. Так же поступил и уездный предводитель, не доставив советнику никаких нужных новых сведений о личности Перебоченской и о ее мнимом нездоровье, которое будто бы препятствовало доныне ее выезду из чужого имения. Когда Тарханларов явился в предводительскую канцелярию, секретарь ее даже встретил его с некоторой иронией. Было заметно, что прежде чем повестки и помощник советника явились в город, лазутчики Перебоченской обо всех эволюциях нового, угрожающего ей штурма дали уже знать сюда из среды самого губернского правления, как Тарханларов ни старался свой быстрый выезд облечь тайною. «Даже Ангела к нам выслал, — острили о греке уездные чиновники по уходе Тарханларова, — но и ангел небесный не сможет ничего с нами сделать, коли мы захотим! Вот оно как!»

Действительно, полномочный член высшей местной администрации, советник губернского правления, вооруженный наилучшими, определеннейшими инструкциями — «раскрыть наконец дело, во что бы то ни стало; отрешить всякого из чиновников, замешанных тут, если он найдет умышленные послабления со стороны их, и вывести Перебоченскую из имения Рубашкина даже силою, не принимая более от нее никаких отговорок и отписок, и всему составить подробный журнал», — озадачился сразу, встретив эти первые каверзы, и чуть не потерялся. Явив в земском суде особый приказ губернского правления, он тут же сделал распоряжение об удалении от должности исправника, записал свое постановление в протокол суда, внес его и в свой особый секретный журнал, отметил в нем между прочим, что повестки о высылке в Конский Сырт понятых из соседних с ним сел посланы нарочно, для замедления понятых, не верхом, а пешком, через сторожа-инвалида из земского суда, хотя из города до этих сел было более сорока верст. Тарханларов должность исправника сдал земскому заседателю, распек и его предварительно на обе корки и взял с собой, а приставу стана, где был Конский Сырт, послал с конным нарочным от себя вторую повестку о немедленной явке на сборный пункт в Малый Малаканец, в квартиру Рубашкина.

К обеду того же дня, шестериком, на обывательских, Тарханларов прибыл с Рубашкиным и с земским заседателем в Малаканец. Там их встретил помощник Тарханларова, Ангел, а станового и понятых еще не было. Подождали они с час, другой. Ямщики влезали на крыши хат, выходили далеко в поле на бугры, смотрели, но никого не было видно.

— Что же их ждать! — решил советник, — начнем, откроем действия, заявим этой барыне последнюю волю начальства! На том, чем она нам ответит, оснуем дальнейшие наши меры. Может быть, к крутым и не придется прибегать! А пока рассмотрим еще бумаги. Вы, господин заседатель, в качестве исправника, потрудитесь в более близкие села от себя еще раз дать строгие повестки о сборе понятых; вот хоть в Есауловку, в Карабиновку, в Авдуловку и сюда, в этот Малаканец…

— Люди теперь в разброде, рабочая пора; к вечеру только с полей придут домой.

— Ничего, пишите. Хоть мало сперва, а соберутся.

Пересмотрели еще бумаги, все приготовили; дали повестки с ямщиками в Есауловку и по Малаканцу. Те съездили и воротились со словами, что понятые к Конскому Сырту будут сейчас.

Часа за три, за четыре до заката солнца, еще подождав станового и трижды уже заказанных понятых, Тарханларов и прочие поехали к усадьбе Конского Сырта. Что-то в душе говорило Рубашкину о не совсем удачном исходе дела; но красавец и молодчина губернский советник ехал бодро, весело мурлыкая про себя какую-то песенку и с любопытством поглядывая по сторонам.

— Местечко прелестное! — сказал он, завидев под склоном есауловских бугров над рекою Лихим зеленые низменности Конского Сырта, — у вас с руками оторвут на аренду эту землю даже мелкие здешние табунщики и сгонщики скота, если сами не пожелаете хлопотать…

— Я думаю сам хозяйничать.

— И дело.

Въехали экипажи во двор Перебоченской. Во дворе было тихо: ни одна душа не показывалась. Кухня, амбары и всякие пристройки молчали. Окна и крыльца дома молчали также. Когда власти подъехали, гремя колокольчиками, к главному крыльцу, в конце двора прошел от кухни к сараю, опустя голову и не поднимая глаз, низенький коренастый господин, или собственно прошли его длиннейшие рыжие усы: то был пан Жукотыньский, приказчик барыни. «Эй, ты! послушай!» — крикнул ему с козел коляски титулярный советник Ангел; но рыжий шляхтич прошел важною журавлиною походкой, руки в карманах балахона, опустя рыжие огненные усы чуть не до земли, и скрылся…

Тарханларов, земский заседатель и Рубашкин вошли в сени и в переднюю — ни души. Лазарь Лазарич Ангел остался у крыльца, хмуря черные кустоватые брови, сердито сопя и крутя черные усы. Он осторожно, как чуткая дрофа в степи, посматривал из-за коляски и лошадей во все углы двора, ожидая, где вынырнет шляхтич.

Едва Тарханларов взялся за ручку двери в залу, шепнув спутникам: «Мы пока сюда, а Лазарь Лазарич довольно надежная сила в арьергарде; он бедовый: его тронут, так он и ножом в бок пырнет!» — как дверь перед ним отворилась и на пороге показалась хозяйка Палагея Андреевна Перебоченская. Рубашкин теперь был одет запросто, в летней парусинной накидке и без портфеля под мышкой фрака, как некогда, в первый приезд сюда. Старуха же встретила посетителей такая же сухощавая, сутуловатая и будто придавленная и забитая, хотя была особой почтенного роста, и по-прежнему в темном притасканном платьишке и в чепце, перевязанном под подбородком и по ушам белым платком вроде того, какие носят нищенки-попрошайки. Она молча остановилась в дверях, держа грязный гарусный ридикюль и вопросительно подняв к посетителям сморщенное желтое личико и жалкие, убогие и будто плачущие глаза.

<<

>>

— Повелением высшего начальства! — звонко и отчетисто заговорил молодчина Тарханларов, выставя вперед румяные круглые щеки и вынимая из кармана бумагу, — приказано вас, сударыня…

— Не надо! вовсе этого не надо! — ответила старуха, тихо отодвигая бумагу.

— Как не надо! Воля высшего начальства-с… Что вы? шутить?.. Извольте слушать! Только надеюсь не здесь в передней, а как следует… в зале… у вас…

И он шагнул к порогу в залу. Перебоченская, однако, не двинулась с места.

— Я уже все это знаю… и вашу бумагу! — сказала она тихо, потупя глаза, — это все пустяки; я отсюда не поеду, я больна, стара, и всякие тревоги… особенно высзд… могут причинить мне… даже смерть!

Тарханларов оглянулся на своих спутников и насмешливо им подмигнул; Рубашкин степенно стоял сзади, выжидая, что будет; заседатель, не поднимая глаз, был бледен и стоял навытяжку.

— Вы можете мне говорить все, что вам угодно! — громко сказал опять советник, — но я имею предписание начальства, основанное, извините, на предыдущих ваших выходках и проделках, не принимая долее от вас никаких отговорок, вывезти вас из этого чужого имения-с... отобрать у вас всю хозяйственную движимость... сдать ее владельцу имения, до уплаты вами, по третейскому суду, денег за все годы аренды, а после расчета с ним дозволить вам из движимости и строений взять отсюда по особой новой расценке...

— И гурты и овец сдать ему? — спросила Перебоченская, указав пальцем на генерала.

— Сдать все пока... в виде обеспечения уплаты за десятилетнюю аренду...

— Никогда! я прежнему владельцу все уплатила... А хоть бы деньгами и не уплатила, не дам! У нас с ним счеты кончены...

— За что же он с вами тягался все последнее время?

— Оставьте меня и не тревожьте... прошу вас мне не грубить! Перед вами дама-с!

— Расписок у вас нет! формальный договор нарушен! Все, что ходит по этой земле, вами получено с земли же, а за нее вы ничего не платили... Следовательно...

— Разберут по суду... Какой вы суд? Вы полицейский чин...

— Суд давно решил дело против вас и столько лет ждал от вас, сударыня, доказательств; все здешние власти делали вам поблажки. Теперь уже делу конец. Вы оскорбляете администрацию, распорядительную власть, которая должна в точности исполнять решения суда; и она командировала наконец меня... Извольте выезжать отсюда; извольте пустить меня в залу и выслушать постановление губернского правления. Слышите ли? Имею честь рекомендоваться...

— Знаю, знаю...

— Я советник губернского правления...

— Да знаю же, говорю вам!

— Губернского правления, Тарханларов... И потому снова говорю...

Тусклые глазки барыни холодно и злобно завиляли. Лицо и ридикюль задвигались.

— Палашка! — крикнула она, не оборачиваясь, с порога.

Тарханларов, зная от Рубашкина проделки барыни и то, как она и генералу грозила Палашкою, невольно улыбнулся, приготовился взять Перебоченскую за руку и шагнул вперед.

— Позвольте мне, сударыня, пройти в залу и сообщить вам решение суда и окончательное предписание губернатора...

Он бережно взял старуху за сухощавую, в тревоге дрожавшую руку. Но в то же время за спиной хозяйки обрисовались два помещика: отставной прапорщик из букеевских ординарцев Кебабчи и не служивший нигде черноморский дворянин и соседний гуртовщик Хутченко.

— Удивляемся! — сказали разом оба господина, умышленно и как-то особенно неблаговидно бася и щетиной подвигаясь вперед из залы, — удивляемся вашей дерзости к дворянке... и не верим, чтобы вы были с такими полномочиями...

Перебоченская тотчас же, не оборачиваясь, по-прежнему отрекомендовала обоих защитников своих и Тарханларову и Рубашкину.

— А это вот учитель музыки в здешних местах, господин Рахилевич! — прибавила она, почувствовав, что за спиной ее прибавилось еще одно лицо из внутренних комнат, юноша лет девятнадцати, румяный, пухлый, с бараньими, тусклыми и навыкат глазами, — он учит у моих родных и близок в доме господина предводителя!

— Однако же вы должны, сударыня, выслушать бумагу начальства и по порядку законов дать на нее отзыв! — отозвался, нисколько не теряясь, Тарханларов. — Повторяю вам, я советник губернского правления и прошу со мною не шутить...

— Полноте сочинять! Это, господа, может быть, и не советник вовсе! — громко объявил своим товарищам развязный учитель музыки Рахилевич, насмешливо пошатываясь за их плечами, с руками в широких зеленых шароварах и одетый в какую-то фантастическую голубую куртку с шнурками и бронзовыми стекольчатыми пуговицами. — Я советников всех в губернии знаю-с; это, должно быть, так себе, какой-нибудь канцелярист, для шутки нанятый Рубашкиным!

Рубашкин обомлел.

— Ну, спросите у него вид; есть ли у него, господа, вид еще? Не самозванец ли это? — прибавил Рахилевич, мигнув прапорщику Кебабчи, на которого, как видно, компания возлагала также немало надежд.

— Нн-да-с! — шаловливым басом и в галстук сказал медноцветный, как пятак, Кебабчи. — Попросите, Палагея Андреевна, этого господина, однако, в кабинет; пусть он нам покажет свой вид, паспорт. Может быть, это еще и по правде самозванец! Вы уж, сударь, извините нас: здесь страна всяких подлогов и самозванств; тут действовали Пугачев-с, Разин, разбойники из киргиз-кайсаков, Кудеяр и Кувыкан, Булавин и Заметаев...

— Так вы полагаете, что я тоже какой-нибудь Кувыкан или Кудеяр, подложный, а не настоящий чиновник? — спросил, засмеявшись, Тарханларов, в то время, как сам он, однако, чувствовал, что еще мгновение и, пожалуй, в этой глуши, не подоспей понятые, его самого обратят в подсудимого, силой свяжут и под конвоем повезут, на общий позор и смех, в город, в его же губернское правление, вместо Перебоченской, которую он собирался взять силой.

— Нечего, нечего смеяться! — опять резко перебил учитель музыки

Рахилевич. — Давайте-ка лучше ваши бумаги! Не на дураков напали... Нас не проведете — стреляные!..

— Пожалуйте в кабинет! а в залу я вас все-таки не допущу: у меня дела и сама я больная! — сказала со вздохом хозяйка и тут же от порога ступила через лакейскую в соседний, особый, темноватый кабинетик.

Тарханларов, Рубашкин и бледный заседатель, переглядываясь между собою, вошли туда за нею. Кебабчи, Хутченко и Рахилевич вступили туда же и кинулись запирать двери. Их лица глядели мрачно, а резкие, порывистые движения показывали, что они были готовы решиться на все. Рубашкин глянул на помертвелого заседателя, и у него самого точно холодная водица полилась по спине и мурашки в желудке задвигались...

Все сели. Тарханларов внятно и внушительно стал читать грозную бумагу о своей командировке, снова попросил Перебоченскую не упорствовать, потому что скоро вечер, а он к ночи должен все покончить, не принимая от нее никаких отговорок, и протянул бумагу слушателям, чтобы все ее рассмотрели.

— Бланки и подписи действительно подлинные! — сказал медноцветный Кебабчи, — но этому все-таки не бывать никогда, никогда! пока в наших жилах течет дворянская кровь!

— Не бывать! — подхватили его товарищи.

— Да-с!.. — решила и хозяйка, завиляв глазками и теребя в руках ридикюль.

— Пожалуйте отзыв! — сказал Тарханларов.

— Вот он! давно написан на эти ваши бумаги...

И она подала советнику готовый отзыв по всем пунктам грозного решения.

— Новое преступление! — объявил советник, быстро пробежав отзыв, — я его кладу при вас, господа, в карман и записываю в журнал следствия; оказывается, что секретнейшие и важнейшие бумаги начальства передаются сюда из города в копиях и прежде, чем в подлиннике, попадают к виновным! Отлично! Ай да местечко-с!..

— Кладите! — выстрелил в него глазами Рахилевич. — Мы и не прячемся от вас; эка гроза какая! Бумагу эту сообщил нам сам уездный председатель, а он — извините! человек со связями-с, имеет везде лазутчиков против крючков; в обиду своей дворянки не даст никому, а я у него учу в семействе-с...

— А, так вот как! Вы видели, слышали, господин заседатель? Ответ уже готов и подписан! Я его принимаю не как довод к отказу, а как улику к прежним преступлениям здешних властей...

Заседатель молча поклонился, продолжая мигать оторопелыми глазами.

— Так я повторяю, — начал опять Тарханларов, вставая и выпрямляясь во весь рост, — угодно ли вам, госпожа Перебоченская, без всяких дальнейших проволочек, сегодня же, — слышите? сегодня же к ночи, — выехать отсюда и все сдать господину Рубашкину?!

— Нет… никогда! Я больна, стара, и притом же…

— В таком случае я открываю присутствие и через полчаса арестую вас силою и под стражей препровожу в город! — брякнул советник.

Заседатель даже привскочил на месте.

Перебоченская задергала опять пальцами, но ни слова не ответила.

— Можете открывать присутствие! — забасили еще неприязненнее Кебабчи, Рахилевич и Хутченко. — А мы будем смотреть…

Наглость всего этого начинала взрывать Тарханларова. Он вышел в лакейскую и на крыльцо. На нежных полных щеках его показались багровые кружки. Глаза его затуманились. Он отер платком лоб и сказал заседателю: «Где б нам открыть присутствие и начать действовать?»

— В каретном сарае! — ответил стоявший на крыльце Лазарь Лазарич Ангел, от злости и от расходившейся в нем греческой желчи уже ставший желтее лимона. — Тут небывалый воровской притон — все штуки идут, как по маслу; ждал я, ждал, пошел к кухне — заперта на ключ; глянул я в окно, пуста — одни мухи бьются в стекла… Я в людскую избу, в конюшню, под сараи, — везде пусто. Устроим присутствие в каретнике: там, кстати, стоит какая-то перевернутая кадка… На ней и писать можно…

— Доставайте, господа, из коляски припасы! — сказал Рубашкин, обмахиваясь платком.

— А нам? — спросили обывательские ямщики.

— Распрягайте лошадей и ступайте по домам. Мы отсюда на других лошадях выедем!

Ямщики отправились выпрягать коней.

— Господа, в каретник.

Тарханларов по-прежнему легко и свободно зашагал от крыльца по двору, однако же прибавил:

— Жаль, господа, что мы не распорядились о более значительном числе понятых; кажется, здесь не совсем безопасно! что это значит? и станового до сих пор нет?

— С одной стороны, тут сущая Татария, Курдистан; а на другой и матушка Русь здесь же, как дома, расположилась! — пустился рассуждать вслух Рубашкин. — Мне это приходило в голову еще, как я первый раз сюда приезжал! Ждешь тут, что убьют тебя, либо зашьют как раз в мешок, да и в воду! а тут же скворец вон тихо прыгает в клетке, девка белобрысая чулок вяжет, барыня пасьянс в гостиной раскладывает, тупоумный тульский маятник упорно постукивает в лакейской, точно в бессонную ночь где-нибудь на станции, когда ждешь лошадей…

Посмотрели господа в поле из-за конюшни: не было видно еще ни станового, ни понятых. В сарае на полу было множество голубиных следов. Ласточки с звонким криком влетали в щели над воротами и опять вылетали отсюда. Прочный новый тарантас барыни стоял под полотняною покрышкой в одном углу, в другом возвышались развалины старинной кареты. Сметя сор с опрокинутой кадки, заседатель и Лазарь Лазарич приготовили канцелярский бивуак. Тарханларов рассказал заседателю, как ему писать, и тот с дрожащими руками присел с пером и с бумагами на тарантасный сундук к кадке. Прочие все вышли из сарая. На дворе по-прежнему было тихо и не видно живого существа, как на площадях крепости перед последним натиском осаждающей армии.

— Что это заседатель ваш так трусит? — спросил Рубашкин Ангела.

— В переделке был здесь, — значительно ответил Лазарь Лазарич. — Он был в тот самый въезд властей сюда, когда Перебоченская высланному к ней чиновнику особых поручений дала пощечину. Все и скрыли. Чиновник переждал, да скорее и дал тягу куда-то на север.

— Вот то-то и беда, — возразил Рубашкин, — что все трусят и скрываются; ты побит, и опубликуй сам! Что за стыд быть ударенным бешеною лошадью или дикою киргизскою коровой!

Тарханларов почесал у себя за ухом.

— Ну, нет, господа: с нами она этого не сделает. А иначе, либо я сам не пожалею с нею сил, либо рапортом донесу обо всем в наготе высшим властям. Что вы думаете? Ведь об оскорблении чиновника на службе... да еще в такой беззащитной глуши... обязаны будут по законам донести лично государю...

— И донесут! Вот меня не раз помяли. Доносили... Что же? Отписывались! — сказал, крутя черные усы, Ангел.

Тарханларов покраснел. Он долго молчал, прислушиваясь к скрипу пера заседателя.

— Господа! теперь не зевать! Готова будет бумага, составится журнал первых действий... Скоро все поспеет? — спросил Тарханларов.

— Составлено, готово все-с...

— Подписывайте, господа. А вот, кстати, и понятые...

Все подписали вступительные бумаги. У сарая во дворе показались первые понятые, так себе, какие-то серенькие переминавшиеся мужички, из поселян поплоше.

— Вот наша верная опора! — иронически подмигнул товарищам на понятых Тарханларов, прочел вслух мужикам бумаги, разъяснил им смысл дела и велел всем смотреть в оба и слушаться строго его приказаний.

— Будете слушаться? — гаркнул под конец советник.

— Будем! — отозвалась кучка понятых, едва шевеливших от страха языками и уныло почесывавших спины и затылки.

— Переписать их по именам!

Заседатель переписал. Подождали еще. Солнце клонилось уже к закату.

— Будут еще ваши? — нетерпеливо спросил Рубашкин.

— Будут, верно… десятские сгоняют с поля! как не быть! верно, будут… — ответили понятые, глупо и пугливо переступая с ноги на ногу.

Вдали в поле еще показалась кучка понятых. Ангел крикнул от плетня:

— Еще идут!

— Теперь, господа, прямо в дом! — решил Тарханларов, — отыщите лом или молоток, если дверь в залу опять запрут, надо будет при понятых выломать, всех из дома взять под арест и скрепить наши меры новым журналом.

Нашли какую-то железную полосу. Уже двинулись было к крыльцу, как Лазарь Лазарич, успевший с этою запуганною толпою земских поличных обнюхаться по-своему и перемолвиться по душе, шепнул советнику:

— Надо отрядить часть понятых в поле. Один из них сейчас сообщил, что поляк-приказчик этой барыни туда поскакал задами, собирает сгонщиков и намерен, как видно, угнать куда-нибудь с этой земли, если не все гурты скота, так табун лошадей или часть овец.

— Что это, сдача или отступление?

— Далеко до сдачи… Спешите!.. Это просто одна из азиятских хитростей…

— Кого же послать? Отряд понятых и так у нас мал, а мы и обывательских лошадей отослали по домам! Эй вы, понятые!

Часть мужиков отделилась к каретнику.

— За мной, в барскую конюшню. Садитесь сейчас на коней и гайда в степь…

Наскоро Тарханларов свернул замок у конюшни, мужики оттуда вывели тройку упряжных лошадей, последних, какие там были, и иные из них уже стали моститься сесть без седел на жирных скакунов.

— Не трогать барских коней! — раздался с прибавкой крупной брани крик с крыльца.

Мужики оторопели. То был голос знакомого им соседа их, прапорщика Кебабчи.

— Садись! — крикнул, в свой черед, советник. — Как вы смеете не слушаться?

— Не садись; убью первого, кто осмелится! — прибавил с крыльца Кебабчи, в патронташе и размахивая ружьем.

Мужики раскрыли рты от изумления и выпустили поводья. Прапорщик Кебабчи с крыльца продолжал ругаться вслух, ничуть не стесняясь присутствием чиновников. Титулярный советник Ангел не вытерпел, сам схватил первую выведенную лошадь за повод, потрепал ее по спине, вскочил на нее и во всю прыть понесся за двор, крича понятым: «За мною!» Двое ободранных мужиков прыгнули также на лошадей и вскачь скрылись за конюшней. Выстрела с крыльца не последовало, хотя Кебабчи довольно решительно и грозно еще там потрясал ружьем. Остальные понятые ожили также. «Все-таки власть! — думали они, теснясь у конюшни, — нас бы тот барин сразу пострелял, а по чиновникам так и не целится!»

Тарханларов приказал понятым идти к крыльцу. Кебабчи отступил внутрь дома, а власти с мужиками вступили в сени.

Чиновники вошли в лакейскую; понятые разместились тут же и в раскрытых сенях. Зала была по-прежнему затворена. Заседатель попробовал: она была заперта на замок.

— Видите ли, ребята, — начал Тарханларов, — я послан от губернатора, а он назначен властью еще высшею. Я старший чин в правлении по губернии, и мне велено эту барыню взять силой, так как она закона не слушается, а все это имение отдать этому барину.

Он указал на Рубашкина.

— Да мы все это знаем давно! — робко и вполголоса отозвались некоторые понятые, — только уж как бы нам чего не отвечать!

— Знаете? тем лучше. Вот и бумага об этом. Барыня заперлась; надо сломать замок. Давайте опять лом… Я разбиваю двери, чтоб вы видели…

Подали советнику снова железную полосу. Тарханларов нажал ею на замок; дверь отскочила: в зале было пусто. Он заглянул в коридор — везде тихо, ни души. Он поставил часть понятых следить вдоль коридора выход из дому к другому крыльцу, а сам через залу подошел к запертой двери в гостиную. Но едва он нажал лом и на эту дверь, как в нее из гостиной разом что-то навалило, и с криком и воплями в залу выскочили: сама хозяйка, помещики, ее защитники, Кебабчи и Хутченко, учитель музыки Рахилевич и вся тесноскученная и озадаченная дворня барыни: горничные, повар, батраки, кучер, ключник, даже дворовые дети. Последние взревели, едва дверь отворилась.

— Караул! разбой! караул! грабят! режут! — заорали господа и слуги.

Некоторые из дворни оказались вооруженными: кто палкой, кто кочергой, одна баба с половой щеткой, кучер с косой, а Кебабчи по-прежнему в патронташе с ружьем.

Тарханларов невольно потерялся.

— Вы, господа, вижу я, всему зачинщики и подстрекатели, — сказал он Рахилевичу, Кебабчи и Хутченко, — вы более всех будете отвечать. Но до вас очередь дойдет после! Понятые! слушать моих приказаний! — гаркнул он, сильно повысив голос. — А вы, дурачье, безмозглые, дворня вашей барыни! Вас только перепорят за то, что вы мешаетесь, куда вас не зовут! Ну, чего стоите! Девки, бородачи! марш по своим углам!

Молодцеватый голос Тарханларова звонко раздался в зале, где вслед за первым появлением домашней засады воцарилась было мгновенно мертвая тишина. Дворня осунулась. Перебоченская стояла в задних рядах, тормоша ридикюль и поглядывая, как крыса, атакованная ловкою и наметанною кухаркой в углу комнаты, откуда некуда было податься.

— Вона! — весело крикнул вдруг Рахилевич, нагло пошатываясь, опять с руками в карманах широких зеленых шаровар. — А вы, ослы, и опешили? Думаете, взаправду это важная птица налетела! Да это не губернаторский советник, а панок из Боромли! Я его в карты обыгрывал, ей-богу! Это Рубашкин его за десять целковых нанял... комедию отколоть!.. Это самозванец! Ведь вы слышали, что тут, на Волге, бывали прежде самозванцы, которых после в железных клетках отвозили в столицы? Это и есть один из таких...

— Понятые, вперед! — гаркнул еще громче мнимый «панок из Боромли», почувствовавший всю бездну, в которую его могли столкнуть, — берите прежде этого господина Рахилевича! Я вам приказываю...

Он оглянулся и невольно побледнел. Понятые не трогались с места.

— Ну, ей-богу же: вот побожился вам, что это самозванец, и я его отлично знаю! — опять спокойно прибавил Рахилевич. — Не нас, а его надо связать, чтоб шуму-то в порядочных домах не делал...

— Самозванец! Панок из Боромли! и мы его знаем! — добавили решительно и Хутченко и Кебачи.

Тарханларов, однако, снова не потерялся, хотя первое мгновение для него вышло убийственное, и понятые уже начали было подозрительно посматривать на него самого, помышляя, «что, дескать, и одет-то он запросто, и мундира богатого на нем нет, и не при сабле; бог его знает, кто он такой, а знакомые господа божатся и смеются над ним...»

— Что же вы молчите? — отнесся Тарханларов вслух к стоявшему сзади его заседателю. — Вы здесь непременный заседатель земского суда, вас должны все тут знать, в самом этом доме вы не раз были, а теперь вы у меня под командой... Что же вы молчите?

— Что вы, что вы, — крикнул Рахилевичу заседатель. — Опомнитесь. Какие шутки! Ступайте вон отсюда! — прибавил он дворовым людям Перебоченской.

Горничные отступили первые, за ними наемные батраки: отступление готово было начаться полное...

— Что вы, господин Рахилевич, разве ослепли? — спросил опять заседатель, обращаясь к защитнику хозяйки.

— А ты забыл, собака, что у меня десять пар волов в подарок недавно получил? — шепнула заседателю сзади хозяйка, ухватя его за рукав.

Заседатель стал опять ни жив ни мертв.

— Ребята, взять Рахилевича! — скомандовал Тарханларов и, когда понятые двинулись за ним, сам подступил к учителю музыки и наложил на его плечо руку.

— А, брат! Так вот же тебе что! — крикнул Рахилевич и, как видно обдумав все наперед с товарищами, кинул чем-то мелким в глаза советнику.

Ослепленный Тарханларов рассвирепел, бросился вбок, желая ухватить руками негодяя, но тот ускользнул. И в то же мгновение Тарханларову показалось, что в зале началась непостижимая свалка... Он кое-как выскочил в сени, дорогой обо что-то сильно ударившись виском, долго тер глаза и минуты через три, сквозь слезы усилился оглянуться в дом. Понятые в зале в общей суматохе силились взять Рахилевича; дворня его с ругательствами отбивала.

— Воды, вот вам воды в глаза, — сказал Рубашкин, появившись с девичьего крыльца со стаканом воды, — промывайте скорее! Это страсть, что за вертеп! Боже! куда мы попали! Заседателя Перебоченская с девками связала и кричит, что под караулом пошлет его и всех нас в город.

Тарханларов дрожал от бешенства и наскоро стал промывать глаза и ушибленный до крови висок.

— Где Лазарь Лазарич? — спросил он.

— Еще не воротился с поля...

— Велите посмотреть, не едет ли?

Рубашкин распорядился.

— Я ничего не сделал противозаконного, крайнего? — спросил он Рубашкина.

— Ничего... вы действовали пока очень кротко... даже чересчур...

— Слава богу! Тут как раз потеряешься. Счастье, что револьвера не выхватил из кармана: вот он; в такие командировки я иначе не езжу!

Он вынул револьвер.

— А! вот и Лазарь Лазарич! Что нового? Без вас дело тут не обойдется...

— Я с поля... гурт отшиб, а табун угнали, должно быть, к Кебабчи в другой уезд, либо к Хутченко, на соседний хутор. К утру и там уже их не найдем... известное дело: Кебабчи тут первый, как я узнал, конокрад, а Хутченко женат на цыганке и через родичей своей жены сбывает всех ворованных лошадей...

— Где же отбитый гурт?

— Наши понятые гонят его со степи: пастухи и гонщики арестованы. Я собрал еще новых понятых и привел сюда на подмогу. Станового же нигде и не найдут; как в воду канул в своем стане... Как идут дела у нас?

Тарханларов, утираясь, наскоро передал о том, что произошло в доме в отсутствие Лазаря Лазарича; но о виске прибавил, что в этом виной он сам, ударившись о притолок двери.

Лазарь Лазарич недоверчиво покосился на висок советника и стал прислушиваться к шуму в зале. Кто-то там неистово горланил; десяток голосов ему еще безобразнее вторили, а остальные оспаривали этих. Грек взглянул с крыльца на солнце, уже заходившее за сад, и спросил: «Что же? или еще ожидать? не распорядиться ли по-нашему, по-былому? Приказываете?.. Еще минута, и нас всех запрут в подвал, а после обвинят в буйстве... Надо ловить время... Вы знаете, что такое наши понятые и настроение их умов в такой глуши?» Тарханларов сказал: «Действуйте!» Шум в зале увеличивался... Тарханларов вынул бумажник и стал наскоро записывать происшествие. Глаза его сильно жгло; висок болел сильнее, Лазарь Лазарич подумал, прыгнул с крыльца, сбегал за ворота, взял оттуда еще кучу приведенных понятых, в числе которых были и два благообразных молодца, один в гражданском пальто, а другой в синей чуйке, и с ними смело вошел в дом.

— Кто это? — спросил Тарханларов есауловского десятского, также подоспевшего к крыльцу.

Десятский уже знал о важности всего происшедшего в доме и без шапки, с палкой, стоял у крыльца.

— Это наши-с, ваше высокоблагородие... — Ты же кто? Чей?

— Есауловский десятский, а те двое понятых из наших парней.

— Отчего же они одеты не по-мужицки?

— Один, ваша милость, из нашей барской музыки, флейтист, Кирюшка Безуглый, а другой — сын нашего приказчика, Илья Танцур...

— Зачем же ты привел дворовых? Надо бы лучше было из хозяев, из надежных мужиков...

— Все в поле; приказчика дома нет, я без него не посмел; а эти, почитай, сами напросились, ну, я их и взял! Они так почти у нас маются, ничего не делают...

Рубашкин, узнав Илью, догнал его в лакейской.

— Что жена вашего священника? Жива? Я и не спросил о ней за хлопотами в Малаканце...

— Живы! Легче стало от лекарств того барина-с...

— Саддукеева?

— Да-с...

«Господи, — подумал Рубашкин, — вот бы узнать Саддукееву, что тут делается; пожалуй, ста лет жизни мало будет, чтоб все это пережить».

В то же мгновение, сквозь шум и гул в зале, раздался опять женский визг, а потом общие крики: «Режут, грабят!»

— А! пошел на приступ Лазарь Лазарич! — сказал советник, — оно точно, с моею властью я лучше останусь здесь, последнею вашею, генерал, надеждою...

Грек тихо вошел в залу, осмотрел присутствующих, наметил среди них зеленые штаны и голубую куртку Рахилевича, кинувшего песком и золой в глаза Тарханларову, и, ни слова не говоря, подошел к нему, обхватил его, поднял от полу и побежал с ним из толпы в сени. Визг и крик провожали его. Рахилевич, сдавленный на его груди, болтал ногами, старался в отчаянии и бессилии зацепиться обо что-нибудь, выбиться из его рук и даже несколько раз метил укусить Лазаря Лазарича за щеку, но тщетно. Бросив с крыльца Рахилевича к Тарханларову, грек опять кинулся в залу. Он прыгал, как кошка, и бешено сверкал налитыми кровью и желчью глазами. Тарханларов, приняв Рахилевича, велел его сейчас же связать чьим-то поясом и стал громко читать наставления бывшим у него в отряде понятым. Эти последние, держа уже такого немаловажного пленника, как Рахилевич, хранили молчание. Сознание сил и своего значения к ним возвращалось. Шум в зале снова усилился. Теперь там гремел или скорее ревел безобразный женский голос. «Бей его, стреляйте по нем, стреляйте! — кричала Перебоченская. — Слышите, я все на себя беру!» — «Ружье в кабинете!» — пугливо отвечал голос Кебабчи. «Палашка! Палашка! Где ты? Ружье принеси из кабинета! Убить этого разбойника! убить его!» — «Веревок!» — не теряясь, заревел толпе Лазарь Лазарич. Толпа не двигалась в зале. В растворенные двери от крыльца сюда заглядывали остальные понятые и также трусили. «Да что же это, братцы? — отозвался в смолкнувшей зале голос Ильи Танцура, — овцы мы, что ли? Надо исполнить приказ его благородия! Ведь это царские чиновники!..» — «Надо!» — подхватил из-за плеч Кирилло Безуглый. «Ах, вы, мошенники, сволочь, бродяги! — крикнула им Перебоченская. — Вот и отца твоего, Илюшка, вызову! Палашка, розог!» Илья Танцур молча выскочил на крыльцо, за ним Кирилло; они быстро пробежали к конюшне, потом опять в дом, неся веревки и вожжи. «Да где же Палашка! — кричала между тем уже тише Перебоченская, — где Палашка?» В зале вдруг стало редеть. Дворня отступала на всех концах. Лазарь Лазарич с кем-то боролся в углу залы, между обеденным складным столом и дверью в коридор; пыль столбом поднималась там от полу; это был опрокинутый грудью к ребру стула Кебабчи. Раздалась последняя усиленная возня и сдержанные мужские стоны: «Полноте, мусье, экуте! Что вы делаете? Не троньте меня, отпустите! Ой, пальцы, пальцы! Ногу скрутили, переломите. Слушайте, сто целковых дам...»

— Бассама-теремте-те! — бешено рычал на это, возясь над Кебабчи, длинноусый грек.

Из сеней на крыльцо показалась торжественная процессия. Шестеро дюжих понятых и впереди всех два есауловских приятеля, Илья и

Кирилло, красные и в поту, вынесли связанного вожжами прапорщика Кебабчи и положили его на крыльце перед Тарханларовым. Освобожденный от рук девок и баб, заседатель рассвирепел в свой черед и с понятыми из кучи буянов взял Хутченко, связав и ему каким-то полотенцем назад руки. Между тем окончательно вошедший в ярость и деятельность грек решительно преобразился: сыпал полурусские, полугреческие ругательства, сверкал желтыми белками и с пеной у рта метался везде, как тарантул. Из-под расстегнутого форменного сюртука у него Рубашкин заметил какую-то кожаную сумку и на перевязи будто кинжал; чуть ли даже кольчуга не померещилась на греке генералу, хотя, быть может, кроме смиренных помочей да заношенной красной греческой фланелевой фуфайки на нем ничего не было. «Герой Колокотрони да и баста!» — невольно подумал генерал Рубашкин, глядя на отчаянного грека из-за спины других и будучи сам в свалке сильно помят, храня разумный и спокойный нейтралитет.

— А, мерзавцы! А, ослушники! так вы за тех, кто не покоряется закону, не хочет знать чиновников! — кричал на дворню Лазарь Лазарич, — вы ослушивались его?

И он указал на Тарханларова, стоявшего у крыльца в кругу окончательно собранных и готовых теперь на все понятых. Тут уж было их человек под сто.

— Марш все в кухню; вон до единой души из этого разбойничьего дома! Обо всем донесется высшему начальству! Вон, собаки... бассамá-теремте́-те!

Грек стукнул ногою по крыльцу, на котором, охая, лежал Кебабчи, и дворня, как стадо овец, бросилась кучами врассыпную к кухне и людской.

— Что прикажете делать теперь? — с особенным умышленным почтением и даже раболепием спросил Лазарь Лазарич Тарханларова, вытянувшись и держа руки по швам. — Приказание вашего высокоблагородия исполнено: господа Рахилевич, Кебабчи и Хутченко арестованы; прикажете арестовать и госпожу Перебоченскую? Но смею еще прибавить, что эти два понятых (он указал на Илью и на Кириллу) были главными и лучшими моими помощниками.

Тарханларов важно взошел на крыльцо. Грек почтительно опустился вниз к понятым. На дворе между тем темнело окончательно. Слова «арестовать Перебоченскую» произвели магическое впечатление на понятых, мысливших в это время: «Неужели найдется та рука на свете, чтобы могла покорить и эту бедовую барыню?»

— Сотские и десятские вперед! — скомандовал Тарханларов, Юпитером рисуясь на площадке крыльца. Вызванные выступили к крыльцу.

— Разборка тем из вас, негодяи, кто опоздал и кто потом не слушал первых моих приказаний, будет после. Есауловским понятым объявляю мою благодарность. Отчего так поздно сошлись понятые! Сотские! ваш ответ?

— Мы от станового ничего не получали, а явились по вашим уже повесткам, ваше высокоблагородие.

Тарханларов, желая еще более придать силы своему опрокинутому было значению, крикнул заседателю:

— Записать все это в протокол! — и прибавил: — Отрядить часть понятых на всю ночь в здешний сад к садовым окнам дома, а часть к окнам во двор. По два к каждому окну! Лазарь Лазарич! Вы извольте принять этих господ дворян под собственный ваш надзор на ночь; надо бы их посадить… куда бы?

— В сарай-с… сена туда можно принести для постелей.

— Нет, в людскую… извольте их посадить в людскую!! Господа! вы отдадите во всем отчет высшему начальству за ваше буйство, за возмущение понятых и за поведение ваше против меня.

— Посмотрим! — сказал по-прежнему развязно, хотя уже тише, юный Рахилевич, — разве ошибиться нельзя было?

Дворян повели в людскую. Вокруг дома поставили густые караулы.

— Да нельзя ли нас накормить ужином, господин советник? — спросили дорогой, идя под арест, Кебабчи и Хутченко.

— Ужин вам, господа, будет после, в остроге! — значительно перебил их Тарханларов.

— Вот тебе и чи-чи-чи, ко-ко-ко! — шепнул товарищам трухнувший прежде всех и более всех прапорщик Кебабчи, когда грек их запирал на ключ в людской и ставил возле узеньких окон этой избы и у дверей особенно сильный караул, зорко обнюхивая каждое бревно и каждый угол. До некоторых вещей грек, как осторожный таракан в поисках пищи, даже будто дотронулся носом и концом своих огромных усов.

Сам же Тарханларов, заседатель и Рубашкин, с отборными стариками из понятых, вошли в дом и узнали от знаменитого дромадера Палашки, под предводительством которой девки связали было заседателя, что барыне дурно и что она заперлась в спальне. Чиновники предложили ей выйти к ним и присутствовать при описи вещей, и, когда она отказалась, стали сами производить опись. Рубашкин, все еще потирая себе сильно помятые в суматохе бока и чьим-то сапогом оттоптанные мозоли, не захотел, однако, тотчас принимать дома с прочею утварью, а попросил все опечатать и сдать пока на руки земской полиции, то есть заседателю с сотскими, а Перебоченскую утром отсюда вывезти по точному смыслу инструкций губернатора. Дом и мебель скоро были описаны. Пошли с фонарями в амбары, в сарай, в батрацкие избы, везде. Описали и там все, заставляя сотских считать всякую движимость. Поляка-приказчика

Жукотыньского понятые нашли полумертвым от страха где-то на чердаке птични. Он оказался тут же, по собственному признанию, беспаспортным мещанином из Польши, совершенно потерялся, стал просить о помиловании, упал на колени, ломал себе руки, взывал к Иезусу и Марии и вызвался выдать все имущество Перебоченской. Тарханларов, видя эту жидкую на расправу личность, приказал есауловскому десятскому взять мнимого шляхтича на веревочку, как бродягу и наглеца, солившего целому околотку, и, в назидание другим, водить его так при описании имущества Перебоченской. Комнаты, сундуки, шкап и кладовые, наконец, опечатали. Рахилевич в окно вымолил позвать грека, доказал ему, что без папироски и без еды он умрет, а что без ужина и самим чиновникам плохо будет спать, и настоял на том, что отыскали-таки в общей суматохе повара хозяйки и заказали кое-какой ужин.

Зала в доме была обращена в канцелярию. Из понятых оказалось двое весьма грамотных, именно те же флейтист Кирилло Безуглый и есауловский садовник, Танцур, помогавшие арестовать сильного буяна Кебабчи. Тарханларов их отрядил в помощь заседателю писать копии с журналов, с протоколов и с извещений и для переписки к рукоприкладству по именам всех понятых, которым советник велел также приготовить ужин, и, переписав и накормив их, ни одного отнюдь не отпускать по домам. Садовник Илья Танцур, главный герой после грека в арестовании Кебабчи, оказался грамотнее флейтиста, и заседатель предложил, чтобы он, по отобрании рук от понятых, везде за всех, как это водится, и расписался. Тарханларов согласился. Перья заскрипели; понятых переписали; они расположились у окон, у дверей дома и у людской. Дворня также была вся переписана по именам, и с поникшими головами сошлась в кухню шептать о том, каких беззаконий они наделали сдуру и что с ними будет. Грек предложил арестовать до утра и всю дворню барыни. Сперва было Тарханларов это отвергнул, но потом согласился, и у кухни поставили также караул. Перебоченская сидела между тем в спальне, запершись там с горничною. Рубашкин подходил к ее двери в коридоре и смотрел в замочную скважину. Барыня оказалась сидящею перед столом на кровати. Она плакала, верный страж ее, Палашка, стояла перед нею и также плакала.

— Пойти бы, однако, к ней! — сказал Рубашкин, прогуливаясь по саду с советником. На дворе была уже ночь.

— Нет, пусть прежде подготовят остальные бумаги. Я предложу ей скрепить все описи ее рукою; если она откажется, то по закону, при особом об этом протоколе, за нее подпишем мы, чиновники, и тогда посадим ее в ее же тарантас и рано на заре за конвоем вывезем с этой земли...

— А как она опять вернется сюда?

— Тогда вам останется обзавестись одним... именно пушками! — сказал, шутя, Тарханларов, ощупывая между тем рукою в кармане брюк револьвер, — и храбро отбиваться от нее, как отбивались тут недавно еще наши предки от предков ныне мирных наших соседей — татар! Едва я ее вывезу, мои полномочия кончатся... Но я надеюсь, что теперь уже она сдастся... Главные помощники ее разбиты и обесславлены в глазах всех теперь навсегда!

Собеседники подошли к краю сада, где стояла голубятня, знакомая Рубашкину. Генерал напомнил об этом Тарханларову.

— Отлично! Надо бы увидеть, однако, эту Фросю! — сказал советник, — она лицо обиженное; нельзя ли от нее выведать еще чего-нибудь об имуществе, взятом нами штурмом у этой сатрапихи? Надо крикнуть грека!

Грека собеседники нашли у окон людской на стуле. Он сердито сопел и курил из длинного витого чубука. Переговоря с советником, он из кухни в сад прислал с сотским требуемую Фросю.

— Не плачь, милая, ничего не бойся! скажи, как была эта история у тебя с голубятней?

Горничная ободрилась и все рассказала.

— Есть еще одно дело! — прибавила она, пугливо озираясь.

— Что ты? Говори, не бойся.

— Коли на то пошло, ваше благородие, знайте, все скажу. Пусть не срамят нас... барыня поедом заела всех...

— Ну?

— Барыня через Палашку достала водки и караульных возле дома два раза уже поила. А сама Палашка с каким-то письмом барыни вышла сию минуту со двора, требовала лошадь тут у одного понятого с повозкой, тот не дал, и она пешком полем куда-то пошла. Должно быть, в хутора за Лихой, а оттуда наймет подводу-с...

— Спасибо тебе, душенька, — сказал Тарханларов, — вот тебе целковый. Ступай и все нам говори, что еще узнаешь...

Фрося ушла.

— А! Каково! вот вам и наши средства, наши силы в подобной глуши! — сказал советник генералу, который между тем думал: «Однако же эта девочка, тово... хорошо бы ее отбить у флейтиста, хоть он, правда, и помог нам тут. Поселюсь, увижу...»

Опять поднялась суматоха. Понятых перебрали. Часть их уже была навеселе. Их заменили теми, которые были у амбаров. Лазарь Лазарич донес, что два батрака верхами ускакали также куда-то еще в то время, когда он вязал прапорщика Кебабчи.

— Где этот Жукотыньский? — спросил Тарханларов.

— В погребе, в подвале, я его туда запер.

— Позовите его; надо начать переговоры с барыней. Бумаги

кончаются… Поляк запуган, стал уже «падать до ног», так он на свою былую хозяйку может произвести хорошее влияние…

Пошли с фонарем к подвалу. Часовые с дубинками стояли у дверей, но поляк тоже исчез…

— Э, да что же это, наконец, делается? — сказал Тарханларов. — Хвороста сюда! Разложите осторожно костры среди двора. Светлее и дальше будет по двору видно. Фонарей сюда к крыльцу. Как тебя звать, садовник?

— Илья Танцур…

— Ну, отбирай руки у понятых. Зови их сюда частями. Слушайте о том, что вы будете подписывать…

Тарханларов шепнул Илье, чтоб тот поговорил с понятыми, и приказал заседателю громко прочесть формальные акты всему ходу дела, первому появлению чиновников в этом доме, буйству хозяйки и ее знакомых дворян, аресту их и, главное, — сопротивлению властям и оскорблению советника и других чиновников во время отправления ими своих обязанностей. Понятые выслушали. Илья с Кириллой уговаривали их слушаться советника и не бояться никого.

— Так все тут написано, как было?

— Так… точно, так, ваше высокоблагородие…

— Давайте руки Илье Танцуру… Согласны? Вы его знаете и верите ему?

— Согласны, знаем его и — верим ему…

Понятые, вздыхая и почесываясь, дали руки. Илья за них подписал акты. Были призваны другие из понятых, все сотские и десятские. Подписали, наконец, все.

К Тарханларову подошла какая-то плачущая баба в платке и объявила, что барыня просит его к себе в спальню. Советник попросил Рубашкина, заседателя и грека ждать в зале и явиться к нему по первому зову, а сам пошел к хозяйке.

Он застал ее на диване. Лампада слабо освещала комнату; свечки в комнате уже не было. Со стула возле Перебоченской поднялся какой-то толстый черномазый человек, род мещанина.

— Это кто?

— Извините, что без вас я приняла его: это есауловский приказчик пришел меня, бедную, проведать. Роман Танцур.

— Кто же тебя сюда пропустил? — спросил Тарханларов, думая: «Как это все делается тут? Горничная ушла мимо сторожей; явилась к пленнице снова посторонняя баба, а тут этот приказчик!..»

Роман Танцур смолчал, смиренно потупившись, и только поклонился.

— Господин советник! — начала жалобно Перебоченская и встала, судорожно потрясая ридикюлем. — Мы здесь одни…

99

— Что вам угодно?

— Вот-с, возьмите триста целковых... прекратите дело.

— Что вы, сударыня! опомнитесь!..

— Вот возьмите тысячу! Вот, вот... возьмите...

Перебоченская дрожащими руками стала наскоро вынимать из ридикюля пачки депозиток.

— Вы снова оскорбляете меня, сударыня! Я должен донести об этом...

Ридикюль упал из рук барыни.

— Роман, притвори на ключ двери, — шепнула барыня приказчику и кинулась из-за стола.

Ключ щелкнул. Советник хотел крикнуть, полагая, что его сейчас убьют, и выхватил из кармана револьвер.

— Оставьте... Ни шагу с места! — сказал он и взялся за грудь Романа.

— Что вы, что вы! — вскрикнула барыня. — Я не то! Я на колени перед вами, как перед богом! две тысячи, пять... если хотите...

Она упала в ноги советнику и чепцом стукнулась об пол.

— Барин, сжальтесь над Палагеей Андреевной! — прибавил из угла бледный, как стена, Роман Танцур.

В уме Тарханларова соблазнительно мелькнула сумма: пять тысяч... Но разбитый висок и запорошенные, все еще болевшие глаза напомнили ему об испытанных им за час неслыханных оскорблениях. «Пустое! Эти деньги может дать и сам Рубашкин, как оправится, при случае! — быстро добавилось у него в уме, а память подсказала, что в свалке кто-то еще ухватил его даже за шиворот и чуть ли, наконец, он не получил толчка по шее. — Нет! — решил он быстро, — все надо сделать гласным! И публиковать об аресте буянов, взятых почти на абордаж, слава будет не последняя по службе: да не без того, что и они при следствии станут откупаться!» — прибавило соображение советника.

— Господа! — крикнул Тарханларов заседателю и генералу из спальни, возвышая голос, — господа, пожалуйте сюда!

Перебоченская билась головой об пол и ловила советника руками и губами за ноги. Он, однако, шагнул к двери, отпер ее, сказал приказчику: «А ты, негодяй, уноси отсюда пятки да забудь навеки, что слышал тут, а иначе и тебя я привлеку к следствию! за твоего сына только тебе и прощаю!» — и выскочил из коридора в залу, откуда готовился ему на подмогу оставленный арьергард. Лазарь Лазарич, заслыша его голос, выскочил на крыльцо и звал опять понятых, сотских и десятских. В двух словах передал Тарханларов Рубашкину о своем свидании с Перебоченской, остановил распоряжения грека, взял только еще двух-трех надежных понятых, и все вошли в спальню хозяйки. Романа Танцура там уже не было. «Как бы, однако, арестовать ее деньги?» — подумал Тарханларов и сказал грозно, подступая к барыне:

— Сударыня! пожалуйте ваши деньги! Мы должны их также арестовать для расчета вашего с владельцем имения... Сколько у вас налицо имеется денег?

— Денег? — спросила, изумившись, барыня. — У меня денег нет...

Кинулись к ее ридикюлю, осмотрели комод, все углы: деньги исчезли. Или они провалились сквозь землю, или были переданы в окно, во время краткого отсутствия советника из спальни, или их унес есауловский приказчик.

— Знать ничего не знаю и ведать ничего не ведаю! — ответила спокойно Перебоченская на новый расспрос о деньгах, поправляя чепец и опять приняв вид тщедушной нищенки. — Я давно разорена-с... и денег в, доме не имею и ста рублей!

Осмотрели окно. Оно было плотно затворено и приперто снаружи ставней. Погнали в погоню за исчезнувшим приказчиком, но не догнали и его.

«Бросьте теперь его; нечего его более звать сюда! — решил советник, — запрется также, наверное, во всем, а деньги, если их унес, сумеет спрятать!» Внесли в спальню свечи. Грек еще перешарил все углы, в печку даже под заслонки заглядывал. Усы его шевелились, как у таракана. Мозолистые руки дрожали. Кусок красной фуфайки выглядывал из-под жилета, а на затылке торчали завязки съехавшей набок манишки. Сумма, которую видел советник, исчезла. В комоде, однако, нашли в мешочке горсти две медных денег, часть серебра и две депозитки по пятьдесят целковых. Грек поднес их к свече и крякнул. Понятые не отходили от него.

— Гм! Медвежьи, фальшивые-с, из Нахичевани... Где, сударыня, вы взяли их? — спросил грек, бешено вращая белками и подзывая знаками Тарханларова.

— Мало ли откуда попадут. Для косарей мелочь и держала, должно быть, от сгонщиков каких с Черноморья завезли...

— А вы видели, что я точно все эти ассигнации из этого комода вынул? — спросил грек понятых.

— Видели! Мы и развязывали мешочек! — ответили понятые.

Грек показал депозитки Тарханларову. Советник об этой находке велел составить также акт, хоть этому на первый раз он мало, по-видимому, приписывал важности, среди других событий того дня и вечера. Фальшивых ассигнаций тогда множество ходило в том околотке, и розыски о них даже приелись чиновникам. Советник более всего раздумывал о тайных гонцах барыни, прорвавшихся куда-то с ее письмами, и это его, очевидно, беспокоило. Лазарь Лазарич один сразу сильно задумался над случайною находкой и молча прошел в залу. Там он стал шептаться с Рубашкиным.

— Да! — повторил генерал, кончая греку рассказ обо всем, что слышал прежде мельком касательно скорого обогащения Перебоченской на покупке гуртов в Черномории и на ее сношениях с есауловским приказчиком. — Я и сам полагаю, что чуть ли это не новая история; и мне кажется, что этот Роман Танцур и Перебоченская лет десять назад, наверное, прихватили в свою поездку в Нахичевань значительную сумму этих медвежьих ассигнаций...

— Я это все зарублю у себя на носу! — сказал Ангел. — А вы знаете, как мой греческий нос еще длинен, несмотря на то, что я значительно обрусел на моей новой родине...

Писав копию с акта о найденных депозитках для немедленного извещения об этом губернатора и. жандармского генерала, сильно задумался над этой бумагой и есауловский садовник, Илья Танцур.

Тарханларов оставил Перебоченскую, которая, разумеется, отказалась от всего и не подписала ни одной из прочтенных ей бумаг. Он попросил ее только не покушаться на что-нибудь противозаконное и оставил ее до утра, лично еще раз с другими осмотрев, припугнув и ободрив караулы.

Чиновники и генерал наскоро поужинали и бивуаком на притащенном в залу сене легли вповалку спать.

Они говорили что-то долго.

В лакейской на стене пробило два часа ночи. Огни везде погасли. Часовые лежали по назначенным местам в саду и на дворе кучами или прохаживались и перекликивались, как на сторожевых форпостах казаки, ожидая нападения на степные пикеты киргизов или коканцев. А Рубашкин, долго не засыпая и потирая бока и мозоли, думал: «Какой черт, однако, занес меня в эту глушь! Как я мог так скоро подать в отставку, бросить выгодную службу! Чем я тут вознагражу былое, теперь далекое? И как я мог так вдруг решиться? Сорок лет служил, был дельным человеком, добился там почету... всего... уважения и вдруг! Да и проклятое же время! Скольких оно так подмыло и осрамило... Мальчишки! Взрослых как надувают прогрессом... И что подумают теперь обо мне в Петербурге, как узнают все? Вот тебе и степи и областная практика!»

# ЧАСТЬ ВТОРАЯ

# НОВЫЙ РАЗБРОД

# VII

## Стойте — не позволяю

Настал рассвет.

Едва Рубашкин и Тарханларов успели проснуться и закурить в постелях папироски и разговорились, как у крыльца раздался стук тележки и вошел становой, молодой человек, совершенно белокурый, с красными золотушными глазками и в голубом галстуке, хотя и в форменном сюртуке. Он вежливо раскланялся перед Тарханларовым, который в полусвете едва его разглядел.

— Что вам?

— Я становой-с.

— Отчего вы вчера не прибыли?

— Я повестки вашей не получил, а был на следствии о вскрытии тела и о поджогах с господином исправником. Он поручил по долгу службы просить вас приостановиться здесь с делом о выводе из имения госпожи Перебоченской.

— Ваш исправник два дня как уже отрешен мною от должности! — сказал советник, приподнимаясь под одеялом, пока другие одевались. — Отчего вы до сих пор не оказали содействия по делу Рубашкина?

— Исправник это дело ведет сам-с... Притом же и господин предводитель здешнего уезда ждет теперь в Есауловке тоже ответа от вас: угодно ли вам оставить этот дом и прекратить следствие?

Советник вскочил.

— Это, наконец, из рук вон! Как вы осмеливаетесь передавать мне такие поручения? Вы — здешняя земская власть, вы, следовательно, мой подчиненный. Как вы смеете шутить со мною? Вы забываетесь, я вас под суд отдам... я... — Тарханларов разгремелся.

Становой ошалел и начал, как говорится, «у волка глаз занимать», поглядывая на присутствующих и глупо играя часовою цепочкою.

— Это все-с предводитель и исправник-с...

— Он в Есауловке? Давно? Он точно поручил вам все это мне передать?

— Ах, да! забыл еще-с. Вот вам от него, от князя-с, письмо.

103

Тарханларов взглянул в письмо и расходился еще более.

— Господа! это, наконец, безумие! Слушайте, что предводитель пишет мне. Он родня, что ли, владельцу Есауловки?

— Племянник его! — подсказал Рубашкин.

— Слушайте, что он пишет.

«Милостивый государь! вас и все губернское правление ввели в заблуждение насчет личности почтенной дворянки здешнего уезда, подпоручицы Пелагеи Андреевны Перебоченской. Прошу вас поэтому избавить ее дом от ретивости ваших чиновников. Белое черным всегда можно представить; а вас, как благородного человека, обманывают. Еще раз прошу вас остановить следствие и вывод из этого имения дворянки Перебоченской. Я все беру на себя. Иначе я буду вынужден, как ближайший защитник местного дворянства, прибыть в усадьбу Конского Сырта, лично приостановить ваши действия и обо всем особо донести высшему начальству. Конский Сырт — помещичья деревня, а не коканское кочевье, и мы с вами не калмыцкие наездники. Надо и на самой службе помнить, с кем имеешь дело».

Рубашкин не верил своим ушам. В его голове опять упорно замелькали и зарябили разные былые петербургские убеждения: сила закона, святость долга, честь сословий и еще какие-то новые слова, равенство всех перед судом, местное самоуправление, земство. Остальные слушатели стояли также озадаченные донельзя.

— Вот вам, господа, что значит эта смесь властей, ведомств, привилегий и всяких перегородок и границ! — сказал Тарханларов. — Вы, генерал, осилили своею правотою суд, уездную и губернскую полицию, добыли себе в защиту главного чиновника из местной администрации, он все распутал, обличил и что же? — является совершенно постороннее лицо и говорит: «Довольно! я не хочу, чтоб правда отыскалась!» — и я должен бросить снова все…

На его щеках обозначились багровые кружки.

— Что прикажете донести его сиятельству? — уныло спросил сбоку становой. — И что прикажете делать-с мне самому?

— Вам советую расти, умнеть, приучиться к труду, к делу… а ему? Тьфу, господа, я начинаю глупеть! теряю всякое сознание. Слышали вы? Я ему говорю: не ваше дело… а он? Хороших становых назначают! И все эти протекции! Вам бы в классные дамы, молодой человек, в женский институт поступить, а не в становые на низовьях Волги. Вас бы я должен сменить; но вы так наивны, что, вероятно, и не поймете за что это! Оставайтесь; только будьте на будущее время осторожнее.

Становой глупо поклонился.

Вошел Лазарь Лазарич и отозвал советника и Рубашкина в сторону.

— Я посадил на тройку Кебабчи и Рахилевича и рано на заре отправил их в острог, а Хутченко под домашний арест в город, в полицию, и послал от вашего лица об этом нужные отношения к кому следует.

— Отлично! Хоть вы мне помогаете. Благодарю вас: без вас бы и я тут ошалел. А этот заседатель — пешка… Хороших выбирают, нечего сказать!

Советник передал греку предложение предводителя; тот метнул белками на станового и окончательно сконфузил молодого человека.

— И это земская полиция, надежда целого околотка! — сказал шепотом грек. — Неужели вы его отпустите в Есауловку к предводителю?

— Он глуп, совершенный мальчишка! Пусть себе едет!

Тарханларов послал станового к предводителю с таким ответом:

«Приостановить свои действия над дворянами Кебабчи, Хутченко и Рахилевичем, а равно и над Перебоченскою я не могу по долгу службы и присяги, об их проступках и преступлениях составлены особые акты и безотлагательно посылаются по начальству. К этим же актам присоединится и письмо вашего сиятельства, доказывающее, что вы, предводитель, всему потакаете и решаетесь, наконец, мне грозить, что остановите высшего чиновника в отправлении вверенного ему следствия над нарушителями общественного спокойствия и порядка».

Не успел становой скрыться, не успели следователи побриться, напиться чаю и распорядиться об очистке залы от ночлега и о приготовлении тарантаса для выезда из дома хозяйки, как в ворота двора влетел во всю конскую прыть шестериком воронопегих, новый экипаж, и в нем в уланском бессрочном мундире оказался князь-предводитель.

— Стойте, я не позволю! Собрать сюда понятых! — запальчиво крикнул он, еще стоя в коляске, и вышел из нее, нетерпеливо гремя саблею по ступеням крыльца.

Из сеней показался Тарханларов. Сотские замешались, не зная снова, кого слушаться. В глазах их пошли какие-то кружки: то золотая каска, сабля и шпоры им хорошо известного богача и соседа, кавалериста-предводителя; то более скромный вид губернского чиновника, его зеленый воротник и потертый сюртук, без всяких внушающих уважение касок и сабель. Нетрудно было сделать выбор между этими двумя лицами сотским и вновь созванным к крыльцу понятым, как людям совершенно простым и всегда зависящим от властей ближайших. Они думали, пока предводитель ходил по крыльцу и раздавал новые приказания, отменявшие распоряжения советника:

«Там, этот чиновник, хоть и из губернии прислан и заседателем даже помыкает, а пока до губернии, то этот бедовый предводитель коли не шею поколотит, так цены сбавит у себя же нам на уборке пшеницы и везде, а он цену первый кладет по своему богатому имению».

— Что вам угодно, князь? — спросил, появившись весь бледный от негодования и волнения, Тарханларов. — Опомнитесь, не погубите себя и меня… Одумайтесь, что вы делаете; вы, вероятно, неопытны и законов не знаете.

— Все знаю! — ответил бешено и глухо предводитель, седлая нос лорнетом и даже не взглянув на Тарханларова. — Я не позволю попирать всякому… права сословий… дворян… и… и…

Князь вертелся. Нижняя губа его дрожала; сабля звякала о пол крыльца.

— Вы забываетесь, князь! — злобно шепнул советник.

Князь презрительно поглядел на него через погончик эполета и промолчал. Кроме их двух, на крыльце никого не было.

— Плевать я хотел на всех ваших крючков! — сказал князь и тут же на землю плюнул с крыльца.

— Мальчишка! — прошипел советник, сжимая кулаки и отворачиваясь к стороне амбаров. Петухи звонко заливались по задворью.

— Бюрократическая пьявка! — сказал будто про себя князь, посвистывая и также поглядывая кругом.

— Так вы меня полагаете втоптать в грязь? — произнес советник.

— Важная птица!

— Хорошо же-с. Теперь берегитесь.

— Посмотрим, экие угрозы. Vogue la galere! и я не без силы здесь.

Князь в дом не пошел. Из сеней явились перепуганный Рубашкин, заседатель и грек. К крыльцу с понурыми головами между тем понемногу сошлись снова понятые и дворня.

— Сходите за Пелагеей Андреевной! — сказал предводитель заседателю, узнав его, а на других не обращая внимания. — Скажите ей, чтоб ничего не боялась и что я здесь! Понимаете?

Перебоченская явилась с ридикюлем и в том же убогом чепце. Она всхлипывала. Глазки ее слезились.

— Пелагея Андреевна! — сказал князь, становясь в торжественную позу, отдувая грудь и сквозь лорнет глядя на Тарханларова, как смотрит моряк за семь миль на темную точку в море. — Здесь вышли недоразумения! Я получил ваши письма и обо всем донес вчера же еще губернатору и далее. Не стоит вам действительно оставаться в этом доме; вас эти господа не оставят в покое.

— Послушайте, однако! — перебил Рубашкин. — Я не ожидал, чтоб ваше сиятельство…

— А я, извините, не ожидал, чтоб ваше превосходительство…

— Такое вмешательство со стороны вашего сиятельства…

— Такое посягательство на спокойствие больной дамы и дворянки со стороны вашего превосходительства…

— Где же она больная? докажите!

Князь поморщился и сказал:

— Ну, генерал, об этом нас рассудят в собрании нашего сословия… — И продолжал, обращаясь к Перебоченской, — я беру вас не только под свою защиту, но за честь для себя считаю предложить пока вам и свой дом. Никто при мне здесь, даю вам честное слово, не помешает вам открыть ваши ящики, сундуки и кладовые, так нагло опечатанные, и взять оттуда все, что вы захотите. Земля, положим, принадлежит господину Рубашкину; оставьте ему за то все строения, хоть вы и правы, я в том совершенно уверен. А остальное берите все, все — оно ваше.

— Вы вмешиваетесь в дела судебные! — перебил Рубашкин, также отдувая грудь и принимая журавлиные позы.

— Согласны вы на это? — спросил предводитель Перебоченскую, будто не слыша генерала.

— Согласна-с, но мне бы надо взять еще тут мебели: вот бюро, кресла, зеркала; притом же в амбарах мука есть свежая… веревки, ну и прочее.

— Ну-с, это уже после, это лишнее! — резко заметил предводитель барыне.

— Согласна-с, ваше сиятельство… В таком случае согласна-с… отчего же!

— В таком случае пожалуйте лично со мною; берите ваши вещи, срывайте печати… Я сам их сорву.

Предводитель пропустил в дом Перебоченскую, а сам, обратившись к советнику, спросил с улыбкой:

— Вероятно, протестуете, а?

— Да, протестую и не дозволю. Следствие кончено, и все акты подписаны, понятые дали руки. Вы вмешиваетесь не в свое дело, вы посягаете и на власть судебную и на административную, полицейскую, не имея ни той, ни другой… Генералу велено сдать все. Прошу вас еще раз не вынуждать меня к крайним мерам и против вас.

— Против меня? — спросил князь и ухватился за саблю.

— Да, против вас! — гаркнул молодчина советник.

Тарханларов дрожал от злости.

— Вы дали руки, ребята? — спросил князь понятых.

— Дали.

— Это все я объявляю недействительным. Следствие произведено умышленно, а подписано таким лицом, которое само не имеет права быть свидетелем.

— Кем же-с? — спросил советник.

— Воротившимся из бегов, после двенадцатилетнего отсутствия сыном есауловского приказчика, Ильей Танцуром. Его отец сам просил обратить на это внимание следователей, а вы не обратили.

Тарханларов оглянулся на Рубашкина и Лазаря Лазарича.

107

— Он воротился добровольно, а убежал еще несовершеннолетним! — сказал Рубашкин, — и сам его отец явил его в земский суд и принял обратно в состав деревни, где он и приписан уже более полугода.

— Генерал! — вскрикнул запальчиво предводитель, — вы тут не судья; будьте довольны тем, что вас водворят, наконец, в доме и в имении, которое к вам как с неба упало, а я свое дело знаю. Понятые, по домам!

— Я знаю тоже одну вещь, ваше сиятельство, и знаю твердо! — ответил Рубашкин. — Дорого вы впоследствии дадите, чтоб ничего этого не было вами сделано и сказано; но будет уже поздно!

— Дудки-с, дудки! — повторил с хохотом князь, ломаясь и лорнируя понятых, — что, братцы, шепчетесь! По домам! — гаркнул он снова. — Слышите? по домам… Я вас распускаю.

Понятые пошли врассыпную.

Предводитель направился в дом и тотчас же с Перебоченской приступил к вскрытию опечатанных заседателем замков и ящиков. К девичьему крыльцу подвезли тарантас барыни и еще две подводы и стали их нагружать разным хламом.

— Попал же ты, бедняк князек! — сказал заседатель, стряпая новый акт о перерыве следствия.

— Сомнительно! — решил, о том же рассуждая, грек. — Положим, всем будет нахлобучка! Ладно, гут и зер гут, да что же из того? В главном-то все-таки и эти господа, наверное, будут отписываться от десятка всяких комиссий и комиссий над комиссиями до скончания дней своих, как это делают и другие.

— Я сделал все, что мог! — сказал разбитым и усталым голосом Тарханларов, утирая щеки и лоб. — Более ничто не в моих силах! Она уедет, мое слово сдержано… За сим увольте меня от дальнейших хлопот….

— Благодарю вас от души!

— Теперь и для меня подпишите последнюю бумагу… о самовольстве предводителя…

— Извольте!

— Сотские! Собирайте и мне лошадей!

— Готовы-с… давно собраны…

— Кто велел?

— Я! — отозвался грек. — На всякий случай еще к утру я велел их припасти, боясь, чтобы эти Кебабчи, Рахилевич и Хутченко не отбились дорогой от конвоя и не явились бы сюда с целой армией себе подобных! Ведь это дело тут также возможное…

— Как вы думаете, они скоро доедут до острога?

— Скоро. Теперь власти задвигались. В острог посадят и Хутченко; он дорогой попросил у одного из провожатых хлеба, тот стал резать на перевале, а Хутченко нож у него выхватил, да и ну им фехтовать. Насилу его одолели! Хотел отбиться и уйти…

Тарханларов бережно сложил все бумаги в портфель и взялся за шапку.

— Счастливо оставаться на сельском хозяйстве! — сказал он Рубашкину. — Вообще деревенский воздух иногда дорого достается.

— Куда же вы? Погодите еще, чтоб хоть они при вас выехали…

— Не хотелось бы еще раз встретиться с этим князьком-уланчиком. Ну, да нечего делать, останусь для вас. А если он еще скажет дерзость, я и уши ему выдеру. Что их щадить! Или отведу в сторону да и поколочу без свидетелей. Шелковый тогда будет. Знаете поговорку: в морду — и полюбит! Пойдемте в сад. Посмотрим, как, наконец, выедет эта барыня, что десять лет тут жила своевольно, под видом мнимой болезни. О Бедлам, Бедлам!

Через час предводитель и Перебоченская уехали. Последняя призвала своих нанятых людей из дворни, всех разочла, объявила им, что они, наконец, свободны, а что она по гроб разорена и убита. За полчаса до их отъезда, к изумлению генерала и чиновников, с земли Конского Сырта погнали гурты скота, табун лошадей и всех овец. Батраки из собственных крепостных людей барыни успели нагрузить несколько возов мукой, зерном, бочками солонины, медом, кожами, мебелью и прочим.

— Вот вам и разочли вас с нею по неоплаченной десятилетней аренде! — сказал Тарханларов, гуляя с Рубашкиным в саду и куря сигару. — Шутка ли, вмешался в дело, порученное мне по указу губернского правления, вмешался в решенный иск по неоплаченной аренде двух тысяч земли, за десять лет!..

— Ничего, хоть угол теперь у меня благодаря вам есть! Я и этим доволен! Прах побери остальное. Начать же вести дело по новым апелляциям, так и жизни моей не хватит!.. Стану хозяйничать и на этом…

— Какое ничего! Да весь этот скот, лошади и овцы по-настоящему ваши. Ведь это проценты на проценты, доход на доход с этой же земли! Ведь это все знают; она явилась сюда без гроша денег!..

Подошел грек.

— Что, господин Ангел? Что вы нам скажете нового?

— Уехали. Пожалуйте в дом!

— Только-то? В опустошенный?

— Пока не больше.

— Как пока?

— Именно-с. У меня бродят разные, знаете, новые мысли в голове; ну, да у них в голове тоже, верно, есть что-то… Призвали перед отъездом сына есауловского приказчика, что был вчера в понятых, и так отлично помог нам повершить все дело, шептались с ним долго, потребовали потом

109

его отца, бумаги и перо, и я видел в окно с девичьего крыльца, как старуха сама что-то писала, а диктовал предводитель. Приказчик же все говорил и размахивал руками...

— Что бы это было? Господин Тарханларов, вытребуйте сюда к допросу этого приказчика, допытайтесь, что это такое? — сказал Рубашкин.

— Э, нет! Теперь уже баста, надоело-с и мне, господа! Я все свое сделал, а более ни-ни. Перебоченская уехала. Засим Адриан Сергеич, до свидания снова! Надеюсь, что я все исполнил, о чем мы условились в городе?

Тарханларов отказался даже от обеда и уехал с Лазарем Лазаричем, а заседатель остался сдавать окончательно генералу по описи имение и усадьбу, брошенные Перебоченскою. Для этого были приглашены в свидетели оба есауловские священника и еще какой-то соседний, поволжский однодворец. Описывали опять то, что осталось после наезда князя, до обеда другого дня; причем священники оказались в явном разладе и друг с другом ничего не говорили, а однодворец с заседателем все пугливо о чем-то шептались и пили наливку. Понятна была вражда священников в этом доме: все знали приязнь генерала к отцу Смарагду, а недавняя обитательница Конского Сырта была в дружбе с отцом Иваном. Отец Смарагд еще вчера скрепил своею подписью руку Ильи на всех актах.

К вечеру другого дня Рубашкин, оставшись один, принялся за устройство нового угла. Перевез сюда все свои вещи из Малого Малаканца, а тамошнюю хозяйку нанял к себе пока в ключницы. В опустошенной дотла спорной усадьбе не было видно и слышно ни единого живого существа. Наемные люди Перебоченской все ушли, а пять-шесть человек крепостных людей, уцелевших от бегов с той поры, как бежал столяр и слесарь ее, Талаверка, уехали с барыней в деревню к предводителю. На четвертый день по выезде Перебоченской, когда у Рубашкина прибрался еще более дом и явилась кое-какая своя прислуга, в гостях у него сидел отец Смарагд и разбирал только что привезенные нумера газеты, а сам Рубашкин читал полученные письма. Священник сидел грустный, потому что его жене снова вдруг сделалось хуже...

— А! письма от Тарханларова, Саддукеева и... это еще от кого?.. Незнакомая подпись!.. Отец Смарагд, не знаете этой руки? Э, есть подпись: от какого-то чиновника, по поручению Кебабчи... из острога! Каково! Хотите, прочту?

Священник бросил газеты.

— Читайте, что они там пишут.

— Слушайте, Тарханларов пишет. Прежде всего его письмо...

«Я уехал от вас не в духе, и было от чего. Зато в городе я ожил. Все мои бумаги приняты губернатором отлично. Он был как громом поражен всеми этими событиями и заметил, кажется, что вы кругом его провели, то есть скрыли от него всю важность возложенного на меня поручения. К счастью, сказать между нами, и у него вышли неприятности с этим предводителем по поводу какого-то оскорбительного требования, и он дал полный ход моим рапортам и протоколам. Князь-предводитель уже сменен по телеграфу из Петербурга. Депеша, говорят, туда шла в двести слов. Будет с севера особая комиссия для следствия над оскорблением меня и других чиновников. Глаза мои и висок освидетельствованы, мне лучше. Я сделался львом в городе благодаря смело вынесенной истории по милости вашего имения. Титулярный советник Ангел, знакомец ваш по этому же делу, представлен к ордену, а я — к получению не в зачет годового оклада жалованья. Лазарь Лазарич через эту командировку входит в силу, и ему, кажется, отныне сдадут все важнейшие следствия по губернии. Я за него очень рад. Он вам кланяется и поручил сказать, что вы скоро о нем услышите снова. Затевает что-то по поводу найденных у Перебоченской ассигнаций, но от меня это скрывает пока. Жена моя и новорожденный кланяются вам. Я пишу вам все это откровенно, как к новому другу. Надеюсь, что вы и в будущем не обежите моего угла в городе, куда, впрочем, теперь вас, вероятно, до конца вашего дела, и калачом не заманишь».

— Ну-с, что же пишут из острога по поручению этого Кебабчи? — спросил отец Смарагд, — свирепствует он по-прежнему или, по поговорке Тарханларова, что «в морду — и полюбит», становится перед вами на задние лапки?

Слушайте! Незнакомая рука пишет:

«Господин прапорщик и кавалер Кебабчи желает здравствовать генералу Рубашкину, а равно тоже свидетельствуют ему и его несчастные страдальцы-товарищи. Что же делать! Пардон! Молодые люди погорячились. Смилуйтесь над ними, простите их, генерал, и остановите это унизительное дело. Мы по гроб жизни ваши добрые соседи и слуги. Слышим, что вы уже водворились в своем имении, а ваш враг, наконец, изгнан. Поздравляем вас, ваше превосходительство, от души! Мы всегда были за вас. Но что же делать? Юноши погорячились и теперь просят пардону: я, Кебабчи, Хутченко и Рахилевич. Пришлите нам денег. Мы вам многое скажем. Во-первых, я, Кебабчи, сообщаю вам тут же, что девушка Перебоченской, Палашка, подала жандармскому генералу письменный извет на господина Тарханларова, будто бы он, губернский чиновник, во время следствия над ее барынею занимался волокитством за женским полом и навеки погубил ее, Палашку… понимаете? погубил насильно!.. Это скверный извет-с, повредить вам и ему сильно может! Во-вторых, я, Рахилевич, вызываюсь, если генерал войдет с нами в добрую сделку, опровергнуть вполне извет этой девушки на почтенного следователя и готов составить лично, не своею, разумеется, рукою, кипу любовных писем, будто бы от разных солдат и лакеев к этой девушке Палашке и представить их в опровержение ее извета в том, якобы ее… Понимаете? Дело это мы можем переделать! В-третьих, я, Хутченко, в случае немедленного моего освобождения через вас, генерал, могу бросить значительный свет на некоторые отношения Перебоченской к есауловскому приказчику, по их обогащению, так как мне кое-что известно из их поездки в Черноморье и в Нахичевань…»

Рубашкин стал потирать себе лоб.

— Бросьте! — сказал с омерзением священник, — бросьте это письмо, не стоит читать далее! Экие негодяи и подлые душонки!

Генерал, однако, спрятал это письмо в стол.

— Но вот еще письмо нашего несравненного Саддукеева. Он поздравляет меня с успехом. Вот его приписка:

«Да, накуролесил ваш трехбунчужный паша, ваш предводитель, вселюбезнейший генерал! Теперь и я подумываю: не сбавить ли со ста лет, которые я стремлюсь прожить, годика этак два-три. Право, прогрессом пахнет. Это я говорю потому, что Тарханларов обработал все дело отлично, вы водворены на место, а несколько негодяев преданы формально уголовному суду. Кажется, и у нас правда начнет скоро брать верх и мы дождемся-таки восхода желанных дней. Армяшка, знакомый вам откупщик Халыбов, едва узнал, что вы взяли верх и что, наконец, живете полным владельцем, хотя и опустошенного, но дорогого-таки Сырта, приехал ко мне и сам предложил дать вам взаймы еще три тысячи, с тем чтобы закладную на мой дом похерить, а вам ему до уплаты заложить за эти пять тысяч рублей всю вашу землю. Гусь не промах! Две тысячи десятин черноземных лугов и степей за пять тысяч! Да нечего делать, и я вам советую принять его предложение. Что подруга нашего Сморочки? Напишите о нем и о себе. Ваш преданный и проч.».

— Слышите? Это о вас! Как здоровье вашей жены, в самом деле?

— Плохо, очень плохо… Надо бы акушерку, доктора… Не переживет она, а у меня денег на это нет. Где я возьму?

Генерал помолчал и стал чесать нос.

— Ну, теперь, отец Смарагд, мы заживем по-соседски, друзьями. Прошу чаще у меня бывать. Вместе вычислим проект о населении Сырта; начнем тут же с осени вольнонаемное хлебопашество, гурты станем разводить и с своей стороны…

— Извольте, извольте! А вы мне книжечек побольше, книжечек выписывайте и давайте читать, если сами не сделали привычки, да и некогда вам будет их читать при хозяйстве…

— Прелесть! Как теперь все здесь затихнет! Мы подберем добрых вольных работников. Наша почва без дурных семян, без плевел; я простонародья ничем не раздражил, я друг всем здесь... Брависсимо! всяк мне позавидует!

— И точно! — сказал со вздохом священник, — вы счастливец. Спешите. Вы уже не молоды. Осень тоже теперь не за горами. Надо достать семян, еще денег. Пашите и сейте побольше.

— Да и старость-то моя не за горами. Авось хоть что-нибудь сделаю тут полезного. Именно денег, денег прежде всего! Еду, завтра же еду в город, заложу армянину всю землю и привезу снова не менее трех-четырех тысяч, а дом Саддукеева освобожу из-под залога. Уж я не стану этих кровных, занятых денег кидать на обеды и балы соседям, как делывали это наши предки, закладывая некогда души своих крепостных в приказы да в советы! Деньги мои пойдут на обороты по хозяйству и только частичкой на самое нужное для дома в этой глуши; закуплю про запас сахару, чаю, муки, хорошей посуды, хламу там разного для буфета и для кухни; еще книг выпишу... это уже, собственно, для вас! Хе-хе! лошадок добрых куплю, без них в этих пустынях быть решительно нельзя. Правда, отец Смарагд?

— Правда, правда...

— Что же вы так нахохлились опять?

Священник был в волнении. Грудь его тяжело дышала. Пот катился с скулистого, широкого и некрасивого лица. Глаза были опущены.

— Что с вами?

— Так-с, ничего.

— Нет, говорите, прошу вас.

Священник поднял серые робкие глаза. Они были совершенно тусклы и полны невыразимой борьбы, отчаяния и стыда.

— Знаете текст: «Помяни мя, егда приидеши»? — сказал он бледными дрожащими губами.

— Как-с? Что-с?

— Дайте мне, прошу вас, из этих-то новых трех-четырех тысяч целковых, что займете, хоть сотняжку рублей взаймы. Беда-с! В доме свечей давно нету, детям чаю ни крохотки напиться, не на что бабу старуху нанять, хоть в болезни-то пока походить за моею Пашенькой.

Рубашкин покраснел, однако же достал бумажник.

— Вы меня спасли, первые дали верный совет, повезли в город, даже на овес моему буланому тогда дали, через вас я все получил. Я помню все это... Вот вам... пятнадцать рублей! Более не могу, извините. Берите их как благодарность, а не взаймы.

Священник взял деньги. «Фу, гадость! — подумал он, — это за все-то».

— А больше нельзя? — сказал он, — ведь тут и акушерки не на что пригласить!

Рубашкин, покраснев еще более, подумал: «Эге! да и ты, кажется, к вещественному падок!» — и отвечал: — Извините, более не могу! — хоть у него было еще более двухсот рублей.

Священник ушел.

Рубашкин съездил снова в город, заложил откупщику Конский Сырт, взял у него еще не три, а пять тысяч рублей под это имение и остался делать необходимейшие закупки в городе. Он остановился опять у Саддукеева. Беспардонный учитель гимназии оказался с первой их новой встречи еще более в ударе на всякие комические выходки, смешил генерала трое суток сряду, снабдил его кучею городских анекдотов и сплетен и угостил его неимоверным каким-то казачком, который заставил проплясать своих оборванных и запыленных детей, а сам при этом хохотал, как помешанный, закидывая назад огромную голову с большими сквозными ушами и грызя до крови давно обкусанные ногти. На прощанье, однако, он сказал генералу:

— В гимназии вышла история; я сболтнул там одну штуку ученикам. Против меня теперь ведут подкоп; немудрено, что меня и отставят. Тогда, надеюсь, не откажете меня принять к себе хоть в приказчики? А?

— О, разумеется! — ответил генерал, снова краснея, замолчал и уехал надутый, провожаемый маханьями Саддукеева, который даже влез на крышу и на радости выпустил всех голубей.

Явились в Конском Сырте рабочие, явилась и окончательно устроенная наемная прислуга. Рубашкин все приладил в две-три недели отлично. Отделал в особенности с любовью свой кабинет, из окон которого, сквозь главную аллею сада, была видна на скате бугров вся Есауловка и обе ее церкви. По столу и диванам в этом кабинете и в зале, ознаменованной недавними битвами, явились в изобилии деловые бумаги, хозяйственные книги и счеты. Поля зачернели полосами пахоти под зябь. Скупались рожь и озимая пшеница на посев. В двух концах поля стали прохаживаться небольшие соседские гурты скота, пущенные сюда за хорошие деньги до первого снега. Словом, чего желал и добивался воротившийся с чужбины к родному краю и делу Рубашкин, то и случилось.

— Не правда ли, у меня есть дарование организатора? — спрашивал он отца Смарагда. — Я мог бы управлять областью, населять пустыни?

— Кажется, — отвечал священник, — только не мешало бы вам подумать о докторе, когда теперь у вас все есть…

Но Рубашкин об этом не думал.

Не так родина встретила других своих детей.

Осень того года ознаменовалась для высшего круга той губернии усиленными разговорами о двух экстренных комиссиях, сменивших в два месяца одна другую, касательно расследования, доследования и

114

переисследования непостижимого дела: «О десятилетнем невыезде подпоручицы Перебоченской из не принадлежащего ей по актам имения, о командировке туда на следствие советника Тарханларова, о засорении его глаз и о буйстве там дворян Кебабчи, Хутченко и Рахилевича, и о самовольном вмешательстве в следствие местного уездного предводителя дворянства». Перебоченская проживала в уездном городе под арестом в собственном ее доме. Тут же недалеко жил и находившийся под следствием предводитель, который вдруг оказался артистом и стал брать уроки музыки и петь, повторяя, что генерал Рубашкин циник, мясник, вольнодумец и даже на старости лет чуть ли не республиканец и враг всего дворянства.

Допросы, переспросы и очные ставки шли своим чередом. Все показания рапортов Тарханларова подтверждались новыми следствиями. Но Перебоченскую кто-то навестил, научил ее, и она отвела одним взмахом пера почти всех свидетелей по следствию и понятых: «Такого-то я обсчитала у себя на работе, такого-то поколотил палкою за грубость мне мой приказчик, а этих секли по моему приказу мои батраки. Все они злобствуют на меня, потому и клевещут». Начали привлекать к делу других свидетелей. Тут-то впуталась, между прочим, в историю о Перебоченской и история о Тарханларове по извету горничной Палашки в его будто бы посягательстве на ее красоты. Молодчина советник, верный друг жены и всегда примерный семьянин, так было опешился от этой новой штуки, что недели три никуда в город со стыда и негодования не показывался. Донос Палашки нежданно вполз в дело, расплодился от всяких справок и надолго затормозил следствие об оскорблениях, нанесенных чиновнику при отправлении его службы. Громкая история Конского Сырта, наконец, начинала всем приедаться. Но на севере чуткие носы стерегли ее и вдруг поддали опять неожиданно сюда такого пару, что губернские головы снова потерялись. Явилась комиссия над комиссиею из самого Петербурга. Делом, как увидали местные чины, не хотели там шутить. Трех буянов-дворян, выпущенных было под шумок из острога на поруки, посадили снова в острог и покрепче прежнего. Князь, отставной предводитель, предложил губернатору дуэль и был выслан за это в другую, более отдаленную губернию, в имение своей жены. Вся эта история вскоре очутилась в неясных намеках в одном сатирическом столичном журнале. Перебоченская долго свободно ходила по улицам в знакомом всем чепце, перевязанном платком, и с ридикюлем. Но вдруг и ее пригласили из уездного города в губернский и тоже поместили где-то на благородной половине при полиции. Лазарь Лазарич Ангел посещал ее поминутно, оставался с нею по целым часам, беседовал, играл с нею даже в карты, под предлогом предлагаемых услуг, выспрашивал ее о разных разностях и вдруг уехал в Черноморье.

Перебоченская усмирилась, сбыла куда-то свой скот и прочее движимое состояние, обратила все в деньги, крепостных людей поместила частью при своем хуторе близ Конского Сырта и стала всем говорить: «Не постигаю, почему меня здесь опять беспокоят! Генерал Рубашкин достойнейший человек. Он мне все простил, покончил со мною, бедной старухой, все расчеты, и даже мы совершили в уезде формальную обо всем мировую. А тут опять крючки подпускают, да еще и не говорят зачем: живи тут, да и баста! Ну, и живу. Благо церквей много; певчие славно поют и есть где помолиться. Что же! Детей у меня нет, капиталец кой-какой был, да и тот я рассыпала за этими несчастьями… Остается умереть в покаянии, в монахини пойти, а заблудших и разбогатевших своих крестьян собрать, найти их всех к новому этому манифесту о воле, что ожидают к весне, и поместить опять тут, либо при доме, либо при хуторе. Ведь тридцать семь душ считается всех по ревизии. Авось хоть что-нибудь казна даст за них чистыми деньгами: ведь я малопоместная, безземельная сирота и притом вдова».

Так пела на жалобные лады Перебоченская, собираясь в монахини, а между тем еженедельно толкалась с какою-нибудь новою челобитною в приемные дни у губернатора, и с неизменною холодностью и молчанием, как по рецепту, была им обходима, причем ее челобитные даже не передавались в канцелярию для справок.

— За что же я тут живу? — спрашивала губернатора Перебоченская.

— Увидите! Не скучайте у нас; вы любительница церквей; посещайте их, молитесь богу; авось скоро мы и отпустим вас…

Перебоченская осклаблялась, вздыхала, целовала губернатора в плечо и уходила, теряясь в догадках, в отведенную ей частную квартиру, куда ее по назойливости перевели месяца через два из полиции.

Мировая ее с Рубашкиным точно была подписана. Генерал это сделал, чтобы угодить местной дворянской партии, которая было сильно возроптала на своего нового члена. Но было еще не кончено дело о нанесении обид чиновнику Тарханларову. Отчет последней комиссии был передан в местную уголовную палату на ревизию и на заключение. Члены комиссии уехали. Все вздохнули свободнее, и вдруг это дело снова остановилось за пустяком, палата разделилась голосами по поводу признания или непризнания за воротившимся, хотя бы и добровольно, из бегов Ильёй Танцуром права быть свидетелем и рукоприкладчиком за всех понятых по следствию Тарханларова. Был послан куда-то далеко, по части законодательной, об этом запрос. Ответом медлили. Дело стало снова…

Но зато расходился отец Ильи. Перебоченская вызвала в город Романа и дала ему заметить, что не худо было бы подкупить его Илью, чтоб тот отказался от своей руки и объявил бы себя неграмотным или сказал бы в новом заявлении суду, что он писал все показания и отбирал руки от понятых не добровольно, а по принуждению чиновника Тарханларова, причем генерал Рубашкин будто бы даже в него метил пистолетом.

— Нет, на это мой Илько не пойдет! — решил Роман, приехав в город, — я уж его щупал с этой стороны. Сорванец, как кремень, стойкий!

— Что же нам, душечка, делать? — шепнула Перебоченская, ломая руки и притворно хныкая и заглядывая ему в глаза.

Роман задумался. Желтизна от губ давно стала всходить вдоль его смуглых щек и зорким карим глазам. Он сидел в длиннополом нанковом сюртуке, согнувшись и смотря в землю. Еще перед отъездом из Сырта барыня сказала Илье:

— Помни, подлец, ты губишь меня, но погубишь и своего отца! Откажись от своей руки и от своих показаний!

— Не могу!

— Ну, так знай же: попадешься где в чем-нибудь, своими руками удавлю тебя, а уж не выпущу, слышишь?

— Есть одно дело, матушка Палагея Андреевна, — сказал, наконец. Роман Танцур, глухо вздохнув и не глядя на Перебоченскую, — да я не знаю, как вам сказать его... Ох! господи, господи!

— Говори, душечка, говори! Ты знаешь, я готова тебе во всем помогать; помоги же и ты мне! Что? Говори скорее, не бойся, ангелочек...

Вялые глазки Перебоченской так и бегали, заглядывая в лицо приказчика.

— Ох, матушка, тяжело. Сами знаете! — начал шепотом и оглядываясь Роман Антоныч. — Я был простой мужик, голяк; вы точно меня вытащили из грязи, похвалили моему барину-князю. Ну, вы дали мне весь ход, торговлю; но ведь и я вам дал помощь. Первое время барскими деньгами я вас снабжал; а потом... потом, вы знаете, сударыня, куда мы с вами... вдвоем-то... за деньгами ездили... знаете? а?..

— Тш! — зашипела барыня и, загородив костлявой рукой рот старика, вскочила и дверь квартиры заперла на ключ.

— Никто не услышит нас, матушка; бог один услышит! Напрасно вы запираете двери...

— Ну? Чего же ты мне грозишься? ну!..

— Ездили мы за деньгами с вами, меняли их... сбывали на скот в Черномории и на Дону, и тут по мелочам... Вы хорошо повели свое хозяйство, в тысячах стали... А я все-таки и теперь мужик мужиком... Ничего не умею, ничего не имею, одно только, что жена в ситцах ходит, да чай мы пьем по пяти раз в день...

— А твои деньги? У тебя свои есть!

— Какие деньги?

— А твои собственные?

— Да вы забыли разве, барыня, что они все у вас в обороте на одном вашем честном слове, а у меня на них от вас нет не только заемного письма, но даже ни клочка расписки или какой бумаги! Умри вы или я, семья моя опять будет нищею... Пора бы вам подумать обеспечить меня в моей же заработанной с вами доле... Сами знаете, что нам, в случае открытия, одна дорога обоим — в Сибирь...

— Да чего ты, дурачище, орешь?

— Не ору, а вы дайте мне вексель. Умри вы или... откажись... повторяю, мы нищие...

— Да ведь нищими же вы были прежде?

Приказчик вытаращил глаза...

— Да ты чего смотришь? Я, душечка, только шучу! Не пропадет твоей ни одной копейки. Вот тебе бог! А ты мне только помоги из этой-то беды выпутаться... своего сына все-таки уговори. Нелегкая его впутала сюда в понятые! И где он, мерзавец, этой грамоте выучился?

— В бегах, в бегах! Ох, уж эта воля. Чему в ней они не научатся. Совсем другой воротился, я его ждал вот как! думал в наши дела, в помощники к себе его взять! Куда! я вам только не докладывал об этом...

— Что же он тебе отвечал?

— Как мышь, зарылся в саду, хатенку себе там устроил, требует земли, хочет непременно в рядовые мужики идти: не хочу, говорит, в дворовую сволочь! Просто бунтовал вначале. Насилу я его успокоил...

— Да ты его по старине-то, в том саду, знаешь? Осиль его этак под вечер невзначай или в темную ночь, да и помучь его... розгами, или так погрози, будто по-отцовски-то блудного сына убедить соберись... Ведь ты отец, что ты! Как пропускать такое упорство! Он испугается и, может быть, сдастся, особенно под розгами-то; подбери человек трех верных помощников себе... ну, и отваляй его! И лютые собаки на это сдаются... У меня были такие дети, и я их хорошо школила...

— Слушайте же, — сказал Роман. — Заставить его, не заставишь теперь... ничем... а удалить его можно... и навсегда можно удалить... Я знаю такое средство... только вы помилосердствуйте; не пересолите дела... Ведь он все-таки мой сын...

— Ну, чем же можно удалить Илью?

— А вы не напортите, сударыня, дела?

— Нет, клянусь тебе, душечка!

— Ведь вы порох, я знаю, иной раз, как вспылите, и я вас боюсь... Хе-хе!

— Да ну же, голубчик, душечка, говори скорее! Видишь, я вся дрожу...

— А денег хоть часть воротите мне?

Перебоченская замялась.

— Сколько я тебе должна всего?

Антоныч достал из-за пазухи, озираясь, затасканный платок, а из него лоскуток бумажки с потертыми цифрами, писанными карандашом. То были выкладки его счетов рукою отца Ивана.

— Вот мы в последний раз считались с вами, мне после считал отец Иван. Я неграмотный, но надеюсь на вас, как на бога. Вы не обидите меня?.. Я был убогим бобылем и вместе с вами обделал дело... разбогател... и видите ли, как я верил вам, сударыня; все деньги мои у вас...

— Сколько тут? А! три тысячи целковых. Отлично. Я их тебе ворочу, не бойся ничего... что я? разбойник, что ли?

Руки у приказчика тряслись.

— Когда же, сударыня? Ведь десять лет...

— Как кончится мое дело, — тогда; а теперь, ты понимаешь, тут такой смут, такой смут! Ну, так как же? чем можно удалить отсюда... твоего сына? Этого-то мерзавца, Илью, как удалить, чтоб и духу его тут не пахло? Устрой это дело, тогда в нашу пользу порешится и мое, у меня развяжутся руки: понимаешь? Ну... я тогда тебе сразу настоящими деньгами и ворочу мой долг.

— У вас тогда в Сырте было ведь пять тысяч; вы при мне их вынимали и предлагали тому чиновнику... куда же они делись!

— Э! были да сплыли! Я, душечка, их под платье спрятала тогда, как советник выткнулся в коридор, а потом отдала их предводителю спрятать... Так говори же скорее, что ты надумал? Ну?

Приказчик завернул бумажку опять в платок, положил за пазуху, посмотрел на Перебоченскую, вздохнул и сказал:

— В бегах Илья был долго в Ростове, сударыня...

— Ну? что же из того?

— Там он сошелся с одним богатым каретником, стариком, тоже из беглых, и жил у него два года...

— Ну?

— Каретник этот богач! У него свой дом, вывеска золотая... Илья и слюбился с его дочкой, Настей, что ли. Пришел только сюда земли, дурак, просить, чтоб жениться и перевезти ее сюда. А если не потакнуть ему, наотрез отказать, он сразу даст тягу туда, только мы его и видели! Следствие это рухнет само собою, а понятых в другом допросе легко будет либо отвести, либо спутать... За это берусь я!

— Слава тебе, господи! Молодец, Антоныч! Так и поступи! благословляю тебя.

— Так отказать ему от земли?

— Отказывай и напугай его еще чем-нибудь, понимаешь?..

Приказчик встал.

— Кто же этот каретник, откуда он? — спросила, крестясь, барыня.

Роман запнулся. Множество разнородных ощущений боролись в нем: боязнь потерять нажитые деньги и страх окончательно погубить сына, желание угодить Перебоченской и недоверие к ее алчной, холодно-жестокой и мстительно-мелкой душонке.

— Ну? — добродушно спросила барыня.

— Это ваш-с... бывший столяр, Палагея Андреевна... Талаверка Афанасий, — брякнул старик и сам не понял, как он это сказал.

Перебоченская позеленела и ухватилась костлявыми пальцами за стол. Комната в ее глазах заходила ходуном. Под ложечкою стало ее сосать что-то жгучее и вместе сладкое. А в мыслях пронеслись слова: богач, каретник, ее беглый столяр, новая нажива, отместка за прошлое, новые кляузы, новый случай молить власти о помощи.

— Талаверка, — ты говоришь!

— Да-с.

— Афонька Талаверка? что спьяну в меня когда-то бросил молотком в кузнице и убежал?

— Он самый, сударыня! Только вы его-то оставьте в покое; он к делу не идет, и не беспокойтесь очень...

— Как же он теперь там зовется в Ростове?

— Я все подслушал однажды ночью, видите ли, как сын товарищу там одному про свое бродячее житье рассказывал... И как не подслушать? Вижу, дружится Илья с сволочью, я и ну за ним следить; да чуть собачка каторжная не выдала, как я из-за кустов слушал его...

— Полно балясы-то точить. Как этого каретника-то там зовут? Ты мне имя его скажи... имя? слышишь?

— То-то... я все подслушал и помню... на вывеске над его заведением будто бы Егор Масанешти написано. Как будто он выходец из Ясс, что ли; так и в полиции он отмечен. А он доподлинно ваш бывший, самый этот Талаверка. Вот к нему-то опять и можно сплавить Илюшку...

Перебоченская спокойнее опустилась на диван, понюхала табаку, с тупым вниманием обтерла платком влажные пальцы, бравшие табак, еще посмотрела на Романа Танцура и задумчиво-отрадно уставилась глазами в пол.

— Все теперь, сударыня? — спросил приказчик, почтительно встав.

— Поезжай домой себе, душечка! Ты теперь уже пока не нужен. А насчет денег извещу тебя как-нибудь...

— Пожалуйте ручку поцеловать, сударыня...

— На...

— Как воротите деньги, брошу моего барина, откуплюсь или просто уйду и заживу где-нибудь в Москве или Киеве купцом... Как бы не попасть еще под ответ перед князем! бог с ним, оставлю его.

Роман еще постоял.

— Чего же ты, миленький, стоишь? Иди себе, поезжай домой. Прощай! Нужно будет, так в город опять к себе позову; теперь еще пока сама не знаю, куда склоню голову. Подожди…

Приказчик уехал. Перебоченская вскочила, всплеснула руками, упала перед иконами, долго молилась и тут же пригласила к себе квартального. Она рассказала ему о нежданном открытии местопребывания беглого ослушника и своего слуги Талаверки, написала явку и требование о нем в ростовскую полицию, а квартальный задним числом и месяцем эту бумагу скрепил своею подписью.

Роковой пакет полетел к югу. Зашевелил он в разных местах усердную на этот счет полицию. Заскрипели перья, помертвели давно счастливые и спокойные души, и закапали горькие и безнадежные слезы. Следствие пошло сперва в Ростове, но потом справки перекинулись в самую Бессарабию… Кончался южный, мокрый противный январь; наступал февраль.

Весна рано была готова дохнуть из-за бугров и долин с юга. В Петербурге также ожидалась весна. Печаталось Положение о воле народа. Втихомолку передавался волшебный слух, что скоро выйдет манифест. Высшее общество тревожно приглядывалось к газетам. Низшие классы были по-прежнему спокойны и не ожидали ничего особенного.

С юга, от Азовского моря, уже летели журавли, утки, гуси и цапли. Половодье начиналось во всем разгаре.

Вдруг из Ростова явилась в уездном приволжском городке и скоро стала известна в ближайшем околотке полученная на имя Перебоченской одна радостная для нее бумага. В то же время, совершенно по другой причине, губернский сыщик, титулярный советник Ангел, возвращаясь с Черноморья, завернул в Есауловку, зашел под дом в княжескую контору к приказчику Роману Танцуру, попросил рюмку водки, закусил, поболтал с Романом, выразил удивление, отчего с ним не живет такой славный парень, как его сын, Илья, и пожелал его снова увидеть. Илью позвали. Под каким-то предлогом грек выслал из конторы Романа, потом его жену, а там и Власика, и спросил Илью:

— В бегах ты бывал в Нахичевани?

— Бывал-с…

— О резчике печатей Крутикове слышал? Илья замялся, но ответил, что слышал. Грек более его не расспрашивал.

121

# VIII

## Посланцы от народа

За несколько времени перед тем, а именно в августе, когда Перебоченская навсегда оставила усадьбу Конского Сырта и в ней поселился генерал Рубашкин, Илья позвал Власика в сад помочь ему до заката солнца обобрать, по приказу матери, на варенье какие-то ягоды. Власик подошел нахмуренный.

— Что ты дуешься, Влас?

— Батька твой опять прибил.

— За что?

— Так, здорово живешь.

— Не может быть!

— Не впервое. Ухватил ручищами за вихор и ну трепать. Видно, ты его рассердил, что ли, дядя Илья…

— Что же ты?

Власик с важностью подбоченился, поднял камешек, помолчал и ухарски швырнул им в деревья по воробью.

— Не бросай, в окно попадешь.

— Эвона! Постой ты еще, стоглазый! Весной убегу…

«Как люди меняются! — невольно помыслил Илья, в фартук и в миску собирая ягоды, — когда-то отец был бобыль, кроткий такой, меня же научал уйти; а теперь и у него такой же мученик на потехах живет… как я был у немца».

— Помоги, Влас, кончить. Мать заказала ягод собрать. Надо непременно до сумерек кончить.

— Мать тебя не обижает? — спросил Илья, — как ты заметил.

— Да была допрежде хорошая, чаю пила только много; все мучился я над самоваром; а теперь на водку населась и вот как дует: напьется и упадет спать… И с чего зачала пить твоя мать, не знаю! Сам-то он про то тоже не знает, а придет иной раз злой, либо меня хлестнет, либо ее за косы сейчас. Что! Скот, а не человек. Убегу и я, дядя Илья, как ты; право слово…

Вечер между тем разыгрался чудный. Отдав ягоды матери, Илья вышел на поляну сада и сел под деревом. Опять перед ним выяснились в отблесках зари по луговинам, обступая Конский Сырт, знакомые лески: ближе Дятловский липняк, далее Соловьиные верболозы, еще далее Кукушкины кучугуры, и другие. Илья сидел, следил, как сад и окрестности меркли и тонули в наступавшей темноте, и думал о далеком донском городке, о Насте и о Талаверке.

«Что-то она, бедная? чай, ждет меня! Хоть бы письмо какое отписала о себе!» По дорожке раздались шаги. То был опять Власик.

— Дядюшка Илько, там вас кто-то спрашивает.

Сердце у Ильи запрыгало.

— Кто?

— Я в вашу хатку их привел за садом.

— Кто же там такие?

— Трое каких-то. Два старые-престарые, а один молодой, точно барин или богатый лакей. Идите, а я в контору скорее; еще бы не спохватились меня. Я уж давно за двором с ребятишками по селу бегаю…

— Никто их не видел?

— Никто. Вот еще; разве я-то скажу или выдам кому тех, кто к вам зайдет? Не на таковского напали…

Власик опять из всех сил чем-то швырнул в темные кусты и, заложа руки в карманы, плюнул, как плюют за трубкой кучера. Илья пошел в хатку. Скоро там раздались тихие, но дружеские голоса, которые и услышал было, идя к сыну, приказчик Роман. Роман побродил возле хатки, где светился огонь, и пошел обратно в контору, решившись с сыном объясниться окончательно и раз навсегда наутро. Роман, сам не зная почему, перед сыном терялся и был не в своей тарелке.

— Угадай кто? — грустно сказал навстречу Илье шамкающий голос старика впотьмах, когда Илья торопливо пробежал садом и вскочил в сени хатки.

— Не знаю…

— А отчего мужик дешев?

— А входите, входите, узнал! — сказал Илья. Илья кинулся зажигать жировую плошку. Гости вошли.

— У тебя тут никто не подслушает, Илько? — спросили старики. Илья вытащил за шею из хатки собаку, рычавшую на гостей до надсада, пустил ее в сад и сказал:

— Говорите все, вот мой сторож! Она не подпустит сюда никого…

— Как дела, Илья? — спросил Гриценко.

— Ничего. Ваши как?

— И наши ничего…

Гости переглянулись.

Встал бывший квасник.

— Я перед тобою винен. Как ты шел сюда, вижу, парень молодой! — начал он, переминаясь и не смотря на товарищей, — а на последнем привале, под городом в шинке я узнал, что отец без тебя в приказчики попал… Скрою от него, думаю, и скрыл… А тут, помнишь, у тебя гнедой

123

конек был… Думаю, отец-то у него теперь его заграбит, ну… подсмотрел, как ты его тогда в леску-то привязал, да ночью подобрался и украл его…

Другой старик покачал головой.

— Это ты… это не след!

Квасник продолжал.

— Прости, паренек; украл я, что делать! Ты шел на хорошие хлеба к отцу-приказчику. А меня дома жена, ведьма злющая, ждала; семнадцать годов ее не видал. Сказано нам было на вольнице: идти домой; я и пошел, как и все. А с чем манифеста дожидаться? С чем на землю-то эту сесть? Я вот конька-то твоего и продал доброму человеку и… прости, брат!.. деньги взял. Мир узнал и велел тебе все сказать…

— Ты его, Илько, прости! — подхватил сапожник, — поумнеем мы все, он тебе воротит деньги.

— Ей же-ей, отдам, приди, хоть с жены платье сниму, а ворочу тебе. Она же теперь, ведьма, от радости, что я пришел, чуть наседкой не квокчет, и даже сдуру забрюхатила, кажется… Слушается поэтому…

— Ты, Илья, скажи, однако, мы пришли от мира к тебе: ничего там этого еще нет сверху?

— Ничего. Я бы вам, отцы родные, сказал.

— Ей-богу, ничего?

— Ей-богу.

Сапожник почесался.

— Тебе мы верим. Ты грамотный и с отцом не якшаешься. У нас везде уж, как говорим тебе, про тебя стало слышно, меж молодых и старых. К нам за Авдулины бугры перелетела весть сразу от ваших, что тебя ваш мир полюбил. Мы пришли, чтоб узнать все дело: нет ли чего в газетах или манифест не выслан ли к попам? и поклониться тебе от нашего миру.

Оба старика встали с лавки и поклонились Илье, который покраснел от удовольствия.

— Ничего, братцы, еще нету главного, ничего; я бы знал. Повестки в экономию из стана сюда все лето я отцу читал, а от хороших господ ничего не слышно. Священник от меня тоже бы не потаился; он про все мне говорит; да и генерал Рубашкин за услуги мои, ждать надо, теперь не потаится. Люди все важнейшие и отменные.

— Так, так. Подождем еще.

Посланцы пошли к сеням.

— А записку ты ему отдал? — спросил сапожник квасника.

— Ах, да, брат, и забыл… хворал я долго это; памятью ослабел.

— От кого?

— Из Ростова! там у меня брат ходил по паспорту у купца в сидельцах; он у одного каретника побывал и сюда прибыл. Там одна девушка и передала эту записку… Вона, цела: гляди, к тебе ли? Ты грамотный, ты и разбирай.

— Ко мне, ко мне! — сказал Илья радостно, читая надпись и угадывая, от кого было письмо.

— Проводи же нас. Да придержи собаку! — сказал сапожник.

— Идите.

Илья проводил гостей за канаву на Окнину, посоветовал им, как осторожнее миновать улицу возле барского двора, чтоб не наткнуться на его отца, и кинулся с замирающей душой снова в пустку.

Илья взял от иконы восковую свечку, зажег ее в помощь плошке, опять припер двери и стал читать.

Письмо было от дочери Талаверки, писанное четкою красивою рукою. Настя писала: «Сердце мое, лапушка, жизнь и суженый мой верный, Илья Романыч! На кого же ты покинул меня? За что стрелами такого молчания пронзаешь меня, бедную? Помни, припомни наш садок, вспомни ноченьки, как мы с тобою гуляли по саду. Меня ничто не занимает, окромя тебя. Скоро ли ты за мною приедешь? Не смотри, что я в ситцах хожу; тут все девушки, даже в деревнях, в ситцах ходят. А батюшка хочет, чтобы мы с тобою на деревенское хозяйство, на хлебопашество сели, и я готова, пока жива; в поле пойду, серп возьму; не истомятся мои рученьки, не обсекутся об траву мои ноженьки, лишь бы ты со мною был. И ставь хату на той самой Окнине, про которую ты, Илюша, отцу сказывал. Отец стал хворать что-то; стар становится. Работа, однако, идет хорошо; сами чиновники нас уважают. Тятенька делает карету главному тут по всяким делам барину в полиции. Пиши и ты мне. А переписывает тебе за меня это письмо Аверкий, ученик булочницы, той вдовы сын, что из мещанок. Он читал мне все письмо, и я рада: он поместил все, как я ему говорила, и ничего не пропустил. Твоя по гроб любящая невеста, Настасья».

Долго сидел над этим письмом Илья. Восковая свечка давно догорела; догорела и жировая плошка. Он и хлеба куска на ужин себе не отрезал. Перекрестился, вздохнул и лег на прилавок, не раздеваясь.

«Слава тебе господи! — думал Илья, засыпая почти на заре и перемыслив разных разностей с целый короб, — грамота-то мне как пригодилась. Недаром выучил немец! Хоть этим его добром помянешь! Мир заметил меня; надо же честью послужить миру. Лишь бы случай был!»

Бодро встав утром, Илья принялся с сапкой за полотье барской капусты.

Вдруг в саду показался его отец… Роман Танцур давно уже почему-то собирался поговорить с сыном.

«Пойду, окончательно поговорю с Ильёй, напугаю его, а коли не сдастся, то уйдет прямо в Ростов и следы скроет». Так думал Роман

Танцур, когда увидел, что Перебоченская окончательно оставила Конский Сырт. Хотел он с ним поговорить еще накануне, но узнал от жены, что у Ильи в хатке какие-то гости, которых видели тут теперь впервые. Хотел он сразу пугнуть и этих гостей, погрозить сыну, чтоб не пускал в барский сад всякую сволочь, хотел и подслушать из-за кустов толки сына с гостями: не были ли это воры? Но собачка Ильи до того навострилась и озлилась в последнее время, что как раз могла его открыть и осрамить перед сыном и чужими людьми. И так уж его дозоры крестьяне звали волчьими, а его самого стоглазым. Он решил подождать, и, когда вечером, отдавая ягоды, сын зашел к матери и столкнулся с отцом под барским домом, Роман сказал сыну: «Тебя вчера просила барыня Перебоченская отказаться от тех бумаг, на которые нелегкая тебя натолкнула; ты не уважил ее просьбы и моего желания. Теперь слышу, что тебя опять звали вчера уже поздно вечером заседатель и генерал. Правда ли это?» — «Правда». — «Зачем?» — «Еще там одну бумагу подписать». — «Смотри, Илья, чтоб не дописался до чего. Какой бес носил тебя туда в понятые? Жаль, что я ездил на пристань, а дурак десятский так тут без меня напакостил. Чего ты там все возишься с господами!» — «Звали по делу, а общество доверило мне все свои руки; ну, я за него и писал!» — «Ох, уже вы, бесштанники, голыши, с вашими обществами!» При этих словах кто-то из посторонних подошел к ним, и разговор на этом оборвался.

Наутро Роман застал сына за работой в саду. Илья, обрадованный радостною вестью о Насте, пел вполголоса.

— Вот как! поешь! — усмехнулся приказчик, искоса поглядывая на сына.

— Пою.

— Брось сапку. Надо поговорить.

Илья поднялся от гряд и вышел ближе к дорожке. Увалень и тихий от природы, он за несколько месяцев жилья в Есауловке стал еще медленнее и суровее.

— Слушай и не пророни ни единого моего слова. Я давно слежу за тобой. Ты пришел сюда; я тебя принял, заявил о тебе полиции, пустил тебя в барскую деревню, а ты шашни везде завел? Против меня идешь? Против господ, которые меня любят и отличают? Это что значит? отвечай!

— Я пришел к миру, к обществу, а не к барину и... не к вам, батюшка...

— Вот как! Ах ты, щенок! Да я тебя в плети; гаркну на сотских, свяжу тебя, положу и отдеру...

— Стара штука, батюшка. Не за что!

— Что? Как? Что ты сказал мне, молокосос?

Роман кинулся к сыну. Илья быстро отступил и крепко сжал в руках огородную сапку.

— Да ты кто? Сын ты мне или нет? К миру! К мужикам? Вот как! Не бывать же этому вовеки: ты сын мой, и я записал тебя в дворовые в поданной сказке, с явкою о тебе в палату. В мужики я тебя не пущу...

— Сын я вам, да только не дворовый. Я родился, когда вы, батюшка, еще в селе жили, на Окнине... все-таки в составе здешнего общества, а не в дворовых; тогда, как вы еще не помыкали миром, не пили христианской крови, не секли своих же братьев, мужиков... не мучали Власика-сироты... вот что! Грех вам, батюшка!

Роман почернел от бешенства и, не помня себя, снова кинулся к Илье.

— Не замай, батько! — сказал вдруг Илья, понуря голову и также став из бледного темным, — теперь меня не трогай! Я не ручной тебе и даром не поддамся... Руки теперь твои, батько, на меня коротки!

Приказчик уставился испуганными глазами на сына и стал бессмысленно шевелить губами. Он никак не ожидал такого отпора.

— Руки мои на тебя коротки?

— Коротки...

— Вот как! Когда же они укоротились?

Илья молчал.

— Да где ты вырос такой, пакостное зелье, щенок?

— На воле, батько, на воле... Одумайтесь и вы: вспомните прежнее свое житье. Другие времена пришли, батько, другие... не губите своей души.

Голос Ильи из сурового и глухого перешел опять в мягкий.

— Эй, Илько, берегись! — крикнул Роман, — ведь я здесь за князя всем управляю... Знаешь ли ты, собачье твое отродье, что я станового могу вызвать? в тюрьму могу тебя засадить; пропадешь ты там, как блоха, вот что!

— Миновалося ваше панство, батюшка! — ответил спокойно Илья, тряхнув черною кудрявою головой и снова опустив в землю глаза, — не то говорят давно на стороне...

— Что же говорят-то, что говорят на стороне? Что хвастаешься, поросенок? Ты лучше покорись, не слушай дураков, иди ко мне в контору да помоги отцу счеты сводить, барские деньги в толк привести, письма к его сиятельству за границу надо готовить о смутах да о дурачествах вашего же брата... Что говорят-то? Отвечай!

— Много говорят, да не вам я, вижу, то слушать. И потому... я знать ничего не знаю и ведать ничего не ведаю; а мое дело пока... сами знаете... барский сад.

— Вон отсюда, вон! Чтоб твоего и духу тут не пахло! Вон! Ступай на деревню...

— Давайте мне хату на селе, так и пойду.

— Не будет...

— Давайте хоть место да лесу! сам построю с добрыми людьми.

— Не будет тебе, собака, ничего! Вон! вон с глаз моих, хоть в Ростов...

Роман еще крикнул и пошел. С конца дорожки он, однако, воротился. Илья опять чистил грядки.

— Илья! — сказал приказчик несколько мягче, — слушай, как мне не сердиться? вон ты какой стал! Рассердил меня так, что я чуть тебя не поколотил. Не думал я тебя такого встретить, как ждал да высматривал тебя из бегов домой. Не груби мне больше, эй, не груби! а не то побью при всех.

— Ну, еще померяемся! — глухо проговорил Илья, опять бледнея, — особенно берегитесь, не советую меня тронуть при людях, на миру! Хоть грех будет...

— Ого! какой храбрец нашелся...

Приказчик притворно усмехнулся, сам между тем не веря ни своим глазам, ни ушам. Илья стоял перед ним с полновесною сапкой в руках, и, кажется, все в нем говорило: «Эй, батько, не тронь меня; довольно с тебя и Власика; не то и я тебя поколочу!»

— Так слушай же, Илько! Оставайся тут; изволь, я согласен. Стройся себе на Окнине, бери землю... дам тебе и лесу... Не хочешь помогать отцу, так бог с тобой. Только сделай одно дело.

— Какое?

— Прошу тебя... слышишь? прошу! Я, я, твой отец, прошу тебя, кланяюсь тебе...

— Какое же там дело у вас?

— Откажись от своей руки в тех бумагах, что ты против той барыни подписал...

— Так и вы, батюшка, про это просите? — перебил Илья, усмехнувшись. — Ну разве это можно? Если уже меня судьба натолкнула на это дело, и я не гадаючи с Кирюшкой впутался туда, — так тому и быть... Все про то уже знают, огласка везде пошла... Мир не шутка, чтоб с ним баловать!

— Опять мир? Пропади он! Слушай, Илья; сердце у тебя было доброе... Откажись, объяви, что тебя принудили и принудили с тобою всех понятых. Не погуби и меня... Илько! С тою барыней все мое имущество связано; у нее все мои деньги, без записки, на хранении. Хоть малость там, а все-таки тебе же останутся. Где нам снова от господ нажить? Пропадет она, пропадут и эти мои деньги! Откажись, сын; я тебе сам... барщиной... хату-то поставлю... и волов тебе, и корову, и овец на хозяйство дам... к князю про твои заслуги напишу...

— Отказаться от своей руки я не могу, пока жив...

— Прошу тебя, Илья, еще раз прошу тебя и кланяюсь!

Роман поклонился сыну в пояс.

Илья схватил в руку горсть земли.

— Вот вам, батько, клятва! Видите? землю ем, коли лгу: изломайте во мне все косточки, изрежьте мое тело на куски, а я от того, что показал за себя и за мир в том деле, не откажусь!

Он взял в рот земли и, обернувшись, с сапкой через плечо, молча пошел к пустке.

— Так будь же ты проклят, собака, — крикнул ему вслед отец, — не хотел покориться и пожалеть родного отца, пропадай сам и с своею невестою. Я все знаю! все слышал, как ты своему любезному приятелю Кирюшке Безуглому рассказывал. Знаю все твои дела и похождения. Убирайся на Окнину; стройся. Созывай соседей, кланяйся миру, пусть тебе помогают! даю и барский лес тебе на хату. Отказать не могу; идешь в мужики. Только помни: соком тебе выйдет треклятое отродье твое, и эта Настя Талаверкова, и ее бродяга-отец…

Долго раздавались в кустах сада угрозы Романа. Илья порывался воротиться к отцу, кинуться ему в ноги, просить о прощении, лишь бы тот не мстил Талаверке. Но упорство взяло верх. «Не посмеет он донести!» — подумал Илья и не вернулся к отцу. Он пришел в пустку, бросил об пол сапку, уложил в узел кое-какие вещи и пожитки, в том числе бережно снял от икон картину покойного Саввушки; положил все это на залавок, запер дверь на замок, свистнул на собаку и, перескочив через канаву на Окнине, пошел в винокуренный завод, где помещались начинавшие со скуки буянить музыканты, к Кирилло Безуглому, а оттуда с верным другом на совет к отцу Смарагду. Он решился тогда же бросить и сад и пустку.

Священник сверх ожидания дал сильную головомойку Илье. Он стыдил его за непочтение к отцу, советовал идти просить у него прощения и вообще помириться с отцом. Священник был очень грустен и, между прочим, сказал:

— Что же Роману уж так хлопотать для Перебоченской!

— Нет-с, ваше преподобие, — перебил Кирилло. — Позвольте-с, я слово доложу… Фрося… значит, тоже моя любовница-с, извините… а больше того невеста моя, горничная этой барыни. Когда Перебоченскую уже совсем увозили, эта Фрося прибежала ко мне там в овражек в поле, обняла меня, извините, и говорит: «Коли меня барыня к зиме или к весне за тебя от себя не отпустит, так ты, Кирюшка, проси о том Романа Антоныча… Это такой сильный человек у нашей барыни, такой сильный, что другого такого у нее и нет… Я часто в щелочку смотрела, что они, запершись, делали». — «Что же они делали?» — спрашиваю. «А вот, говорит, что: он считает ей ассигнации, а она все их пачками связывает. Такая пропасть, бывало, лежит это перед ними на столе. И должно быть, он где-нибудь ей их менял… Как они еще в Черноморию ездили, я была маленькою девочкою и барыня брала меня с собою. Туда они ехали почти без денег; у барыни было немного денег на покупку скота; а из Нахичевани они вывезли целый сундучок денег и все тут считали…» — «Откуда же это все ты подсматривала?» — спрашиваю. «Из кладовой, что возле спальни барыни: там не стена, а тоненькая перегородка и в перегородке такая щелочка, что только пруток продеть; оттуда я все и видела».

— Так вы, насчет дружбы приказчика нашего с этою барынею не сомневайтесь! — прибавил Кирилло Безуглый. — Как у них богатые такие счеты между собою, так он не задумается ей когда-нибудь угодить и Талаверкою! Это так!

— Что за чудеса, однако, рассказывала тебе эта Фрося! Слышишь, Илья, — спросил священник, не предвидевший с Ильёй еще ничего о том, что Роман все расскажет Перебоченской и что поиски Талаверки уже начались…

— Слышу.

— Что же ты на это скажешь!

— Ничего не знаю, батюшка, ей-богу. И меня не раз брало раздумье: откуда разбогатела Перебоченская, а с нею и мой отец. Что-то мерещится мне, как вспомню про Нахичевань, где я тоже жил как-то в бегах! Да бог с ними; не хочу брать греха на душу. Лишь бы они за меня других не губили… А погубят, ни за что не поручусь: услышат про такое, что и во сне им не приснится… Рад я отцу покориться и благодарю вас за совет. Пойду к нему завтра: даже в конторе стану ему помогать. А тем часом, по его слову, на Окнину начну-таки перебираться. Осень подходит. Надо успеть хату срубить, укрыть ее и обмазать. Поклонюсь опять миру; может, дадут мне помощь. Надо и угостить людей. Там над ключами у верб, на мирской земле, под селом, и строиться стану.

В следующее воскресенье отец Смарагд служил Илье молебен. Приказчик с виду как будто простил сына и дал даже барщиной людей в помощь ему на закладку хаты. Хата была заложена на прежнем старом месте, среди журчащих ключей на Окнине, под обломанными вербами, насаженными еще дедом Ильи, отцом Романа Танцура, прозванным так потому, что он был также любимцем на селе и всегда в праздники потешал мир плясками.

— Коли моя Фрося отойдет от барыни, — сказал, выпив на освящении хаты, Кирилло, — так я поселюсь тут же, возле тебя: только на шпилю, повыше, чтоб было слышно лучше мою флейту, как стану я играть тебе, Илюша.

130

# IX

## Не поздно ли?

О Талаверке, по объявлению Перебоченской, производились справки.

Нахмуривался сентябрь. Его сменил светлый, морозный низовой октябрь. В половине ноября повалил снег, но не дружный. Везде было тихо, не было слышно особенных происшествий.

Под Есауловкою между тем над ключами, на Окнине, возникла новая хата. Ее выстроили частью барщиной, частью миром, успели обмазать и укрыть. Десятский был хороший печник и сам сделал Илье печь. Товарищи флейтиста Кириллы, в праздники, за полведра водки, съездили с Ильёй в Кукушкины кучугуры, вывезли оттуда несколько возов лозы и кольев и заплели вокруг хаты хорошенький дворик. Утварь Ильи из садовой пустки перешла в эту новую хату. Илья стал строить сарайчик; вправил ворота во двор. Он ничего не знал о доносе отца Перебоченской и, по совету священника, помирился с отцом. Роман ходил смутный, точно в тяжелом чаду. Так его озадачила Перебоченская отказом в отдаче денег до конца ее дела. Кирилло заходил к Илье, поглядывал на новые углы хаты, на новую золотистую соломенную крышу, возился вместе с приятелем над устройством внутри окон, дверей, полок и лавок. Сад опустел, помертвел. Виноград был зарыт в землю. Илья пока все еще носил звание садовника. Мать принесла Илье тайно от мужа большую икону и поместила ее в главном углу хатки. Илья ниже ее привесил в стороне картину покойного Саввушки, и добрые люди, входя посмотреть на житье бедового парня, который не пошел плясать по дудке стоглазого отца, крестясь на икону, и видя случайно против входа в хату нарисованного Саввушкой молодцеватого запорожского казака, говорили: «Сейчас видно хорошего человека; сам казак, намалеванного казака и за хозяйку взял себе!» Илья ходил в угоду отцу иной рай в контору, проверял денежные счеты и книги всякого рода. Все это писалось другими со слов самого Романа, следовательно, нечего было и сидеть над ними, хоть приказчик иногда, уставясь глазами в сына во время поверки итогов, будто так и ожидал, что вот тот скажет: «А! тут ошибка!» Окрестности запорошило снегом. Лег зимний путь. Реки стали. Мужички к будущему сплаву на себя и на владельцев бодро молотили новый хлеб. Скот давно стоял в загонах. Земские власти, как сурки в теплых норах, сидели дома, покуривали табачок, поигрывали в картишки и вели беседы о далеком темном Петербурге, о новых сановниках, о смене старых, и с трепетом в желудке и в спине шепотом передавали друг другу пугливые догадки о том, что-то будет к весне.

Забытая есауловская усадьба по-прежнему грустно безмолвствовала и пустынничала в отсутствие своего настоящего хозяина. Французик, мосье Пардоннэ, сахаровар, изредка наезжал сюда из города, выпивал добрую порцию местной крепкой водки, настоянной женою Романа на апельсинных корках, говорил приказчику, топорща кверху востренький багровый носик: «Итак, поштенн, трудись, молоти клеб, пшениц; э главное побольше князю посылайте денег!» — брал от Романа в карман, смотря в сторону мутными глазками, две-три серых депозитки и уезжал обратно в город. К Роману между тем завертывали в гости, по-былому, разные личности, купцы, мещане, однодворцы, барочники и рыбаки, закупали барское зерно, снимали барские рыбные тони по Волге и по Лихому, рубили лес, угоняли купленный скот и овец. Есауловские мужички чесали в затылках, посматривая на все это, и в недоумении покорно шли на работы. «А кто это у твоего батьки купил бракованных волов и овец, и почем?» — спрашивали они изредка Илью украдкой на общих барщинных работах, куда и он стал опять являться с зимы, на гумне, на вывозке дров и сена. «Бог их знает; я в то не мешаюсь. Ходил я было с осени в контору книги сверять, да теперь уж и сам отец меня не зовет!» Изредка по Есауловке, в отсутствие мужа, старая приказчица Ивановна, пошатываясь, пьяная возвращалась из гостей от жены другого священника, отца Ивана, также тянувшего водку. В праздности и скуке болтались по селу и его окрестностям есауловские музыканты, то собираясь в свою квартиру на винокуренном заводе и начиная нелепо играть какой-нибудь марш, то возле шинка, заводя ссоры и драки. Отец Смарагд говорил приказчику: «Эй, Антоныч! Добейся ты толку от венгерца: что он бросил заниматься с музыкантами? Не наделали бы они тебе беды!» Сам Роман, слыша кругом себя везде тревожные толки о разных ожиданиях и видя Есауловку забытой и брошенною всеми, предавался иной раз тоске и утешался только мыслью, что вот Перебоченская одумается, дело ее поправится, она воротит ему его деньги, он женит Илью, и все заживут счастливо. Неимоверная скука господствовала в Есауловке. Особую грусть всему придавала в ней еще гаснувшая, без всякой помощи в болезни, жена отца Смарагда.

Усадьба Конского Сырта между тем сильно оживилась. Генерал Рубашкин, новый сельский хозяин того околотка, не на шутку на закате своих дней решился хлопотать и, как он выражался, оставить по себе на земле добрый и хотя бы один дельный и прочный след. Он облекся в простую дубленку, купил скота, пустил несколько десятков голов чужих волов и овец к себе на зимовлю и сам наблюдал за отпуском сена, припасенного, впрочем, еще трудами Перебоченской. Как видно, он не жалел денег на первые главные обороты по хозяйству и хвастливо толковал всем, что он состоит у себя и приказчиком, и конторщиком, и рассыльным. Все шло у него изрядно; одна беда — на плечах его было за пятьдесят лет. Он часто кряхтел, испытывал боль в ногах, в спине, изредка от пустяков простужался и кашлял, и еще главное — скучал неимоверно. «Эх, не поздно ли я за ум взялся? — думал он, — да и то сам не понимаю, как я решился вдруг! Раньше было бы бросить этот отвратительный Петербург. Сколько он даром стягивает к себе наших лучших соков и сил! Или надо уступить дорогу другим?..» Мечты старого юноши напрягались, он уходил в занесенное снежными сугробами поле, к батрацким избам, где весело теплились печки, а из труб печей вырывался в морозную лазурь дым кизяка. Он отправлялся посмотреть, как на солнышке, с завихрившимся в инее волосом, стоят в дворах загонов тучные волы и, щурясь, медленно жуют жвачку. Но не о них думал генерал. Адриану Сергеичу тогда представлялся Петербург, зала пышного маскарадного бала, франты с лорнетами, красавицы, гром музыки. Тут же мелькал в его мыслях Невский, тьма магазинов, вывесок, отчаянно мчащийся, точно от какой погони, экипаж с бешеными серыми рысаками и с полуживою от смертельной скуки барыней-щеголихой. А тут вдруг из тумана выходил перед ним его департамент, теплые огромные покои, швейцар, скрип перьев, столоначальники, нюхавшие табачок над только что состряпанными громовыми бумагами в провинцию. Возле — снова улицы; городовой на углу какого-то громадного моста, расхаживающий по морозу и наедине рассуждающий о том, сколько это рублей и копеек выйдет всего, если сложить в казне жалованье и пенсию, которая после него останется, и пойдет ли, например, провожать его самого на Смоленское кладбище былой камрад его по гвардии, Иванов десятый? Представлялась Рубашкину в прогулках по работам в имении, без всякой, по-видимому, причины Адмиралтейская игла, за нею какая-то уксусная барыня в желтых лентах, метившая попасть ко двору. В голове генерала, наконец, роились разные служебные интриги, игра чиновников в реформы, в громкие фразы и в споры о значении разных углов и захолустьев отчизны. А вокруг Рубашкина наяву во дворе звонкими блестящими пилами в десятки рук пилился на постройки тес, очищалось и обделывалось множество колод, сновали новые нанятые батраки: конюхи иной раз гоняли на веревке молодого жеребца, чистили на разостланных холстинах перемолоченный хлеб из запаса, захваченного после выезда Перебоченской. Окна в доме были старательно законопачены, двери обиты полстьми и клеенкой; в комнатах появились ковры и прочая петербургская рухлядь генерала: бронзы, хрусталь, скатертки, всякие поддонички и картины. В кабинете, переделанном из обширной и ни к чему не нужной гостиной, появился еще с осени, вместо печи, камин, а вместо твердого дивана, на котором сиживала, раскладывая карты, Перебоченская, явилась мягкая обширная софа из города, уложенная гарусными и штофными подушками. Деловые бумаги и хозяйственные книги лежали тут на двух столах. Возле них изредка копался над листком газеты гость хозяина, отец Смарагд, иногда оставлявший больную жену, или сам Рубашкин, воротившись с обхода по хозяйству и лежа на мягкой софе, читал и соображал разные, им самим сочиненные, проекты спекуляции. Часы в передней остались прежние. Остался по-былому в углу залы и дрозд в клетке. Он так же упорно, как и при бывшей своей хозяйке, среди тишины комнат, прыгал со дна клетки на жердочку и обратно, будто с крыши весной на землю капали непрестанные и ровные капли оттепели. Камин часто топился в кабинете, добродушно потрескивая в ту пору, как генерал писал, толковал с рабочими, вообще туго понимавшими то, что от них требовалось, и волком смотревшими в лес, или когда Рубашкин урывками, за чтением смет и проектов, переговаривался с отцом Смарагдом.

— Вы, я слышал, соль на пристани закупили? — спрашивал священник.

— На спекуляцию! Каков-то будет ее новый сбор в Елтонском озере с весны!

— Пшеницы еще не спрашивали у вас?

— Нет. Я не думаю и продавать, а еще бы поискал купить; разузнайте и вы стороной. Хочу подобрать хорошую партию к открытию пристаней. Впрочем, вижу еще потемки тут во всем.

— Денег много еще у вас осталось от займа?

— Довольно. Полагаю взять на аренду еще соседние куски земли; павловский, урюпинский и землю у жены Кебабчи. Пущу туда чужие гурты.

— Вот как! Кебабчи?

— Просит сама, бедная. Муж все еще в остроге сидит.

— Как идет их дело?

— Плохо кончится. Не те времена. Жена Кебабчи с сестрой Хутченко ездила в Петербург, потратилась и воротилась ни с чем. Там дело поняли хорошо. Правит теперь у нас все народ из молодых…

— Отлично. Узнал бы Саддукеев, еще бы пять лет со ста скостил из того, что прожить хочет.

— Знает, знает. От него тоже письмо на днях я получил. Поздравляет; пишет, что и в городе у них хорошо; только чуть, кажется, его самого из гимназии не изгоняют.

— За что?

— Пишет, чудак, что вздумал распространяться о чем-то по истории, знаете… и касательно тоже прав гражданства каждого человека и личной там, что ли, свободы… Но письмо его что-то отзывается грустью. Позвольте, где оно? По правде сказать: пустоват ваш приятель, извините… Что это за фразы о старании прожить сто лет? Что за недоверие к успехам времени? Что за радикализм, да еще голословный. Да, пустоват; я его раскусил…

Священник вспыхнул, нахмурился еще более и сел на дальнем стуле.

— Странно, что вы его не жалеете, когда его гонят со службы…

— Ах, если, отец Смарагд, от всего на свете проникаться жалостью, то не стоит и жить. Негодование да сострадание — это два чувства, от которых более всего должен беречься деловой человек… В управители вдруг ко мне просится. Ну, какой же, скажите, он управитель?

Рубашкин встал и подошел к рабочему столу.

— Вот его письмо! Да! Он еще приписывает и любопытную для нас с вами новость. Представьте, Перебоченскую опять из губернского города перевели в уездный и позволили ей снова жить в ее доме и на хуторе… Загадки! А чувствуется, что о ней, вероятно, собираются грозные справки. Лазарь Лазарич недаром все вертится возле нее…

Священник вздохнул и молча стал пересматривать листок газеты, куря крепчайший турецкий табак. Генерал закурил благовонную сигару и лег опять на софу. Он, как видно, хотел еще поговорить.

— Великое дело комфорт! — сказал он, потягиваясь, — что делать! Привык нему в столице!

Священник на это ничего не отвечал. Разговор, видимо, не клеился. Священник, очевидно, был смущен холодным и беспощадным эгоизмом Рубашкина, который становился ему все более и более понятен. Отец Смарагд чувствовал, что и на него-то самого генерал смотрел, как на одну из вещей, способствующих его комфорту, развлечению, и не видит в нем человека, с которым он готов обоюдно поделиться и радостями и горем. Отговариваясь нездоровьем жены, священник сухо простился и ушел. Уж много раз он давал себе слово прекратить сношения с Рубашкиным; но тоска и скука всякий раз загоняли его опять в просторные и удобные покои генерала.

Срывалась метель. Вечерело. К Илье в хату зашел Кирилло Безуглый.

— Пойдем, Илья, походим.

— С ума ты сошел! Такая погода!

— Пойдем, дело есть.

— В хате говори.

— Выстроил хату, так и не вытащишь тебя! Где был все эти дни? Как ни зайдешь, нету.

— Барские три дня был на барщине, а свои у попа долг отрабатывал за хату.

— Вот как. Вы уже нынче мужичком-с, не тронь нас! гражданин-с, на-поди; по три дня, не то — что мы день каждый в деле.

В голосе флейтиста слышалось непривычное раздражение.

— Уж будто вы, что день и в деле? А, кажись, так болтаетесь по селу.

— Илюша, пойдем, не подошел бы кто-нибудь, не подслушал бы нас! Пойдем, сердце!

Илья оделся в шубу, бросил долото, которым долбил кому-то чашку, взял шапку и вышел.

— Куда же идти? Говори.

Кирилло направился к заметенному и шумевшему от ветра саду. Сумерки сгущались. По саду были протоптаны тропинки от гумна мимо барского дома к двору. Ноги тонули в сугробах. Миновав заваленную до крыши садовую пустку Ильи, Кирилло прошел в кусты, разбирая ветви, скрипевшие от гололедицы под рукою, и тут остановился.

Было уже совершенно темно. Они снова выбрались из сугробов на тропинку к дому. Пройдя опять несколько шагов, остановились и присели на заметенную снегом лавочку. Огромный дом сурово молчал с закрытыми на крючки и на железные болты ставнями. Ветер шумел и стучал болтами.

Кирилло помолчал.

— Илья!

— Что?

— В доме тут болты замыкаются снутри?

— Снутри.

— В дом теперь из твоих кто-нибудь ходит?

— Вряд ли. Отцу незачем: все у него под замками. У крылец часовые по наряду с села ночуют. Разве мать иной раз с фонарем в верхнюю кладовую пройдет.

— Что же там в той кладовой?

— Варенье, мед стоит там, наливка, вина какие лучшие в ящиках стоят.

— Вот бы поживиться наливочкою! — сказал, смеясь, Кирилло.

— Что ты! Как можно! Губа-то у тебя не дура…

— Я пошутил… так… А где хранятся, Илья, конторские деньги?

— Должно быть, при себе отец держит. Немного там запасу бывает! Что соберется, сейчас князю шлют. Живет себе наш барин где-то и нуждушки ему мало, как люди тут маются…

— Поверишь, брат Илья, животы подвело с той месячины: по два пудика отсыплют муки с трухой пополам, да четыре фунта соли, да гарнец пшена, вот и живи. Больше ничего не полагается дворовому на харчи, сам знаешь. Даже венгерец наш бунтует. Напьется пьян и кричит: «Убью Романа!» Знаешь что, Илья, я думаю? — прибавил Кирилло.

— Говори.

— Обокрадем, право, кладовую в доме! Хоть наливки напьемся вдоволь, варенья со скуки наедимся. И для кого его варят? Когда эти господа еще наедут?

— Что ты, что ты, беспутный! Вором, брат, я еще не бывал и не буду никогда!

Кирилло засмеялся.

— Я пошутил... не сердись. Тошно на свете жить, вот что. Даже на флейте не играл с той поры, как Фрося в город с барыней уехала...

— Так никогда не шути со мной...

— Прощай! Знаешь ли, я хочу бежать с Фросей! Она ладится. Может быть, надует, не знаю! падка она больно на наряды; прежде, на горячих порах, как мы сошлись, меня дарила, а теперь все требует денег...

— Обождите весны лучше...

— Хорошо тебе ждать. Спорил с отцом, а все-таки на своем поставил и живешь нынче, как хочешь. Попробовал бы я или кто другой из наших дворовых. Бросит меня Фроська, удавлю ее! Эх, Илья, Илья! Беда, пожалуй, будет, либо наши-то венгерца сдуру убьют, либо разбегутся сами все, как волки...

— Какие волки? — спросил рассеянно Илья, прислушиваясь к гулу ветра на деревьях. И они, не останавливаясь, пошли далее.

X

Степной линч

Прошло несколько недель. Приказчик Роман, потерявший надежду сплавить сразу сына из деревни и из губернии, выжидал случая как-нибудь его-таки уломать — отказаться от показаний его в деле выезда чиновников к Перебоченской. Старик Танцур хоть все еще сильно тосковал, но как будто на время успокоился, так как из города вести на время затихли, и сама Перебоченская тоже его не натравливала на сына. Роман стал помышлять даже о том, как бы в самом деле, под шумок, сделать хорошую штуку, именно помочь сыну жениться на дочке разбогатевшего Талаверки, но, не желая показать, что сразу сдался, все еще хмурился и относился к сыну, как к опальному. В то же время старый хитрец неожиданно запустил разные приемы, лично и через других, чтобы сойтись с новым соседом, Рубашкиным. Толкало ли и его на это затишье в торговле зимой и отсутствие разного заезжего люда, с которым он любил водить хлеб-соль, или другие какие причины, только он положил себе непременно войти в приязнь нового обитателя Конского Сырта.

Он уже сам побывал раза три у генерала, как будто невзначай, то занять у него веревок, то сено обменять на двойное или тройное количество соломы, то условиться о ловле рыбы в общих тонях по Лихому и по Волге.

Раз, в ясное морозное утро, приехав, по своему обычаю, верхом в усадьбу Конского Сырта, Роман был допущен в кабинет генерала, и в синей шубе, с серыми бараньими оторочками, почтительно стоял у дверей, беседуя с Рубашкиным. Старая служанка подносила приказчику по временам чай с пуншем. Топился опять камин. Генерал лежал на любимом месте у стола на софе, в бархатном сюртучке и в туфлях, и курил сигару.

— Оно точно, сударь! — беседовал Роман Танцур, стоя с стаканом чаю в руках и приобретя в голосе от недавней простуды лишние ноты густого баса, — вы рисково думаете вести хозяйство. Прочтут волю, с деньгами тут вы всех подорвете. Только, полагаю, напрасно вы из чужих краев думаете немецких али французских колонистов сюда выписывать. Народ неподходящий. Разорят они вас, замучат всякими ломаньями да баловством. Сейчас кофий потребуют, постели, матрацы там всякие, белый хлеб, — это первое. Потом каждому давай либо особую избу, либо свою комнату — это второе. Картофелю им поставляй, пива потребуют. Видели мы их тут вдоволь.

Генерал молчал, видимо, его не слушая.

— Роман, у меня к тебе просьба...

— Какая-с?

— Беда здесь у вас насчет... насчет женщин. Не знаешь ли какой порядочной, чтобы согласилась ко мне идти в прачки, что ли? Понимаешь?

Роман слушал, не поднимая глаз.

— Вот я тут случайно видел горничную Перебоченской, эту Фросю, знаешь. Мне она нравится. Говорят, что ваш флейтист Безуглый за нею тут волочился. Да теперь ее отпускает барыня в наймы, и она — кто-то мне тут болтал — с ним уже будто врозь... Съезди, поговори, нельзя ли, а?

— Можно-с! — начал старый Роман, — для вас можно... оно точно, здесь трудно: нравы крутые-с... Вот и наш князь, как наезжал...

Роман не договорил. В лакейской, а потом и в зале послышался шум, раздавалась возня разом вошедших нескольких лиц.

— Кто там? — крикнул Рубашкин.

Ответа не было, но робкие и вместе торопливые шаги раздавались по зале.

— Кто там? — опять спросил генерал.

Роман выглянул в залу и отшатнулся!

— Чего вы, беспутные? — спросил он тихо, не веря своим глазам.

Рубашкин тоже выскочил в залу. У ног Романа валялась упавшая на пол почти без чувств жена старика, а Власик перепуганными глазами, весь синий от холода и от усталости, смотрел на кучу батраков генерала, выглядывавших из лакейской.

— Говори, говори, что случилось! — говорил Роман Танцур, силясь поднять жену с пола.

— Ой, батюшки, батюшки! Разорили, погубили нас всех дотла. Дом наш… княжеский дом наш… весь обокраден. Насилу мы сюда к тебе добежали!..

— Дом? Быть не может!

— Весь дочиста обокраден… Замки везде переломаны, кладовая наверху отбита; выпиты и перебиты бутылки с винами, варенье съедено и разлито везде по комнатам. Серебро из шкафов, вещи разные, все пропало, растаскано!

— Кто же это первый узнал? Давно ли это сделано?

— Я первая узнала… Пошла с Власиком наверх крупы на кашу взять; он еще фонарь за мною нес. Я в шубе и он в шубе. Холодно там, и окна, ты знаешь, все заперты ставнями. На лестнице я обо что-то споткнулась; смотрю, твоя старая шуба лежит, а далее по ступенькам две прежние лакейские ливреи. Я замерла от страху, поднялась в верхнюю переднюю, заглянула в залу: по полу везде смородинное варенье накапано. Я в барскую спальню, в гостиную, — замки в комодах отбиты, ящики раскрыты…

— Извините, сударь! — глухо сказал Роман, — видите, какая беда над нами стряслась. Прощайте! трудно-с теперь барское добро стеречь.

Он кинулся в переднюю. Лицо его из смуглого сделалось оливковым.

— Откуда вход воров сделан? — спросил Рубашкин у охавшей еще Ивановны.

— Из саду, с балкона, через окно. Отвинчен болт и по ночам, верно, воры входили не один раз. Рамы выставлены. Они влезали в окно, опять замыкали ставни, делали свое дело внутри и опять тем же концом выходили. Хожено с восковыми свечами. Везде накапаны их следы по полу. Теперь уж полон дом людей. Часовые ночью прозевали. Пропадать, видно, нашим головам, да и только…

Ивановна вышла. Генерал стал к окну во двор. В окно было видно и здесь волнение. Новость поразила всех. Власик бежал вприпрыжку по снежным сугробам из ворот. За ним переваливалась Ивановна. А Роман вдали во весь опор мчался на каурой кобылке к мосту через Лихой.

«Ну, — подумал генерал, — эта кража пророчит что-то скверное. Беглые!.. А как было тихо кругом. Я даже было мирился с жизнью в этой глуши, о девочке стал помышлять, о тихом аркадском счастье сельского пастуха и хозяина. Что же значит этот неожиданный взрыв в такой смирной деревне, как Есауловка? Ну, у меня этого быть не может!»

Он воротился в спальню, заперся и стал ревизовать наличное комнатное оружие.

Приказчик застал весь княжеский дом полным крестьян. Мужички с неподдельным сожалением и грустью похаживали по комнатам и лестницам, смотря на богатые полисандровые, ореховые и красного дерева комоды, шкафы, бюро, столы и шифоньерки, с избитыми проломанными в щепы у замков боками и крышками. Разные вещи, ковры, скатерти, подсвечники и прочее валялись по полу. А запас вина и наливки в кладовой был до капли выпит. Было ясно видно, что воры тут хозяйничали без перерыва целый ряд ночей. По двору толпились бабы. В комнате, в толпе крестьян толкались и дворовые, пастухи, конюхи, музыканты с постоянно пьяным венгерцем. Все тревожно расспрашивали друг друга о происшествии.

Роман вбежал наверх, быстро окинул взглядом залу и гостиную, вскочил в образную, где в особом шкафу хранилось старинное княжеское столовое серебро, увидел и этот шкаф разбитым, ахнул, зашатался и упал на пол, стукнувшись виском о притолок двери. Его снесли вниз в контору. Послали нескольких верховых в стан, в город к исправнику и к главному управителю имения, к французику-сахаровару. Илья с частью мужиков был в поле на вывозке сена. Дали и ему знать. Он прибежал без памяти. Отец его лежал в конторе на кровати с повязанной головой, а его мать и еще какая-то сморщенная старушка крестьянка ставили отцу к бокам пьявки. Отец Смарагд, никогда в жизни никому не бросавший крови, прибежал, покопался в столе Романа, достал оттуда перочинный ножик, подумал, перекрестился и бросил приказчику кровь. Илья застал отца уже вне опасности. Старик лежал еще весь черный и едва к вечеру проговорил, попросив пить.

— Вот, — сказал Илье священник, уходя домой, — не подвернулся бы я, отец твой был бы к вечеру в гробу! Как фельдшера не нанять! Ах вы, душегубы! Князю посылают по три, по четыре тысячи целковых. Не пошли лишних ста целковых, не то что фельдшер, доктор бы сюда наезжал хоть изредка. И моя жена осталась бы здорова… а то лежит вон сколько времени!

— Не наши дела! — отвечал со вздохом Илья, — а вашу матушку все мы жалеем вот как!

Становой приехал к ночи. Сделали законный осмотр ограбленного дома, опросили все село, обошли все избы, клети, погреба и гумна повальным обыском. Послали верховых по соседним дорогам. Допрос мало-мальски подозрительных лиц из своих и соседей длился три дня. Но молодой становой, знакомый нам по делу Перебоченской, уехал, не открыв ничего и узнав только достоверно, что в доме князя случилось такое дело: в кладовой выпиты все вино и наливки и съедено все варенье; а в остальных комнатах инструментом, вроде долота, взломаны все замки; но что пропало, неизвестно, так как и сам приказчик не знал о вещах, запертых там. Разная рухлядь была разбросана по дому, но не украдена; а

140

пропало еще княжеского столового серебра, примерно, тысяч на десять целковых. Это становой внес со слов приказчика, когда тому стало легче. В следующую ночь у генерала Рубашкина из конюшни также нежданно пропала тройка лошадей и хомуты.

Становой уехал, донес обо всем в земский суд, суд в губернское правление; правление о покраже в Есауловке и в Сырте напечатало очень красно в местных губернских ведомостях. Кого-то из обитателей Есауловки, при сем удобном случае, по просьбе Романа, высекли, но не по делу воровства, которого не открыли, а так, более для обстановки. Юноша становой везде поставлял себе за честь действовать в угоду старых хозяев, путем всякого рода устрашений. И только тогда он уехал в стан с бумагами, когда у конюшни в Есауловке десятские растянули по земле какого-то рябого парня и тот более десяти минут под розгами выкрикивал на все лады: «Простите! ой! не буду больше!» крестьяне, принявшие было с сожалением весть о покражах, после этого разошлись озлобленные, пасмурные и дали себе зарок не заботиться более о розысках пропавших вещей.

Через два дня у Рубашкина произошло новое событие: кто-то провертел пол в амбаре и ночью вытащил значительное количество пшеницы.

Пораженный событием воровства, Роман оправился, написал при помощи также озадаченного генерала Рубашкина слезный доклад обо всем князю-барину в Италию, прибавил, что ждет за такой случай либо казни себе от князя, либо кары небесной от бога, хотя сам ни в чем не считает себя виноватым; отослав письмо на почту, снова заколотил вскрытое ворами окно, поправил отвинченный болт, загладил через столяра и слесаря следы воров на мебели и успокоился. Но не был спокоен Илья.

— Черти, это вы! — шепнул он один раз Кирилло, встретившись с ним на улице.

— Нет, это не мы! не я… ей-богу! чего лезешь! — глухо ответил ему недавний его приятель Кирилло.

— Черти! воротите серебро; а не то выдам вас! Разве нельзя было иначе проучить моего батьку, что ли? — сказал Илья, догнав Кириллу и ухватив его за воротник пальто.

— Попробуй выдать, ребята кишки выпустят! Тебе и Рубашкина жаль, что поминутно рабочих меняет? не замай; не твое дело! Да и я говорил с тобой глаз на глаз тогда, свидетелей не было. Землю есть стану, а не признаюсь. Ну, да погоди, и ты не то запоешь, доедут и до тебя…

Кирилло Безуглый стал неузнаваем. Он побледнел, его лицо опухло, он басил и водкой несло от него, небритого и немытого, как из бочки. Не лучше были и остальные музыканты с своим венгерцем. Земляк Кошута, перед тем незадолго, когда становой пересек его музыкантов, разбросал со злобой ноты, взял скрипку, пошел сам в кабак, целый день там играл и пел, угощаемый мужиками, да и закурил. Приказчик этого не замечал, потому что в дела венгерца с оркестром не мешался. Музыканты зашевелились, стали отлучаться по сторонам. Кирилло Безуглый раза два ходил к Фросе, против которой Роман для генерала пустил в ход разные соблазны. Бегство свое с Фросей Кирилло, однако, откладывал. Да и Фрося вдруг стала к нему холоднее, хоть он ее теперь и дарил. Музыканты, как видно, были воры неловкие. Пуская награбленные вещи по частям в оборот, они постоянно по ночам все напивались. Даже есауловские мужики заметили, что в винокуренном заводе у венгерца не совсем ладные дела.

— Эй, братцы, берегитесь, — говорили музыкантам крестьяне, — не донесли бы на вас становому! Что-то вы больно куражитесь.

— Кому донести? Лишь бы не вы!

— Мы-то в стороне; черт с ними, с господскими прихвостнями.

Кирилло замышлял где-то нанять подводу, ночью подъехать в город за Фросей и дать тягу с ней сперва на Дон, а весной далее. Он уже и лошадь нашел, и задаток дал ее хозяину.

Роман окончательно поправился, ходил бодрее; но кража не давала ему покоя, и он всячески над нею ломал голову, приписывая ее то заезжавшим к нему и обсчитанным каким-то однодворцам, то злобствующим на него своим же братьям, крестьянам, то, наконец, сатане.

— Илья! — сказал он однажды сыну, после обедни в большой праздник, — вижу, я был виноват сначала перед тобою, может быть, за то господь и попутал меня! Изволь, я согласен на твою женитьбу на дочке Талаверки. Пиши туда, только осторожнее с ними условься. Может, и я тебя туда провожу, как опять за скотом на Кубань поеду, а ехать, кажется, придется.

Илья доверчиво поблагодарил отца, достал бумаги от священника, чернил и перо и написал к Насте, адресуя пакет на имя каретника Егора Масанешти, в Ростов, письмо такого содержания:

«Многоценная и милая Настенька! Оно, конечно, у вас в Ростове напишут нежнеи и все што вмыслях. Но я помню i прогулки наши i стишки ваши. Ах, Настенька, серце, — все уладилось благодарение богу: хата готова, дворик готовой. Я полочку сделал на стишки ваши, штоб класть книшку; будим сладко жить. Скоро-скоро ждут у нас воли. Избавимся мы от рабства и тиранствия людского и будем вместе свами жить. Я по три дня хожу смиром работать и спахал сосени полторы десятины под хлеб. Кто-то снимать его будет. Должно статся вы Настенька серце. Скажите родителю, у нас великий смут, подлецы одни обокрали барский дом у нас. Ох и вопче тяжко жить на свете, а вособенности безвас. А ночьки-ноченьки те, как мы свами гуляли над Доном! Кланяюся ниско, а когда буду не знаю — именно когда все сполнится. Отец мой одумался и стал добрее. Уже скоро пост и весна. Ваш ниский слуга и любясчой жених Илья Танцур».

Письмо отнесено в город на почту. Адрес на конверте тщательно, для разборчивости, написан за три копейки дневальным почтальоном при почтовой конторе. Уходя из города, Илья в харчевне закусил и здесь вдруг услышал от захожего солдата неясные толки о том, что в ту ночь сделали обыск в кухне одной барыни и взяли в полицию ее горничную, по подозрению в сообщничестве с ворами, по делу какой-то огромной покражи.

«Уж не у нашей ли Перебоченской, — подумал невольно Илья, выходя в поле, — жаль, что не зашел к Фросе узнать вообще про дела; Кирюшка будет ругать! Что, если это Фросю взяли? Успеет ли бедняк Кирилло уйти? Это, правда, не может быть, чтоб он был зачинщиком; кто-нибудь другой...»

Поздно к ночи Илья воротился в Есауловку, подвезенный часть дороги в пошевнях соседним рыбаком. Вошел в улицу: странно. Такая поздняя будничная пора, а огни везде еще по селу горят. Слышался в разных местах в ночной тишине людской говор, раздавались оклики и торопливые шаги. Он пошел садом к барскому двору и остановился под углом дома. Во дворе чей-то резкий и громкий голос кричал:

— Да захвати еще, кстати, веревок; а коли есть собачьи цепи в амбаре, так и цепи захвати.

Опять все стихло. Илья пробрался у стены к калитке из саду. По двору ходили люди с фонарями. У конюшни бабий голос ревмя ревел, глухо причитывая отчаянные сожаления, а изредка и проклятия.

— Эй, кто там волком воет! прибрать ее! — крикнул из-под дома от конторы тот же голос.

— Хома, прогони ее! — торопливо крикнул от амбара десятскому знакомый голос приказчика Романа, отмыкавшего двери.

Илья заметил под забором дрожавшего от холода Власика, без шапки и со спущенными рукавами.

— Ты это, Влас?

— Я... Ой-ой-ой...

— Что у вас тут делается?

— Опять чиновники наехали.

— Зачем?

— Следы воровства нашли; всех наших музыкантов и самого венгерца забрали на винокуренном заводе, на их квартире, и всех вязать веревками хотят.

Илья замер от испуга.

143

— А серебро или другое что не нашли?

— Ох, дядя Илько, все нашли: на барском току под скирдой в землю было зарублено; чиновник этот не то, что становой, точно бес, прямо приехал на ток, подошел там к крайней скирде, сказал: — тут! призвал нашего стоглазого, твоего-то батьку, мужиков заставил отрывать солому и снег, рубить землю топорами, да здесь сразу и нашел узлы с платьем, бельем и серебром. Пишут бумаги теперь.

— А кто это воет у конюшни?

— Кирюшкина мать со слободы.

Илья опрометью кинулся к себе на Окнину, в хату, затопил печь, позвал к себе соседа-мужика и подробно от него узнал обо всем.

— Говорят, — передал мужик, — что это все именно через Фроську узнали; барыня ее давно замечала, что как ни придет в город наш Кирюшка, так девка и навеселе, а Кирюшка в кабаке гуляет; накануне же это она у нее увидела чайную ложечку с клеймом нашего князя-барина. Ну, донесла полиции. А на ту пору в городе по другому делу был тот самый чиновник-грек, что, помнишь, один трех помещиков у барыни Перебоченской одолел и перевязал, как нас с тобою в понятые призывали. Он взял в полицию Фроську, настращал ее, что ли, и допросил; она всех, как дело-то знала, выдала, а грек покраденное тут и нашел.

— Что же она теперь?

— Да что… Попала в город, сейчас пошла гулять с другими; Кирюшку-то она, может, и подвела, коли и он в этом точно виноват. Вон толкуют, что твой батько ее сманивал и к Рубашкину в ключницы… На все мастак, бес стоглазый! Лишь бы угодить сильному человеку…

Илья чутко прислушивался к надворью; ему все чудились шаги, но никто за ним не шел.

— Не потерпел бы и ты, Илько, за них: все знают, что ты с Кирюшкой был дружен, а он, как думают, главный в воровстве и всему зачинщик.

— Бог не выдаст, дядя, свинья не съест; а я тут чист, вот как перед богом.

Илья вздохнул и погасил плошку, провожая за двери соседа.

На другой день он видел, как за сильным конвоем соседних понятых и сотских, под начальством жандармского урядника, из Есауловки в город повезли на трех подводах связанный по рукам и по ногам весь княжеский оркестр, в тулупах и валенках, человек семнадцать. Бабы выли у околицы. Роман вертелся верхом на коне и для порядка непомерно на всех ругался. День был опять морозный, солнечный. Толпа народу смотрела с моста на Лихом на печальный поезд арестантов, поднимавшийся от речной низменности в гору, за Авдулины горы. А далее, по сверкающему в алмазных искрах и ослепительно-белому взгорью скакал во всю прыть пятериком на обывательских, в открытых санях, с казаком и рассыльным солдатом, одетый в голубую теплую бекешу, титулярный советник Лазарь Лазарич Ангел.

События в Есауловке принимали все более и более угрожающий оттенок. Роман Танцур все старался истребовать от Перебоченской хоть сколько-нибудь из своих денег и всякий раз уходил от нее озлобленный. На сына он тоже косо посматривал и почти с ним не говорил. Сам же Илья все тосковал и сгорал от нетерпеливого желания получить хоть какую-нибудь весточку от Насти. Наконец, эта весть пришла. Он получил от нее письмо.

Настя писала: «Пропала теперь вся наша доля, Илюша, пропали и наши душеньки. Помещица наша от кого-то узнала, где мы и что с нами, дала знать в тутошнюю полицию, к нам наехали полицейские, все опечатали, отца таскают, меня таскают и сказывают, что такой есть закон: отца и меня воротят опять под начало нашей былой барыни, а имущество наше распродадут и ей же отдадут деньгами. Голубчик, Илюша, не знаю, увидимся ли еще с — тобою на этом белом свете! Письмо это опять тебе пишет тот булочницын сын. Посылаю письмо через савинского купца, на имя Василия Марковича Комара, что воротился из Венеции в ваши места, а дойдет ли мое письмо, про то не знаю и не ведаю и где тогда мы будем сами!» — «Отец! — подумал Илья, прочтя письмо, и судорожно сжал кулаки, — это он выдал нас барыне, он! Больше некому! Ему я бельмо на глазу… А Талаверка? Бедные, бедные! Теперь уж они пропали!.. пропали навеки! И через кого? Через меня! Господи!»

Он выскочил из хаты.

Дни становились теплые. Из-за Авдулиных бугров, из-за Пугачева горба заметно тянуло весной. С крыш на пригреве солнца капало. Мужички уже принимались справлять плуги и бороны для весенней работы. В чутком воздухе громче отдавались голоса баб и девок, идущих с ведрами по воду. Детские резвые ноги весело бегали по почернелым, обтаявшим тропинкам. Вороны шаловливыми стаями кружились в недосягаемой вышине и, будто падая оттуда, пророчили перемену погоды.

Смутный воротился Роман к ночи из города. Зажег в конторе свечку, велел жене и Власику чаю себе приготовить и сел к столу у окна во двор — сводить счеты поездки в город. Лицо его было сердито. Руки дрожали…

Вдруг с надворья кто-то с силой ударил чем-то тяжелым в оконную раму конторы, прямо в упор против Романа. Окно зазвенело, и стекла посыпались на стол перед приказчиком.

С бешенством выскочил изумленный Роман снизу к выходу из коридора. На дворе было тихо и не видно ни души. Сторожа еще не приходили на ночной караул. В деревне было также спокойно, в хатах кое-где только светились огоньки. «Что за бес разбил у нас окно!» — подумал Роман, быстро вбежал опять в контору, зажег фонарь и вышел с женою и Власиком во двор, освещая место у разбитого окна. Возле фундамента лежало бревно, род полена. Более ничего не было видно. «Хорошо еще, что по раме, а не по моей голове ударил какой-то сатана! Плохие приходят времена!» — мысленно сказал про себя Роман, припер окно ставнею, послал Власика за десятским и сотскими объявить им это и чтоб сторожей они к дому высылали скорее, и хотел было запереться опять в конторе над счетами, но раздумал, снял со стены всегда заряженное ружье и вышел в сад. Едва он ступил за калитку, как за углом дома, у ближних кустов заметил впотьмах какого-то человека. Подошел, окликнул его: Илья.

— Это ты разбил окно, собака?

— Я!

— Убить меня хотел?

— Не я, а другие убьют тебя когда-нибудь, вот что!

Роман кинулся на Илью и схватил его за шиворот. Ружье при этом он уронил.

— Э! С ружьем на меня идете? Дудки!

Илья выбился из рук отца, поднял ружье и отдал его ему.

— Батюшка! Вы Талаверку выдали барыне... Его с дочкой схватили уже в Ростове, разоряют, мучат... Бог накажет вас за это. А коли Настя теперь не пойдет за меня, — знайте, я подожгу вас, барский дом, всю деревню...

Роман закричал:

— Караул, бекетные! сюда! взять его...

С двора послышались шаги. Илья хотел еще что-то сказать и бросился в темные аллеи сада. Роман раздумал его преследовать.

Наутро Роман оделся и собрался было идти к Илье, но встретил у хаты сына соседа-мужика. Мужик перед Романом снял шапку и стал заминаться.

— Что ты, брат?

— Недоброе, Роман Антоныч, случилось! Илья наш опять... полагать должно-с... убежал...

— Как убежал?

— Хата расперта, настужена; одежа цела, а его самого еще с вечера нет в хате...

«А! сбыл!» — подумал Роман и не знал, по правде, что далее мыслить: радоваться или горевать.

# XI

## Воля сказана

«Все теперь пропало! — шептал Илья Танцур, покидая сад, куда на голос Романа кинулись караульные. — Настя схвачена по доносу отца, а тут того и гляди схватят и меня!»

Будь у него в руках ружье, он, кажется, воротился бы и убил бы отца. Он взял узелок с кое-какими вещами, перескочил через канаву. В ушах его звенело. Грудь тяжело дышала. Кругом было тихо и пасмурно. Барский сад в сумерках чернел безлистыми кущами дерев. Холмы вблизи белели еще не растаявшими снежными наметами. По селу кое-где мигали огоньки. Собаки звонко перекликались в Есауловке и за рекой. Где-то раздавался смех парней, чей-то оклик по улице.

Он перекинул узел за плечо и с палкой пошел полем за Авдулины горбы.

Под вечер он взошел у Волги на высоты, с которых влево мелькнула Есауловка, плотнее перетянул старенькую свиту ремнем, нащупал в сапоге деньги и пошел снова к югу. В сумерках с косогора он разглядел верхового, ехавшего вскачь ему наперерез. Ближе — Власик. «Куда ты?» — «А! это вы, дядя! Вас спохватились. Я ездил от попа к Перебоченской! попадье еще хуже. Поп просил лекарства, барыня отказала...» — «А разве она теперь здесь?» — «Тут на хуторе... а знаете еще; ваш тятенька привел к Рубашкину Фросю, и она у него уж чай распивает, разряженная... не дождалась Кирюшки. Прощайте, дядя Илья». — «Прощай...» Власик поскакал...

Илья остановился, долго думал, поглядывая на крыши хутора Перебоченской, что-то нащупал в кармане и залег в овраге. Ночью усадьба Перебоченской вспыхнула с двух концов и долго горела. В соседних селах раздался набат... Илья переночевал в стороне от дороги, в глухой долине между двух лесков, закусил сухарями, напился из каменистой ямы снеговой воды, перекрестился и пошел далее, забирая к Дону в низовые, приазовские места. Переваливаясь через последние приволжские холмы, он вздохнул свободнее, пошел тише и стал ночевать уж на постоялых дворах и у мужичков по редким встречным хуторам.

«Господи, матерь божия! несите мои ноги! — шептал он, идя вперед, — дайте мне встретить Настю, отбить ее из неволи и убежать с нею!» Он останавливался у этапных зданий, у сельских острожных изб, где ночуют колодники, расспрашивал, кого можно, не провели ли такого-то каретника с Дона? Но еще никто не мог ему ответить о Талаверке и о его дочери.

Замелькала снова знакомая даль и ширь, удалая воля, те южные степи и долы, те тихие, пустынные холмы и овраги, которые северным и срединным русским людям, еще с сказочных времен, постоянно в горьких думах о домашних невзгодах мерещатся кисельными берегами и молочными и медвяными реками, где бабы на живых осетрах белье моют, а на месяц да на звезды, вместо гвоздей, его сушить вешают.

А вот и Дон, старый батюшка Дон Иваныч, кормилец восточного казачества. «Где же моя-то пташка! — думал Илья, — закована ль с своим отцом в цепи, или еще на воле в Ростове? Когда б еще захватить их... Все бы рассказал. Уйдем за тридесять земель».

В Калаче Илья остановился, чтобы отдохнуть, высмотреть лучше путь, просушить намокшее в дороге белье и спуститься в Ростов. У пристани грузился буксирный пароход. Илья пристроился в самом глухом углу, между всякою клажею и рухлядью, у кормы. Сердце его сильно билось. Он так бы и полетел в обгонку куликов, бакланов и уток, сновавших у парохода, когда тот миновал главные, опасные летом и осенью песчаные перекаты и пошел вниз по Дону.

На пароходе был разнородный люд: казаки и ярославские плотники, караван татар, ехавших в Ростов, а оттуда через Стамбул, на богомолье в Мекку, и немцы-колонисты, затеявшие усладиться побывкой на родине, через тот же Ростов, Одессу и Дунай. Жид-фокусник стал тут же показывать фокусы; итальянец-скульптор, ехавший из Астрахани, разложил кучу разных фигурок и предлагал их желающим купить. Какая-то казацкая помещица, счастливая маменька взрослого сынка, жаловалась вслух, сидя на чемодане и кушая с сынком то булочку, то пряники, что дорого жить стало на свете и что рабочие выбились из рук.

А пароход плыл и плыл далее, ночуя у одиноких войсковых станиц или у рыбацких пристаней и перевозов.

Тянулись обрываемые мутными водами и затопленные по маковки верб и дубов луга и песчаные бугры, рыбачьи землянки; между ними — стада овец, выгнанных на первые весенние травы; взлетающие там и здесь стада гусей, уток и пеликанов. У берегов стали являться обширные бревенчатые станицы с высокими церквами, лавками и торговыми площадями. Замелькали синие чекмени, красные лампасы шаровар и сабли казаков; кое-где у станиц, по отвесным каменистым горам, отражавшим с весны солнечные лучи, чернели рядами жерди и колья, уже увитые полными прядями виноградных лоз. По крутым тропинкам с коромыслами на плечах шли, в красных и черных шапочках, черноглазые, с русыми косами, казачки.

У какой-то донской станицы с войсковым окружным правлением,

двумя церквами и школою на берегу, пароходик поддало течением к камням, и он простоял с час на мели.

Мальчик, сын донской помещицы, успел в это время с другими подростками сбегать на берег, в город за орехами.

— Отчего в городе звонят, разве праздник завтра? — спросил кто-то, когда пароход вновь отчалил.

— Волю читали сегодня в церквах, — ответил мальчик.

— Про волю? — пронесся гул в толпе; слушатели теснее сгустились вокруг мальчика.

— Кто тебе наврал об этом? Ах ты, негодяй… Вот уши опять нарву! — кричала маменька.

Мальчик не унялся и все рассказал. Товарищи поддержали его слова.

Сильно откликнулась эта весть в сердцах слушателей. Илья… Надо было взглянуть на него!.. Он замер и едва переводил дыхание.

«Боже, боже! — думал он, — где и через какого вестника пришлось услышать мне и остальным тут людям давно желанную весть. Хоть бы скорее в Цымлу или в Аксай приехать. Тут опять пойдут глухие деревеньки; все равно в них не добьешься ни о чем толку».

«Недаром наш пароход к камням там прибило! — толковали другие путники из озадаченных, пораженных донельзя и радостно потрясенных помещичьих крестьян, — это господь нас причалил туда, чтобы мы эту весть услышали дорогой; недаром мы провозились у берега, намокли в воде и назяблись».

Перебирали десятки мнений и предположений, вновь приступили к мальчику, но он мало объяснил им. Путники с замирающим сердцем высматривали с барки: скоро ли мелькнет еще какая-нибудь большая прибрежная станица. Душа Ильи разрывалась от мыслей, что сталось с Талаверкой и с его дочкой и в чем состоят огненные, небесные слова этого манифеста о воле? Илья ушел в глубь палубы и стал молиться. Его примеру последовали и другие. День был ясный, тихий. Солнце ярко катилось по небу. Пароход, пыхтя, плыл вдоль пустынных берегов.

А благовестное слово о воле, наконец, действительно прилетело и на юг и громко раздавалось тут в то время, как первый пароход из Калача плыл вниз по Дону с Ильёй Танцуром и с другими его путниками. Эта весть открыто и урывками, верхом на казацких скакунах и в почтовых конвертах и сумках, подвигалась вперед далее, в города, войсковые станицы, казачьи и помещичьи села и в одинокие хутора и деревушки. Эту весть несла людям южная весна, на обтаявшие горы, на воскресшие синеющие долины, через затопленные еще в половодье степи и вдоль шумных, мутных и рокочущих рек, вместе с этой вестью ломавших льды, мосты, плотины и всякие гати и затворы.

— Скоро ли Цымла?

— Скоро ли Аксай?

— Скоро ли Ростов? — допрашивали старого лоцмана, хмурого Лобка, нетерпеливые путники, томясь на пароходе.

— Скоро, не высохнете еще, не убудет вас! — отвечал сердитый лоцман, — потерпите...

Выплыла, вся в знаменитых виноградных садах по скалистым ребрам окрестных гор, веселая Цымлянская станица. Народ празднично двигался по берегу и издали махал пароходу платками... Подплыли: громкое ура! и незнакомые люди бросились друг к другу, поздравляя всех с действительно прочитанною волею.

«Неужели же теперь все-таки Талаверку будут тягать? — размышлял Илья, — нет! верно, он отныне на свободе! Коли воля, так воля всем. Ну, а если его все-таки возьмут?.; Тогда надо освободить его. Последние деньги отдам, еще достану, сторожей упрошу, умолю, а уж их вызволю, да и убежим. Его дом, нажитой, заочно после продадим... Что жить-то здесь?»

Народ на пароходе шумел, ликовал.

«И чего они радуются? — злобно шептала помещица-казачка попадье, — еще перепьются и потопят нас дорогою, водка здесь дешева...»

Народ, однако, не перепился; пароходик благополучно двинулся далее... Узнанные более подробно вести передавались в отдельных кружках на палубе. Илья слушал, расспрашивал, но не радовался.

«Что-то с Талаверкой, с Настей? — думал он, — может быть, эта воля сказана терпевшим, покорным, а мы ведь беглые, бродяги... мы сами раньше срока взять себе захотели эту волю... Помилуют ли нас, мучеников?»

На утренней заре одного из следующих дней на пароходе крикнули: «Ростов, Ростов...»

Илья встал, с грустью взглянул на свою затасканную одежу, наставил ладонь к глазам, узнал Нахичевань, а версты через три далее виднелся в тумане Ростов, вздохнул и перекрестился.

Вскоре путники сошли на берег и простились друг с другом и с хмурым лоцманом Лобком.

«Куда теперь идти, кого спрашивать?» — подумал Илья, сходя на берег.

Местность была хорошо знакома Илье. Многие его здесь знали, и он пошел глухими переулками в город, кое-как оправив свою затасканную одежу и обувь. Не таким бледным, исхудалым, небритым, немытым и нечесаным он покидал год назад этот самый берег и эти оживленные площади торгового донского городка.

Илья Танцур шел быстро и незаметно очутился на углу той улицы, где жил год назад каретник Талаверка. С замирающим сердцем он остановился у перекрестка, откуда был виден дом Талаверки. Улица была по-прежнему пустынна и тиха. Илья затаил дыхание, пересилил себя, прошел мимо знакомого дома и ужаснулся его тишине и запустению. Он все еще надеялся, хотя и слабо, что их не взяли… Чтоб взглянуть на этот дом яснее, он зашел издали с другого конца улицы; потом обошел соседними кварталами в улицу, где двор Талаверки выходил заднею стороною в подгородные обширные огороды. Илья направился в огород, который снимал дед Зинец, оброчный обыватель одной глухой азовской деревушки.

Дед Зинец, лет под семьдесят, худой, длинный, сгорбленный и с белыми, как пух, волосами и бородой, сидел в это время на рогожке перед куренем и дрожащими пожелтелыми руками разбирал бобы и другие семена для посева. Его соломенный курень стоял под навесом акаций и только что окинувшихся цветами черемух. Кругом шли свежие, недавно вскопанные гряды огорода. На курене была раскинута рыбачья сеть, которую Зинец от скуки взялся кому-то оснастить. На дворе было тепло и тихо. Южное солнце грело отрадно старые кости. Худые руки и впалая, изможденная годами грудь деда были точно бронзовые от не сходившего с них загара. От белой чистой рубахи и какой-то важной, точно апостольской, кудрявой его головы, с седыми нависшими бровями и широкой бородой, эти бронзовые руки и грудь казались еще более темными и худыми. Илья, живя год назад у Талаверки, не раз видел Зинца и говорил с ним о своей судьбе. Зинец всегда был мрачен, нахмурен, как будто не узнавал и не помнил людей, с которыми встречался, не любил шуток, не любил много разговаривать и, несмотря на старость, отлично вел свое дело. Исчезая неизвестно куда с осени, он являлся рано весной, снимал опять это место, нанимал поденщиков, обрабатывал его, берег его целое лето от больших и малых воров, продавал выгодно сбор, чуть передвигая ноги, относил к своему мнимому помещику оброк, получал от него паспорт и на зиму до новой весны скрывался опять. Одни говорили, что он зимует тут же в городе у своей кумы, горемычной и убогой солдатки; другие — что зимой он постоянно хворает и живет у каких-то раскольников-рыболовов. Никто не знал, откуда Зинец родом и также для кого собирал он остатки от огорода и вообще от своих заработков. Знали только, что он с невыразимым нетерпением и более всех жадно ожидал объявления правительства о воле, о которой тогда начинали все говорить. Сидя у куреня, Зинец видел, как в огород вошел Илья, как он, сурово озираясь, прошел между пустыми грядками, склонился через забор и стал осматривать опустелый двор Талаверки. Дед наставил к глазам ладонь, бросил семена и начал размышлять, кого бы это судьба занесла сюда? «Ни души! — думал между тем Илья, — вон кузницы, где ковали оси и шины, вон крыльцо и галерея дома… Туда входила Настя… Вон угол амбара; там в осенние длинные вечера мы часто сидели с нею… Вон окно ее комнатки… Пусто, ни души… Что сталось с ними? Неужели?…» Илья оглянулся, оправился и тихо подошел к Зинцу. Дед узнал тут его сразу, но продолжал перебирать бобы, будто не видя его.

— Здравствуйте, дедушка.

— Здравствуй. Что тебе?

— Узнали вы меня?

— Что-то не помню. Чего пришел? Дай на тебя прежде посмотрю…

Илья поклонился.

— Дедушка Зинец! будьте милостивы. Скажите, куда девали вашего соседа?

Голос Ильи дрожал.

— Запрятали к бесу. В остроге сидит… вот что!

— В остроге? Быть не может… господи!

— Сидит с ним в остроге и его дочка, — прибавил дед, посматривая ласково на парня.

Илья помертвел и зашатался.

— А тебе-то они на что? — спросил Зинец.

— Настя — моя невеста… Будто вы меня не узнали? Я Илья Танцур… Помните?

— Невеста? так это ты, Илья? — спросил Зинец, грустно щурясь на Илью и осматривая его обрюзглое, заросшее волосами лицо, подбитые сапоги и порванную одежду, — опять воротился из своих мест?

— Скажите же на милость, когда и как схватили каретника?

Зинец покачал головой.

— Слушай да помни, что я скажу тебе… Каретника выдали, выдал свой же брат земляк, какой-то христопродавец… Он знал, как добить его, и добил ловко, очень ловко… нечего сказать. Много лет я тут сижу на огороде, много годов знал Талаверку… Спокойно он жил тут, как пришел с дочкой из Молдавии. Все считали его молдаванином, и я сам ничего этого не знал. Вдруг получили тут в полиции бумагу из его настоящих мест. Нашлась, видишь ли, брат, его барыня… Кому-то захотелось крови его выпить. Ну, и выпил! По той бумаге сейчас наскочила на него полиция, хвать за его паспорт, а он поддельный. Из Букареста отписали, что никакого Масанешти там и в заводе не было… Пошли допросы… В кандалы его и в острог… Да недолго он просидел там, тут же от горя и заболел… Горячка, что ли, с ним сделалась! Настя за ним убивалась, ходила, оберегала. В бреду он и стал кричать, да и выкричал всю правду: назвал и эту барыню свою и село, откуда он и почему бежал… Тут, как выздоровел он, его и уличили. Теперь сказывают, он во всем сознался; его имущество положили продать, а деньги и его самого с дочкой переслать по этапу к его барыне.

— Как к барыне переслать? К этой Перебоченской, по этапу?

— Да, к ней именно! Сказывают, что кончают теперь последние

бумаги, его дом торгует тут один купец, все остальное уже распродано и скоро его поведут в наши места. Да что! Почитай, что он рехнулся, совсем как дитя стал, все плачет, качает головой, смотря на дочку, и пищи почти не берет. Ведь ты тоже из его мест? Ты знаешь его барыню?

Зинец с той же грустью посмотрел на Илью, ноги которого подкашивались, хотя он и не выражал ничем своей жалобы.

— Дедушка! Все я вам скажу… можно видеть его, Талаверку-то… в остроге? Я столько верст прошел пешком, проехал, чтоб только увидеть их… Можно его видеть?

— Что ты, что ты! Теперь уж тебя туда не пустят. Он в секретной.

Илья упал в ноги Зинцу.

— Дедушка, — вопил он, наконец, рыдая, — разве вы не знаете? все вам скажу… Каретника я выдал, я христопродавец, душегуб. Иуда каторжный! Я, жених его дочки Насти…

— Ты? — спросил Зинец, теперь догадавшись, кто был невольной причиной гибели каретника, и заморгал кустоватыми бровями.

— Именно я… Только не так, как вы можете подумать. Не по воле я душегуб! Сам Талаверка послал меня домой, чтоб я землю выхлопотал, двор себе устроил. Я воротился домой к отцу. А отец у нашего князя уже приказчиком. С первого дня у нас пошли споры. Он тянул меня в контору, в дворовые, а я к миру просился. О Талаверке и о его дочке я проговорился сгоряча моей матери. Я не знал того, что, чуть разбогатела и стала приказчицей, она пить начала, да… извините… в пьяном виде, должно быть, и сказала про все отцу… Тут у нас по соседству вышло дело тоже. Выехали чиновники к этой-самой барыне, к Перебоченской. Я попал случайно в понятые. Ну, господам поблажки я не дал… Что теперь мне делать, дедушка? Куда идти, кого просить, как спасти Талаверку? — спрашивал Илья, в безнадежном отчаянии смотря на старого огородника, — я и денег достану! Подкупить нельзя ли сторожей в остроге, чтоб дать им бежать? Отбить нельзя ли их в дороге, когда их поведут инвалиды по этапу? Я на Дешевку пойду! Подговорю отчаянных людей…

Улица, где был огород, выходила за город. Кругом было тихо, грядки еще пусты. Мышь иной раз шелестела в сухой траве. Ни один звук не доносился через ограду к куреню, у которого сидел костлявый рослый дед, а перед ним, с воспаленными, заплаканными глазами, измученный, исхудалый, позеленевший от тоски и горя, бился о землю Илья Танцур.

— Что тебе делать? Нельзя ли их отбить? — спрашиваешь ты. Нельзя ли их освободить? — говорил как бы сам с собою Зинец, смотря в землю, почесывая широкую белую бороду и иссохшую, впалую грудь, — слушай, никому я этого не говорил, а тебе скажу. Дело твое пропало навеки! Да, пропало. Но слушай! Все мы несчастны, да не все одинаково злую долю казним. Никто про меня не знает… Ох… мало уж мне жить на свете осталось… Забудь, что я тебе скажу… Много лет назад и я был крепаком, значит, подвластным панским холопом… Бежал и я, как ты, недаром. Мне было тогда тридцать лет, как я убежал из своих мест, и вот я почти сорок лет в бегах… Отец мой кучером нанимался; ну, и меня тоже кучером положил сделать. Отец мой у отца нашего барина недолго служил. Барин у него отбил жену, выходит, мою мать, да и увез ее в другое имение и в наложницы взял. Отец терпел-терпел, да раз выпил, охмелел и заколол ножом при всех своего хозяина. Упал барин под ножом хмельного батьки, упал, и дух вон… Всполохнулся народ; село все сбежалось… Я был еще маленький. Помню, как бледного моего отца сперва связали, а потом заковали и за большим конвоем в город повезли. Да он и не противился: сам сдался и во всем признался. Я жил тогда во дворе на кухне, у булочницы… Тут, погодя, и мать мою покойницу из другого имения привезли… тоже закованную… Ну, отца наказал палач. Смутно я помню въезд суда в наше село; отца наказывали среди улицы! Сослали его потом в Сибирь; с той поры навеки и слух о нем пропал. Я тем временем вырос; меня часто брали в комнаты с сыном покойного барина играть. Рос я и ничего не понимал, а там я и кучером к нему нанялся. Молодой барчонок наш затеял жениться. Я его любил и на свадьбе его был главным кучером. Родились у молодого барина двое детей, сперва дочка, потом сынок… Жена его была писаная красавица… Тут и я вскорости посватался на нашем селе за одну девушку… Ох, Ильюша… Помнишь? Я сказал, что пошел в бродяги-то… на тридцатом году. Именно на тридцатом я и посватался… Любил я свою невесту, Ильюша… крепко, без памяти… вот так, как ты свою… Барин стал часто ездить в отлучки, в городе по выборам определился, а там начал и меня посылать в разные посылки, да все с долгими поручениями: на неделю, на две… Никак-таки не удается все свадьбы моей сыграть… Ну, пришла осень… Родные моей невесты корят меня. Раз возвращаюсь я из барыниной деревни, говорят, что мою невесту барин перевез в другое имение и случайно ли, нарочно ли, только именно в то самое, куда и его отец увозил мою мать… Я стал людей расспрашивать: те смеются, шушукают. А повар Тришка и говорит мне, что барин давно с барыней не ладят, что из-за того, верно, и мою невесту он отличил, послал ее в булочницы учиться в другую вотчину и сам туда следом поспешил… тут и помутился мой ум, заныла моя душа… И то же самое сделал, что и мой батько, да только не при всех. Эх, лучше не говорить… Да почти с той поры вот и состою в бродягах и, пока жив, не вернусь уж в свои места…

— Год назад, — продолжал старик, едва переводя дух от волнения, — все вы, даже те старики, сапожник и квасник, затеяли идти обратно к господам; один я остался. Не верил я тогда этой воле, не верю и теперь. На моем веку это уже в пятый раз суетятся. Вот-вот скажут волю, ждешь, кинешься спрашивать: одни выдумки. Воля та, когда сам ее взял. А так ее не дадут... знай это...

— Как не дадут, когда дали?

Зинец горько покачал головой.

— Дали? ты ее видел?

— Сказывают.

— Золотая? На золотой бумаге?

— Нет, говорят, на простой.

— Ну, так не верь... Может, дали и золотую, да паны с попами спрятали, а теперь нам дают подложную.

— Что же делать?

— Жить в бродягах, в бегунах — зверьми жить, вот наша доля... Увидишь, все опять уйдут, хоть и воротились домой.

— Так, так! — шептал Илья. — Господи! А если и взаправду эта воля, что теперь народ радует, не настоящая, если нам земли даром не дадут, Талаверку силой к барыне пошлют, что тогда нам делать, дедушка? Что?

Дед опять покрутил головою.

— Что делать? Тогда, сынку, одно: либо покорись и нищим заживи дома с Настею и с ее отцом, либо нож в руки да ведра два доброго кипятку из котла...

Илья с холодным ужасом взглянул на Зинца. Дед сидел, добродушно поглаживая бороду. Последняя надежда на спасение Талаверки исчезла в Илье. Он впервые почувствовал прилив неугасимой мести к своим губителям, Перебоченской и отцу.

— Я уже с барыней Талаверки на пути посчитался кое-чем! — сказал Илья.

— Поджег ее?

— Да, поджег ее хутор... Не знаю, что было дальше.

— Жги, Ильюша, и бей их. Не найти нам спасения нигде. Последние годы земля доживает, и антихрист скоро меж них народится. Что смотреть теперь и ждать!

— Нельзя ли, дедушка, достать тут вольных листов этих, или книгу, что выдают за царскую?

— Не стоит и не хлопочи. Дворяне и в ней вырвали те листы, что против них там написаны. Один тоже наш землячок видел такую книгу: она не прошнурована, без царских печатей и даже не сшитая; бери каждый лист прочь, коли не по сердцу...

Илья молчал, становился покойнее.

— Ну, ступай же теперь, Илья, — сказал старик, — с горя поброди возле острога, да не попадись. Приходи завтра в эту пору; потолкуем, со мной же не оставайся.

«Коли все для меня пропало, — подумал Илья, — так не пропадет для других. Талаверкина барыня и мой батька поплатились и еще поплатятся...»

# XII

## На что решиться?

В первые дни по приходе в Ростов Илья ничего не добился о каретнике. Через острожную прачку он только узнал, что Талаверка вынес горячку и теперь еще не оправился. Илья стал шататься по городу, изредка нанимаясь в поденщики. В винных погребках шла гульня, гремели бубны, наигрывали скрипки и с заморскими матросами и шкиперами плясали девицы легкого поведения. А Настя не выходила из головы Ильи. Он придумывал сотни средств увидеться с нею, увезти ее из острога. С каждым из пирующих он хотел об этом посоветоваться. Кругом же не о том толковали. Прежние разговоры о торговле, о море, о приходе и отходе судов смешались с толками о новом законе. Передавались тысячи предположений. Говорили не стесняясь. Радость черни о воле быстро сменилась мрачными слухами.

— Нас надули, обманули! Настоящий закон спрятан. В настоящем законе — земля нам давалась даром и помещиков гнали прочь.

Так говорил, между прочим, в одном погребке бессрочный солдат.

Илья, бывший под хмельком, встал, припер дверь погребка покрепче и подошел к солдату.

— Ты, дядя, не врешь?

— Нет.

— Побожись, а не то кишки выпустим!

— Коли врет, отчего же не выпустить, — подхватили другие.

— Ну, божись?

Выпивший солдат побожился.

— Я царский, стало быть, что мне врать!

— Однако, ребята, штука! — сказал Илья, — и я тоже слышал; надо оборониться! Говори, что еще сказывают?

— Говорят, чтоб рук не давать ни на что, ни на какие бумаги.

— Отчего же?

— Подведут. А за дачу рук сказано такое наказание: какая деревня даст руки на согласие чиновника или своим помещикам, так от синода будет велено семь лет там не крестить, семь лет не венчать и по семи дней не

156

хоронить каждого мертвого, чтоб даже издали всем пахло, как душегубное село. А кто один из села пойдет против всех, того позволено прямо хоть из ружья застрелить, как собаку.

— Ну так штука! — сказал опять Илья, — слышите, братцы? Обман!

— Как же это царя-то обманывают? Нешто он не знает?

— Знает, да терпит, — смело решил солдат, — и послал он повсюду дозорцев; на них, говорят, и царские знаки есть, а какие — про то я не слышал...

— В чем же они ходят?

— Мало ли в чем: иной одет монахом, другой разносчиком, третий ямщиком, а четвертый, как и я, солдатом...

Толпа гудела в погребке, как в улье рой пчел, пригретый весенним солнцем.

Илья расплатился и вышел, пошатываясь, в другой погребок. Там говорил за пустой бутылкой донского какой-то пропойца-чиновник.

— Слышите, ребята, — сказал Илья входя, — нас обманывают: закон поддельный!

— Ничего не принимать, ни на что не соглашаться, ничего не подписывать — это так! — подхватил и чиновник, — кто даст еще на бутылку, последнее слово скажу!

— Что же это за слово? — спросил Илья.

— Собирайтесь в кучки, толкуйте, высматривайте, и чуть кто вас обманул, обухом в голову — и баста. Книга новая вся из клочков, страницы перечислены в ней разным ладом, она без переплета, с вырванными листами и без царских печатей.

В ушах Ильи звенело. Голова его ходила кругом. Далеко за полночь он ушел за Дон и лег спать в овражке, под косогором. Солнце уже стало сильно припекать, когда он проснулся и зашел опять на Дешевку закусить и выпить спозаранку, чего прежде не делал. Накануне сторожа в остроге обещали ему доставить свидание с Настей и с отцом ее за десять целковых. Переговоры шли через острожную прачку, жившую в слободке под городом. За двадцать целковых ему обещали даже отпустить Настю на несколько часов ночью из острога. Илья сосчитал ночью деньги: налицо было всего шесть целковых с мелочью.

Где еще достать денег?

Илья долго стоял у берега под хлебным магазином города и думал: время уходит, денег мало, станешь работать, попадешься, а видеться с Настей надо... Ему был хорошо знаком этот пыльный и оживленный Ростов. Он взошел на крутой берег к источнику, над магазинами.

По огромному разливу Дона по-прежнему плыли барки и расшивы; сплавлялся плотами лес. В гирла к Азовью и обратно шли пароходы; клубился дым, раздавались голоса лоцманов: «руль к берегу», «молись», и рабочие, скинув шапки, вслух молились и крестились на восток. Влево по берегу, по горе и внизу, шли ветхие лачужки предместья. Двухколесные бочки медленно тащились от источника с водою в город. По крутым тропинкам сбегали с ведрами бабы и девки. По улицам двигался озабоченный, будто бегущий куда-то народ. Турецким душистым табаком пахло везде. У источника город еще был тих. А туда далее, к площадям, прохожий поминутно слышал говор разных языков: слова итальянские, греческие, французские, татарские и украинские. Вдали за рекой, на том боку, на низменной стороне сверкал громадный залив Дона и виднелись в тумане отдаленные слободы и станицы. Там были чисто степные картины: беспредельность гладких лугов и полей, которых зелень и ясность переходили мало-помалу в голубые краски и сливались наконец с туманом небосклона. По зелени первых луговых трав тянулись, пересекаясь, обозы чумаков с солью, с хлебом и с лесом и подгородные фуры с сеном. Внизу, правее, были оптовые магазины с сибирским железом, а там опять хлебные греческие и итальянские магазины. Работа с наступлением весны в последних шла самая спешная. У крылец на шестах были растянуты, в виде исполинских навесов, полотняные пелены. Под ними кишмя кишел наемный люд поденщиков; хлеб «перелопачивался», рассыпался по другим пеленам, сушился, очищался на грохота и подсидки, насыпался в мешки и тут же грузился внизу на барки. Работники носили хлеб, бабы и девки зашивали мешки, отгребали пыль и сор. Везде раздавались веселые шутки, смех и песни. Заработанная цена платилась по количеству работы, а не поденно.

«Да что же я стою? — подумал Илья, — надо работать! надо достать двадцать целковых и поскорее». Он пошел в город.

У греческой кофейни толкотня: маклеры стоят на улице и шепчутся о ценах, о кораблях, об Италии. Издали развевается флаг над домом какого-то консульства. Напрасно гремят из окон рояли. Напрасно мелькают модные соломенные шляпы, ленты, цветы и платья. Напрасно звучит итальянская или французская речь. От пыли нет сил дышать, нет сил пройти.

Дед Зинец посоветовал Илье наняться к греку Андрококи пересыпать пшеницу, а ночи спать для предосторожности за городом. Так Илья и сделал. Прошло более недели. Работая из всех сил, Илья рассчитал и сообразил, что завтра в его кармане будет двадцать целковых. Всячески угождая товарищам, чтоб его не выдали, он каждый день уделял часть денег на выпивку. Накануне расчета с хозяйским приказчиком он опять пошел в кабак за Дон. Дешевка на этот раз была особенно шумна и полна народом. Сотни голосов у прилавка кричали: «Водки!» Сотни рук тянулись к шинкарю-разносчику с пустыми штофами. Одни ели, другие пили и плясали. Тут были бабы и девки, писаря и дьячки, матросы и лоцманы, чумаки и солдаты. Много честного народа, пропившего последнюю копейку, и немало воров и развратников, способных на все из одного желания покутить и закрутить буйную голову. Полиция сюда близко не заглядывала благодаря приношениям откупа. Все здесь гуляло и веселилось нараспашку.

— Танцур! Танцур! Илюша! меня угости! — крикнул отставной старичок аудитор из кантонистов, слывший в числе постоянных посетителей Дешевки за благородного, — что, брат? Твоего каретника доехали?.. К барыне на земельку посылают? Отбей невесту и так живи с нею без венца! Что твоя и венчанная, как по доброму согласию.

Аудитор, в качестве чиновника, был в зеленом шелковом на вате архалуке, в военной фуражке и подпоясанный красным клетчатым платком. Он сидел на крылечке харчевни, между столбов, подпиравших навес, и, свеся ноги с крыльца, на разостланном носовом платке, ел вареных раков, печенку и соленые огурцы.

— Здравствуйте, ваше благородие! — сказал Илья, не без удовольствия и сам принимаясь закусывать.

— Угости, душка; всю правду скажу…

— Какую правду?

— Про твоего каретника.

Дух у Ильи замер.

— Не верь ему, парень; все врет, мы его давно знаем! — отозвались другие, — так, совсем пропащий человек, брехун!

Илья, однако, угостил аудитора.

— Ну, что ты там знаешь?

— Видел твоего каретника в остроге. Все плачет, рвет на себе волосы, кричит, что его разорили, убили; дочку жалеет, идти к своей барыне не хочет.

— Когда же их погонят домой?

— Коли хочешь повидаться, спеши; поведут через два дня.

— А как поведут?

— На Черкасск.

Илья решился утром выпросить у грека расчет и отнести деньги через прачку сторожам.

— Да ты не хочешь ли новый закон о воле прочитать? — спросил аудитор.

— А у тебя есть? Дашь?

— Есть, дам за три целковых прочитать. Приходи вечером ко мне. Только читай его тайно, чтоб никто не видел.

Илья дал аудитору из прежних денег три целковых, получил от него перед вечером книгу положений о воле и решился прочесть ее в ту же ночь, в ожидании расчета с греком. Для этого он положил уйти за город в глухую лощинку на Мертвом Донце, где он знал когда-то мельника, жившего там отдельным хутором. Уже ходил слух, что чтецов нового закона преследуют в иных случаях, и книгу положений о воле грамотеи из черни читали тайком.

Солнце еще было высоко, когда он большим мостом перешел через Дон и отправился за речку Темерник. По взгорью здесь было раскинуто село, по народному прозвищу Бессовестная слободка. Домики и хатки слободки, точно куча камешков, кинутых из горсти как попало, торчали тут без всякого порядка, лепясь по обрывам, сползая к реке или взбираясь на маковку взгорья. Эта слободка селилась сама собою под городом, когда еще мало обращали внимания на то, кто сюда приходил и селился. Она селилась без всяких справок и разрешений. Дух смелости и доныне тут царил на всей свободе. Все проделки против полицейских уставов в городе начинались отсюда. Тут жил аудитор, давший Илье книгу о воле. Здесь же была избушка и той прачки, через которую Илья надеялся увидаться с каретником и с Настей. Аудитор промышлял уже несколько недель новою книгой, раздавая ее из-под полы на прочтение за деньги. Илья спрятал книгу под свитку и шел без оглядки, поспешая к ночи в лесок знакомого хутора, где не раз прятался от ростовских облав на беглых.

Скоро он спустился в долину Мертвого Донца и завидел издали кучу верб, садик и знакомый дом рыболова. Спустясь по каменистой обрывистой тропинке в долину, Илья заслышал шум воды, сбегавшей из ключевого пруда к колесам утлой водяной мельнички, и пошел к ней, спрятанной за вербами. Хатка рыбака была построена на выдавшемся каменном ребре утеса, из которого било множество светлых и студеных ключей. Она как бы висела на воздухе, отделяясь кустами терна и диких вишен от пруда. Когда лучи солнца в упор освещали с юга это ущелье, пруд и вербы, между которыми с тихим и вечным шушуканьем сбегала к мельнице в провале лишняя вода, в прозрачных струях пруда отсвечивались напущенные туда пестрые, с голубыми спинами, осетры, серебряные востроносые стерляди, беломраморные тупорылые сазаны и вертлявая тарань. Сюда порою наезжали из города охотиться в камышах долины на лисиц и поесть свежей икры и ухи богатые купцы. Тогда хозяин сажалки подходил к пруду, закидывал веревочную петлю, или прямо на железный крюк подхватывал из воды осетра или стерлядь; кровь била из свежей раны на крюк, рыба распластывалась, из ее теплых внутренностей вынималась икра, протиралась сквозь решето с солью и тут же, еще теплая, присыпанная перцем, съедалась за бутылками цимлянского. Сюда же в ближний лесок на долине собирался и простой люд из города потолковать в зелени деревьев о своих делах и выпить дешевой водки. Хозяин сажалки с весны редко был дома, ловя по окрестным затонам рыбу. Илья спустился в лощину, пробрался в лозы, забился в такое укромное место, откуда никто не мог видеть ночью огня, разложил в овраге под крутизной костерок, сел у огня и развернул книгу. Он перекрестился и поцеловал давно избитую и зачитанную книгу.

— Господи боже, благослови нам всю правду узнать! — сказал Илья и начал читать.

Губы его слипались, во рту сохло, глаза горели, дрожащие руки несмело переворачивали листы. Долго он читал. Язык законоположений и в особенности его великорусские выражения были не под силу его пониманию. И потому ли, что сам Илья вообще туго понимал смысл читаемого, или так уже он был настроен общими толками тех мест и лиц, с которыми его теперь сталкивала судьба, только в строках книги, без всякого умысла и с полным чистосердечием, он находил вовсе не то, что в ней действительно было. Ничто не мешало чтению. Старый холостяк, хозяин сажалки, дома не был. Тихо прошла темная весенняя ночь. Чтению книги вторили сотни соловьев. Какие-то другие птицы шныряли кругом в камышах и в лозах, поминутно перепархивая и пугливо налетая из темноты на огонь. За Донцом всю ночь раздавалось порывистое, горячее ржание лошади; это жеребец пасся там с косяком кобыл, грызя их и загоняя то в камыши, то в лозы. Где-то в темной вышине прозвенели золотыми трубами, несясь вереницею, журавли. У пустой хатки рыбака, возле сажалки, пропел несколько раз горластый петух. Лягушки неугомонным хором стонали вдали в каком-то укромном болоте. Начинало светать. За Мертвым Донцом явственно забелела полоса зари. Встал туман. Подуло по верхушкам лоз. Ветви верб заколыхались. Кто-то ехал вдали в лодке по Донцу, вероятно, с ночного лова рыбы, сперва затянул песню, а потом крикнул: «Стецько!» «Че-е-го?» — отозвалось ему еще дальше, и эхо разнесло отклик в разные стороны. «Кончай! пора!» «Чую!» — откликнулся голос. И все опять стихло.

— Кончил и я! — сказал сам себе Илья, дочитав последнюю страницу книги положений о воле.


## XIII

### Вести из острога и из дому


Илья встал, хотел помолиться и не мог. Странный рой мыслей встал в его голове: приказ отбывать барщину, то есть, как он понял, отбиваться от барщины, свое мирское управление и рядом с этим соображение, что в книге листы вырваны и что она вообще подложная.

«Поспешить разве опять домой? — подумал он, — я дал слово миру все открыть, не утаить ничего! Они ждут меня, надеются. А Настя?»

Что-то затрещало невдалеке за лозами. Стали слышны чьи-то шаги. Илья оглянулся, к нему пробиралась осторожная прачка. Он пошел с ней.

— Что ты, тетка, как попала сюда?

— Ох, бедняк ты, бедняк. Спозаранку кинулась следом за тобой, видела, как ты вчера с вечера заковылял сюда; ну, да и аудитора про тебя расспросила… Ох, беда, беда новая стряслась над тобою.

— Что? узнали, ищут меня?

— Хуже… Ох, уморилась; знала, что утром пойдешь к греку за деньгами, чтоб уладить, повидаться тебе с суженой-то твоей. Ну… а Талаверка-то горемычный не вытерпел всех горестей, всего разорения…

— Ну?

— В эту ночь в остроге на вьюшке повесился. Сегодня и похоронят его. Сама видела.

Илья, как стоял перед прачкой, так и упал лицом в камыш.

— Ах, ты бедный мой, бедный, что с тобою делать! — взвыла прачка.

Через два часа Илья и прачка подошли к подгородной ростовской слободке. Найдя аудитора, Илья отдал ему книгу и сказал:

— Через два дня жди меня в кабаке на черкасской дороге: здорово угощу!

Прачка сказала Илье:

— Иди же к греку, бери деньги и приходи вечером к острогу; не увидел каретника, так хоть дочку теперь его увидишь. Ручаюсь тебе, паренек.

Илья пошел из слободки к Дону и оттуда в Ростов. Он был сам на себя не похож: точно встал в тот день из гроба. Не доходя к Дону, он остановился. Трубы города издали дымились. Из-за Дона несся веселый колокольный звон. Был какой-то праздник. «И на похоронах-то его не дадут быть, нельзя! — подумал Илья, — зароют его как колодника, да и мне как идти? Еще узнают, тоже свяжут…» Получа деньги с грека, Илья целый тот день тоскливо толкался по базару, по погребкам и по харчевням. Несколько раз он подходил к стенам острога, заглядывал в железные решетки окон, заговаривал, как бы мимоходом, с часовыми, но ничего не мог он узнать про Настю, и нигде в окне не мелькнули ее белое лицо и русые косы. Он даже невольно прислонился к острожному забору, как бы пробуя его крепость. Народ весело толпился по улице возле острога. Все гуляли, празднуя весну. Сторожа-инвалиды у ворот курили трубочки и тоже весело поглядывали на гуляющих.

Стемнело. Прачка сдержала слово: взяла у Ильи деньги, отвела его к обрыву над Доном под стенами острога, велела ему там дожидаться и ушла.

— Я несу с дочкой белье в острог и, коли все удастся, дочку оставлю на время там, а к тебе сюда приведу Настю.

Илья сел впотьмах на камни между хлебными магазинами.

Город стихал. В остроге огни погасли. Зорю давно пробили.

«Нет, не пропустят теперь никого из острога», — решил Илья и замер.

Впотьмах раздались шаги.

— Настенька!

— Илюша!

Только и могли проговорить Танцур и дочь каретника. Они отошли к стороне. Прачка, утираясь передником, тихо всхлипывала, поглядывая на них.

— Скорее, скорее! — шептала она, — не погубите меня, коли пропало ваше счастье.

— Уйди, тетка, не стой! — сказал Илья.

Прачка ушла за магазины.

— Настя! уйдем! что ждать долее?

— Нет, Илюша, не погуби этой бабы; мы уйдем — она пропадет, ее засудят.

— Когда вас ведут под конвоем? говори, я отобью тебя.

— Послезавтра. Ох, страшно: ведь нас солдаты с ружьями будут провожать; не осилишь, убьют тебя — будут стрелять по тебе и по твоим товарищам.

— Была не была! Хоть два дня, да мои будут. Отниму тебя; меня не знают в глаза конвойные, а начальство здешнее не догадается, кто отбил.

Настя стояла молча, обняла голову Ильи и горячо его поцеловала.

— Илюша, не затевай этого, приходи лучше и ты домой, там повенчаемся, станем жить хоть в бедности, да вместе.

— Нет; коли ворочусь домой теперь, так не для того. Настя! отец твой меня считал виной всей вашей гибели... Из-за меня он... душу отдал бесу...

Настя молча рыдала. Илья рассказал ей историю измены его отца.

— Неужели простить ее или батька моего за то, что они крови вашей напились, что отец твой без покаяния повесился из-за них, а ты от богатства нищею и голою пойдешь по пересылке с колодниками? Не бывать этому!

Настя ухватила Илью за руку и прижалась к нему.

— Не допущу, чтоб ты шла под конвоем: вольные воротимся. Всем дана воля, а ее только от нас прячут.

— Илюша, да лучше подожди, воротись, и я скоро буду дома. Приди, попроси меня у барыни, посватай сироту.

163

— Чтоб я просил тебя у этой барыни? ни в жизнь. Мы теперь вольные.

Прачка кинулась из-за магазина со словами:

— Прочь, долой, идут!

Илья побежал в сторону.

— Прощай, Илюша! — шепнула Настя.

— Жди меня за Черкасском.

Прачка увела Настю обратно в острог, а Илья пошел к Зинцу. Дед спал в курене, Илья его разбудил.

— Вставай, дед, да раскошеливайся, давай денег.

Зинец глянул спросонок. Кругом огорода было тихо. Голос Ильи звучал непривычною грубостью и злостью. В его руках была большая палка. Зинец струсил. Место было совершенно глухое.

— Что ты, что ты, парень? с ума сошел, какие у меня деньги?

Илья покачал палкой.

— Слушай, дед; разбойником я не был, воровать тоже не воровал. Ну, а вот вам бог свидетель… не дашь денег — отниму; станешь кричать — убью!.. что мне! Да что и тебе: жить-то недолго осталось.

Дед, ворча и охая, встал и начал возиться, будто что отыскивая, поровнялся с Ильей и вдруг кинулся на него, стараясь сбить его с ног, и закричал: «Караул, бьют!» Голос его странно отозвался в глухом закоулке.

— Шалишь! — ответил Илья, сгреб старика, как ребенка, связал его же поясом и положил у куреня. Дед замолчал. Илья кинулся шарить в курене. «Нет, это, видно, недаром! — подумал Зинец, лежа ниц к земле, — он иначе не решился бы так со мною поступить».

— Илья! — сказал он вслух.

— Что?

— Под бочонком в углу, под соломой, мешок с сухарями лежит, — нашел?

— Нашел.

— Развяжи: на дне деньги лежат.

Илья, достав деньги, сказал Зинцу:

— Не прогневайся, дед, как разбогатею, отдам! — развязал его и ушел.

Через два дня, рано утром, из городского острога, под конвоем пеших и конных инвалидов, двинулся по пути к северу длинный строй колодников, скованных попарно. Гремел барабан.

Этап вышел за город и двинулся степью к Новочеркасску, чтобы, сделав там привал в крепком казацком остроге, направиться далее по донским станицам. Тут было немало беглых, которые было нагрели себе в Ростове такое теплое и уютное место.

— Вот она, воля-то! — сказал Илья, провожая с другими колодников.

— А что? — спросили его из толпы.

— Да ничего! Я говорю только: вот она, прочтенная-то нам воля!

— Обожди, паренек, — отозвался какой-то купчик, — долее ждали; все объяснится.

— Жди, сват, пока живого съедят! а мы ждали-ждали, да и жданки поели! — сказал Илья, нырнул в улицы и скрылся.

Перед грустным отрядом колодников замелькали каменистые бугры Дона, курганы, стада курдючных овец, каплички у ключей в оврагах и скачущие вдали табунщики. Вон, в стороне извив голубого Аксая, а вот на голой и лысой горе, обдуваемый со всех сторон ветром, Новочеркасск, домики с воздушными крылечками и с резными галерейками вокруг стен; чистые, пустые и сонные дворики, цветы на окнах, шапочки на головах женщин, страшная пыль, безлюдные тротуары, громадный начатый собор среди главной площади, чиновный люд при саблях, в шпорах и в синих сюртуках; учителя музыки и словесности при саблях и шпорах, мирные секретари правлений также.

Илья знал, когда поведут колодников. Накануне он особенно кутил в кабаке за Доном, угощая кучки самых отчаянных головорезов и буянов. На другой день у них было положено собраться тайно в поле, в овраге за Нахичеванью. Боясь, чтобы дед Зинец не одумался и не решился его отыскивать, он прятался и не входил в город. Но он случайно забрел к одной пристани, где готовился отойти пароход в Таганрог и далее. Ожидая рокового отхода колодников, Илья в последний раз присматривался к суете шумного городка.

У пристани он заметил кучку людей, игравших на берегу в орлянку, в ожидании отчаливания парохода. Он подошел к этой кучке, стал сам глядеть на игру и вдруг остолбенел. Перед ним стоял, одетый матросом, один из музыкантов в Есауловке, скрипач Ванька. Ванька также узнал Илью. Они улыбнулись друг другу, отошли к стороне и там крепко обнялись.

— Какими судьбами? — спросил Илья.

— Волю прочитали и у нас…

— Ну?

— Ничего с той воли не вышло, я и решил дать тягу.

— Куда же ты?

— В Турцию, брат!

— Как же ты это едешь?

— Э, как! Были еще деньжата, ну, все и сварганил. В матросы взяли, а в Одессе пересяду в трюм какого-нибудь англичанина, да и дальше, в Турцию… А что твоя невеста, Настенька, от которой я тебе отсюда письма представлял? Жива, здорова? Что каретник, ее отец?

Илья все рассказал. Ванька покачал головой, сходил на пароход, который уже пыхтел и разводил пары.

— Ну, Илья Романыч, пароход уйдет еще через час! мы успеем и выпить и побеседовать на прощанье. Пойдем в кабачок. Тебе горе, выпьем.

— Что дома у нас? Что нового! Говори.

Знакомцы пошли опять за мост.

Ванька ударил себя по лбу.

— Ах, я дурак, простота! И забыл! Тебе много нового. С этого надо было бы начать.

— Ну, говори, говори скорее.

— Малый, вина! Слушай. Во-первых, как только прочитали нам эту волю, народ сильно запечалился! Ждут тебя, вот как. Прошли слухи, что воля не та. Учителя Саддукеева помнишь?

— Как же не помнить; к нему я насчет жены отца Смарагда ездил. Ну?

— Выгнали его из этой гимназии. Я заходил в город и слышал это. В день отставки, с горя ли, или так, он заснул, забыв в спальне погасить свечку. Загорелась сперва, видно, занавеска на окне, а потом весь дом. Он с детьми и прислугой едва выскочил, в чем был. Весь двор сгорел. А это только и было его имущество.

— Бедный, бедный! Эк у нас пожаров-то! Где же он теперь?

— Рубашкин принял его к себе в управляющие. Только, слышно, прижимает в жалованьи Саддукеева, хоть тот ему и самый-то Сырт предоставил. Насчет пожаров тоже. Хутор Перебоченской сгорел! Да что, она живучая: опять строится. А про жену попа Смарагда слышал?

— Что?

— Померла вскоре после твоего побега.

Илья перекрестился.

— Господи! вот все какие несчастия! Жаль, жаль его…

— Что жалеть! Он теперь счастливее тебя со мною.

— Как так?

— Видно, при жене только и крепился отец Смарагд. Чуть умерла, он куда-то, сказывают, написал, за ним явилась тройка, он забрал детей, что осталось утвари, да и уехал без вести. Иные толкуют, что где-то наверху за Волгой, в вятских лесах, в раскольничьи попы передался, рясу нашу скинул, надел простой зипун, да так им и служит по-ихнему; а другие — что его схватили и он в Соловки угодил, сослан…

Илья вскочил.

— Вот не ожидал я этого! В какой-нибудь месяц… Что же его взманило, не понимаю?

— Как что? У нас, с доходами-то от мужиков, он получал всего целковых полтораста в год; а там посадили его сразу, говорят, на три тысячи целковых. Надоело бедствовать-то. Ведь от бедности и попадья его померла.

— От кого это ты знаешь?

166

— Наш дьячок сказывал. Теперь у нас на обе церкви один поп, отец Иван старый.

— Ну, а что ж наш мир? Что наши православные?

— Тебя, Илюша, ждут и невесть как. Иди скорее туда, не мучь их. Прочитай им все по совести. Тебе верят.

— По правде? так это говорят?

— Ей-богу.

— Ну, так я же им теперь все прочту и объясню. Многое я тут узнал из того, что прежде и не снилось.

Илья допил вино и ударил по столу. В это время раздался звонок на пароходе. Ванька выскочил из кабака.

— Прощай, Илюша! Когда-то опять увидимся?

— Прощай, Ваня! Должно быть, на том свете.

— Да, — шепнул, уже с лестницы парохода скрипач, — еще одно забыл: тебя велено схватить, как воротишься домой…

Ударил третий звонок. Ванька взошел на борт, колеса зашумели, и пароход пошел книзу, в гирла.

Через день Ростов взволновался. Прошла весть, что близ Черкасска в степи, под вечер, на этап с колодниками было сделано нападение шайки бродяг; солдат осилили, освободили всех арестантов, расковали, и те разбежались без вести. В числе убежавших была и Настя Талаверка.

Илья с Настей, скрываясь в оврагах и лесах, дошел до Калача, там ночью переправился через Дон на рыбачьей лодке и пошел по Волге по пути к родному околотку. Но войти в Есауловку он не посмел.

— Ну, люди добрые! — сказал Илья, войдя на бугры, с которых была видна Есауловка, — вы ждали меня; теперь я пришел. Пришел на счастье свое и ваше, или на погибель вам и себе. Долго мы ждали воли и дождались! — В сумерки он вошел в хутор Терновку, где жил знакомый ему старик сапожник, и там решился устроить себе временный привал.

— Мужик вздорожал! Настоящая воля пришла! — сказал он, входя к старику с Настей.


# XIV

## Сельский агитатор


— Агитатор, агитатор, в нашей губернии новый Стенька Разин, новый Пугачев! — говорили помещики по деревням, куда вскоре воротился

Илья, — ведь это было их гнездо. Тут они действовали и семена бросили после себя.

— Неужели? Где? Как? Когда?

— На днях, на Волге, в заброшенном и глухом закоулке; он из Есауловки, дворовый человек князя Мангушки, а избрал себе притоном соседний хутор Терновку.

— Что же он пока делает, чем себя заявил?

— Его народ давно уже наметил; он два раза был в бегах. Малый смышленый, грамотный и воротился теперь опять из бродяг, чтоб, как говорит, добиться чистой воли. В Терновку и в соседние с ней овраги с мая месяца теперь сходятся толпы черни. Этого парня уже молва провозгласила пророком. У него же завелась и своя пророчица, тоже беглая девка тамошней помещицы, которую он добыл где-то этою весной. Их не венчают, и они живут так себе открыто, как муж и жена.

— Что же народ?

— Парень этот овладел всеми, отменяет везде барщину, собирает поборы на расходы для мирских дел, рассылает по окрестностям возмутительные письма. К нему верхами и на тройках съезжаются совещаться из других уездов и даже губерний такие же вожаки. И долго этого никто не подозревал, хотя все чувствовали какое-то сильное влияние на умы крестьян в том околотке. Даже отец этого парня, есауловский приказчик, живя от него в десяти или пятнадцати верстах, целый месяц ничего не знал о новом приходе сына и его укрывательстве в Терновке…

Да сперва и трудно было заметить влияние отдельных лиц. Все были взволнованы, все потерялись — и крестьяне и дворяне.

Весна кончилась.

Весть о воле пронеслась во все концы; сорвало старые плотины и мосты, и все унеслось навеки шумными волнами могучего половодья. Поля окинулись зеленью. На Волге опять замелькали сотни пароходов. Народ задвигался у ее берегов. Леса и байраки зазвучали птичьими голосами. Холмы и бугры подернулись голубыми туманами. Орлы зареяли над долинами и заклектали на столетних дубах. Освобожденный пахарь повел первую вольную борозду. Первое дуновение воли по селам и хуторам принесло осязательные льготы переходной поры: безусловное увольнение от барщинных повинностей стариков, девушек и мальчиков подростков, увольнение дворовых, которые по ревизии числились в крестьянах; свободный брак, отмену ночных караулов, уничтожение добавочных сборов с крестьян и первые намеки на жалованье дворовым. Не все добровольно решились сразу дать эти льготы. Освобожденные мальчуганы явили множество лукавых демонстраций и в раннюю пору недолгой весны не шли на работу за самую выгодную цену. За ними явились демонстрации горничных и должностных лиц из крестьян. Мгновенно опустели целые дома и усадьбы. Умеренные смирились, зная, что ловкий кормчий на практике может обойти всякие подводные камни. Радикалы старого закала подняли крики и вопли.

— Слышали вы? — кричали одни, — многие помещики ездят уже сами кучерами, а помещицы стряпают себе обед?

— Нет, не слышали. Кто же это?

— Михаил Павлыч, Федор Ильич, жена Ивана Юрьича! В Есауловке у князя Мангушки мужики самовольно, чуть прочли им манифест, запустили свой скот в барские луга по Лихому и выбили их в несколько ночей так, как вот эта ладонь.

— Ах, мерзавцы!

— В Конском Сырте у генерала Рубашкина соседние мужики в саду срубили ночью пять лучших берестов и липу на боковой аллее... Слушайте дальше! Везде только и слышно: мужики рубят леса, выбивают овцами и скотом поля и луга, вытравляют даже яровое и озимые всходы хлебов. У губернского предводителя на крыше дома в деревне поймали трех мальчишек. Они, верно, пробирались в трубу, чтобы обокрасть дом, как то случилось в Есауловке прежде, а становой, подлец, решил, что они лазали за воробьиными гнездами. Но печальнее всего история с тем же Рубашкиным. Он в первый день велел наемному кучеру запрячь лошадей к церкви, а кучер напился пьян; генерал вышел во двор — ни души; все батраки до обеда засели в есауловском кабаке. Он за ворота, — а за воротами бродят без пастуха его шпанские овцы и все перемешались, бараны с матками и ягнятами. Что же бы вы думали? А? отвечайте!

— Сам запряг беговые дрожки и поехал за кучера?

— Именно, угадали! а овец поручил было пасти горничной девушке, живущей у него за экономку; но и тут вышла беда! та разобиделась и затеяла отойти от него.

Бывший тут юноша, из либералов, рассмеялся.

— Так, по-вашему, это вздор? вздор? — закричал рассказчик.

— Разумеется, плевое дело. Эка мученики! — заметил либерал, — раз в жизни самому в деревне запречь лошадь. Подумаешь: развенчанные Наполеоны на острове святой Елены! Людовики шестнадцатые в цепях!

— Я продолжаю! — яростно крикнул рассказчик, — я продолжаю о Перебоченской.

— А! — крикнул либерал и захохотал, — о Перебоченской, о сей человеколюбивой волчице, с надпиленными ныне когтями? Продолжайте, нам приятно!

Рассказчик, в котором читатель, вероятно, узнал сменного некогда предводителя, защитника Перебоченской, оторопел от злобы и негодования; но, чувствуя, что и у него шальное время пообточило зубы и надрезало когти, смолчал, набил себе трубку папой-крионом, затянулся до тошноты, улыбнулся, и, пуская дым, продолжал мрачным и сдержанным басом:

— Господа, наше сословие распадается, гибнет! Но что сталось с этой бедной Перебоченской? До чего ее унизили, разорили! Я не узнал ее, воротившись из высылки в другое мое имение.

— Как так? — спросили слушатели.

— Вы знаете, я всегда к ней был особенно расположен. Изгнанная из Сырта, она продала дом в городе и переехала было к себе на хутор, думая извернуться, прикупить еще земельки и повести хозяйство. Разместила она людей по избам; одних из них поставила в батраки, других — в должности к дому. Тут еще воротили ей из бегов несколько человек ее бродяг, каких-то двух баб из Астрахани, парня-кузнеца из Москвы. Дело же наше по доносам Тарханларова затихло по случаю манифеста о воле. Что же бы вы думали? Тут явился этот наш доморощенный агитатор, зашел из Терновки к ней на хутор, и как вы, господа, полагаете? объяснил всем ее людям разные статьи положения по-своему. Те сговорились да на днях бросили ее двор и ушли все до одного в свои батрацкие избы, требуя земли, волов и, вместо дворовой службы, трехдневной барщины мужчинам, а двухдневной — бабам, так как они числятся крестьянами!

— Что же! Это по закону! — сказал либерал, — а вы думаете как?

— Но посудите о Пелагее Андреевне, о ней посудите! — кричал бывший предводитель, будто не расслыша последних слов, — плотники бросили ее столярню, где ей кресло делали; кузнец-парнишка бросил кузницу и также требует поставить его на хлебопашество, то же самое и с бабами: и те бунт затеяли. А о девках нечего и говорить...

— Что же красные девушки? — отозвался либерал, хихикая, — их бы этак розочками посечь, репяшками, и дело в шляпе, усмирились бы.

— Представьте, — продолжал рассказчик еще мрачнее, — все девки Перебоченской сговорились и вдруг... бросили ее в одну ночь. Одни бежали к овцам, другие к женихам, в батрацкие хаты и в соседние имения; ушли в служанки, швеи, кухарки, прачки и кружевницы. Даже представьте — верная Палашка и та бросила Перебоченскую и ушла в город с каким-то солдатюгой.

— Ай, батюшки! Что же она не требует девок! — спросил либерал.

— Бедная Пелагея Андреевна из сил выбилась. Звала всех обратно, становому жаловалась, новому предводителю. Ничто не взяло. Не те люди теперь стали... Да-с! И представьте... сама теперь есть себе варит, кухню перевела в дом, сама стряпает и горькими слезами обливается. Два раза даже посуду сама мыла и воду, сказывают, черпала из колодца во дворе. Просто Содом и Гоморра!..

— Странно! — отозвался либерал, — отчего же эта барыня не прибегнет к найму посторонних людей?

Отставной предводитель остановился среди комнаты и с грустной улыбкою посмотрел на всех слушателей:

— Слышите? Она? Прибегнет к найму? Да это кремень-женщина с характером древних героев. Она скорее погибнет от всяких огорчений и обид, чем уступит хоть крупицу своего достоинства! Она — честь и украшение своего сословия. А считать легко в чужих карманах. Отчего не нанимает? А зачем вся эта перемена? Нам служили и работали даром... Поневоле потеряешься... Вон наш патриарх, Борис Николаевич! Ведь не вынес. Шестьдесят лет хозяйничал, сидя в кресле, приказания раздавал и не верил толкам о воле. А приехал становой с манифестом, он как встал с кресла, зашатался, грохнулся об пол и дух вон! И таких жертв у нас немало-с...

Либерал подошел, посвистывая, к окну. Хоть санкюлот в душе, но в то же время сам богатый человек, он позволял себе вообще быть спокойным и не стесняться. Его ненавидели, но боялись и даже порою заискивали его расположения.

— А Палашка, Палашка, — возглашал рассказчик, — эта верная, преданная служанка!

— Ну? — отозвались некоторые.

— Представьте. Как ушла с солдатом в город, да и не возвращалась долго. О ее измене в особенности скорбела Перебоченская. И что же бы вы полагали? На днях к крыльцу ее на хуторе подкатил с бубенчиками тройкой тарантас. Кучер с павлиньим пером. На гривах лошадей ленты. Из тарантаса вышли молодые, разодетые: девка и солдат, прямо из-под венца. Это и была-с... была сама Палашка, с своим суженым! Чуть Палашка с мужем вошла в дом к ней, солдатюга и брякнул: «Сударыня, позвольте у вас взять сундук с вещами и с платьем моей жены». — «Какой сундук? — спросила Перебоченская, — у нее ничего этого и в заводе не было!» — «Как можно, сударыня! — отозвалась Палашка, — я новому предводителю стану жаловаться! Мало вы над нами издевались! Голодом нас морили, без белья целые годы водили. Я у вас два года на свои деньги обувалась. Я ли вам еще не служила?» Перебоченская на это вскрикнула, зашаталась и упала в обморок... Вот до чего мы дожили. Скоро чернь заберет страшную силу, благодаря своим коноводам...

— Не верю!

— Не верите? мы зато верим и все понемногу обзаводимся оружием, револьверами и прочим.

— И этому не верю!

— А это что? — спросил оратор, вынимая из кармана револьвер.

Хозяин дома, где шел этот разговор, тоже вынул пару каких-то еще

171

дедовских пистолей, притом заряженных. «Так и сплю теперь! нельзя!» — прибавил он, отошел к двери и еще там показал в углу палку, с потайным стилетом в пол-аршина.

В других местах толковали несколько иначе. В уездном городе, в доме исправника, удаленного было от места вскоре после истории Тарханларова с Перебоченской, но потом оправданного и вновь допущенного к должности, собирались все недовольные из старой уездной партии. Тут, между прочим, велась большая карточная игра и разговоры об эмансипации шли, попеременно прерываясь восклицаниями.

— Дама бубен. — Плие! — Шестерка! — Атанде! — Убита! Пожалуйте денежки.

Как-то раз, когда игра между помещиками была особенно сильна, кто-то спросил:

— А что, господа, слышно про есауловского Пугачева? Говорят, скверные вещи в уезде у нас происходят!

Исправник оставил карты.

— Да, именно скверные. Я уже десять рапортов послал губернатору. Но ведь вы знаете теперешнее время.

— Кто же, кто коновод беспорядков в нашем уезде? добились вы толку?

— Долго я не понимал, в чем дело, и, наконец, уразумел... В окрестностях Есауловки, как по чьему-то таинственному мановению, весь народ окрысился, как один человек... Положение толкуют по-своему; отказываются от добровольных сделок с владельцами. Здесь сегодня обидели барыню! Смотришь, за сорок верст в тот же день выругали барина, а за пятьдесят исколотили чуть не до смерти приказчика. Коновод-то есть, господа, да крылья нам подрезаны, завелись мировые посредники; я пишу губернатору, а он говорит: пусть прежде посредник похлопочет. Да-с... Вот, когда что посерьезнее случится, тогда другое запоют...

Что касается до слухов, то исправник действительно не ошибался. И долго еще помещики тревожно толковали между собою и сообщали, что вот, вслед за возвращением своим из Италии, владелец Есауловки, князь Мангушко, испытал какое-то сильное оскорбление от своих былых подчиненных, что это дело разбирал уже местный посредник, но что на сходке и того сильно оскорбили крестьяне. Что по уезду пронеслось имя Ильи Танцура, сына есауловского приказчика, что генерал Рубашкин, сойдясь с князем Мангушко, ночевал как-то у него, и на них ночью было сделано что-то вроде покушения на убийство, и при этом Илья, вместе с Кириллом Безуглым, чуть было не поймался.

Губернский город, наконец, узнал о событиях того уезда в

подробностях. Илью Танцура уже прямо называли коноводом всех своеволий крестьян.

— Новый Стенька Разин! Стенька Разин появился у нас! — передавали с ужасом друг другу обыватели губернского города, где, как водится, жизнь своих же уездов понимали менее жизни иного города Ботофаго на Рио-де-Жанейро.

— И в тех самых поволжских местах, где действовали Пугачев и Разин! — добавляли другие. — Есауловка их гнездо!

— Что же слышно о нем? Каков он и как зовут этого агитатора? — допытывались дамы.

— Илья Танцур; он сын приказчика в Есауловке. Говорят, что он в косую сажень ростом, съедает по целому барану и выпивает чуть не по ведру водки. А наружностью так сущий Пугачев: окладистая черная борода, ястребиный взор и ожесточен, как сам Емелька. Наконец, правда ли, нет ли, а уверяют, что, скрываясь в хуторах за Авдулиными буграми, науча всех и принимая депутации, он объявил себя пророком…

— Быть не может! Пророком? Как Магомет? — спрашивали, замирая от страха, дамы.

— Именно, как Магомет! Народ к нему идет на поклонение, он сидит за столом перед книгой о воле, всех допускает к руке, красная лента у него через плечо. По ночам он развратничает, а днем решает сомнения всех, кто к нему приходит. Говорят, что отцы ведут к нему дочерей, мужья жен, а братья сестер…

Дамы с ужасом затыкали уши и поднимали глаза к небу.

— Вся подкладка его характера, — пугливо ораторствовал какой-то приезжий в кабинете губернатора, — вся личность этого Ильи Танцура — двойник Разина. Это тот же меч божий! Как он нагло оскорбил посредника и как хладнокровно заколол станового! Чужие страдания его забавляют; великодушие ему незнакомо.

— Ну, — перебил губернатор, — становой жив.

— Пусть жив. А посредник?

— От посредника я еще ничего не получал: видно, надеется и так успокоить околоток; а мешаться мне пока не позволяют инструкции…

— Все так, все так. Но этот коновод — зло опаснейшее… Он уже устроил прямые и непрерывные сношения с окрестными губерниями; сорок пять уездов уже в его руках. Ему несут хлеб-соль, сборы денег…

Губернатор встал. Он давно был встревожен и раздражен, давно хотел принять какие-то меры, но чем-то все стеснялся, чего-то боялся, ждал. В последнее время он сильно присмирел, часто сидел над бумагами, мягче встречал посетителей, заботливо советовался о разных намерениях с людьми опытными, с людьми старого порядка, с местными практиками, преклонялся перед временем, хоть и ворчал на Петербург. «Э… в виде нищих — сюда никто не приходил; а об есауловских делах, однако, надо подумать серьезнее!» Он позвонил, позвал своего секретаря.

Вошел румяный и щегольски одетый молодой человек в очках, из правоведов. В его руках была пачка газет.

— Насчет Есауловки от посредника еще ничего нет?

— Ничего-с…

— Странно!

Губернатор стал медленно ходить по кабинету.

— А вы как полагаете? Проделки этого, как его, Ильи Танцура, пустяки, что о них посредник умалчивает и все еще не сдает дела местной полиции? Согласитесь сами: влезть на балкон, на трубу; не может же быть, чтоб приказчик это сочинил!

— Осмелюсь доложить вашему превосходительству, — начал молодой человек, поправляя очки, выпрямляясь и стараясь придать себе как можно более достоинства, спокойствия и благородной смелости и откровенности, — до меня дошли еще другие, более важные слухи… Известный-с итальянский агитатор Гарибальди через своих эмиссаров давно уже старается взволновать Венгрию, Грецию и славянские земли в Турции… Ну-с, по секрету объявляют, что его портреты с недавнего времени в громадном количестве привезены, как слышно, через азиятскую Россию, на Кавказ, а оттуда в Крым, на Дон, и сюда, в низовые губернии…

— Как, вы полагаете, что между Гарибальди и нашими местными мятежниками есть солидарность? Это забавно!

— Имею ясные подозрения, — продолжал совершенно спокойно секретарь.

— О, это уж слишком! — перебил губернатор.

— Очень рад, ваше превосходительство, что на ваше сомнение могу отвечать фактом. Везде, по Дону и здесь внизу, по Волге, с весны еще народ ожидает со дня на день прибытия некоего гетмана Загребайлы… Понимаете-с? Загребайлы… Это и есть Гарибальди! Этот гетман Загребайло, по толкам народа, теперь за морем, пока освобождает, дескать, итальянцев, потом побьет немцев и турок, освободит славян… а там…

Губернатор остолбенел…

— Надо принять строгие меры, — сказал гость-помещик, — иначе после не расплатитесь…

— Вот вам и должность наша! — решил губернатор, расставя руки. — Что нового в газетах?

— Везде толкуют о крестьянских мятежах, о насилиях, упорстве…

Губернатор позвонил. Вошел жандарм.

— Поезжай, попроси господина Тарханларова ко мне. Надо действовать! — сказал губернатор уходящему гостю, — что делать, не мы виноваты.

Не успел губернатор успокоиться, как к вечеру к его квартире подъехали разом два нарочных верховых с пакетами от станового и от посредника. В обоих пакетах доносилось о новых беспорядках в Есауловке и в окрестностях и испрашивалась присылка войск.

## XV

### Князь Мангушко также, наконец, воротился

Что же в это время сталось с Ильей Танцуром? В Есауловку весной, с первою навигацией, через Триест, Дунай и Одессу воротился, наконец, старый князь Белоконь-Мангушко. Живя зиму в Италии, на берегу моря в Генуе, князь занимался живописью, ходил в кофейни читать газеты и болтать о политике, волочился за шляпницами и цветочницами, носил костюм двадцатилетнего юноши и несколько лет сряду копировал масляными красками дюжинный ландшафт какого-то туземного артиста из римлян и ждал только новых денег из России, чтоб переехать в Сиену, где, по слухам, жил другой артист, бывший в моде по случаю рисования в особом, однако, виде обнаженных женщин. Ни из киевских имений, ни из Есауловки денег, однако, не приходило. Князь как-то зашел в мастерскую своего учителя-живописца и вдруг услышал от него такую новость: «Tiens mon cher, prince! Вы читали una телеграмму из России?..» — «Какую?» — «Ваши serfs, ваши рабы, освобождены, наконец, одним росчерком пера… Ваш император издал третьего дня в Петербурге великую хартию свободы двадцати миллионов ваших крестьян». Князь кинулся в кабинет для чтения и в маленькой местной газетке действительно прочел в телеграмме, переданной из Петербурга в Париж, извлечение из манифеста о крестьянской воле. Читальная зала библиотеки была полна. Более сорока угрюмых лиц, уткнувшись в итальянские и французские газеты, хранили мрачное и красноречивое молчание. «Русские!» — подумал князь, и под его ложечкой почувствовалось легкое давление. В тот день он не ходил гулять в общий сад, даже не обедал и выпил множество шипучей воды. На другой день, вместо артистического визита в Сиену, он сосчитал последние деньги, скромно выехал в Триест и через две недели в каком-то отставном мундире, вместо недавней художнической куртки, сурово стоял в Киеве в соборе, попав туда случайно на один официальный праздник и на молебствие, причем, впрочем, ему дали место в кругу губернской знати. Киевские имения не улыбнулись князю. Доходы оттуда были давно исчерпаны за год вперед. Он поспешил в Есауловку, так как незадолго перед тем в ней произошла известная кража в доме и ожидалась большая сумма за продажу партии пшеницы, скопленной приказчиком Романом в несколько дешевых лет.

Князь явился в Есауловке как снег на голову. Дом найден в порядке, хотя был не топлен. Наскоро протопили и освежили сперва две-три комнаты. По совету Романа, к соседу в Конский Сырт поскакал гонец, с записочкой от князя, что тот просит у Адриана Сергеича Рубашкина позволения с ним познакомиться, приехать к нему и на первое время дня четыре или более погостить у него. Рубашкин поспешил к князю, увидел перед собою сморщенного, но розового, сладенького, изнеженного и веселого, с белыми волосами, старичка. Рубашкин его разглядывал. У князя весьма подозрительно дрожали нежные ручки; голубые, небесные глазки были несколько мутны; во время походки одна нога будто отставала от другой, а голова порою сама собой покачивалась, как у алебастрового котенка. Старики нашли друг в друге много общего и тотчас сошлись, даже пустились в откровенности. Оба оказались одинаково либеральны, считали, что лучшие из дворян продали свое сословие, и, хихикая, решили, что теперь остается им только перепрыгивать с одной льдины на другую, спасаясь в общем наводнении, и только, пока есть огонь в душе, развлекаться насчет женщин.

Князь Мангушко переехал в есауловский дом. Явилась наемная прислуга. У конюшни показались молодцеватые конюхи. У кухни задвигалась бочка с водой, запищали под рукой повара невинные куры, взревели телята и овцы. На поварских столах бойкую дробь забили над котлетами и паштетами вновь отчищенные ножи. Наемный из города лакей развесил возле крыльца платья барина. Приказчица Ивановна, ни жива, ни мертва, суетилась в буфете. Роман Танцур выбивался из всех сил, чтобы угодить князю.

Тут-то и началась история. Рубашкин вечером сидел у князя. Они ожидали милых гостей. А тем временем в саду в потемках ходили две тихие фигуры: Илья и Кирилло. Илья давно добивался случая повидаться с князем, объявить ему обо всем, что он знал о своем отце, но Роман его бы не допустил. Кирилло тоже хотел проситься на оброк, а его заставляли работать с крестьянами. Приятели решились попозднее, когда приказчик уйдет, явиться к князю и лично добиться дела. Вдруг они увидели впотьмах, у решетки дома, двух девушек, подкрались и подслушали их речь. Кирилло узнал Фросю. Девушки ушли на крыльцо. Дверь за ними щелкнула. Приказчик сошел в контору. Огни в доме стали погасать. Светилось только окно в спальне князя, близ балкона, во втором ярусе дома.

Кирилло зашипел от ярости:

— А! Фроська, подлячка! узнал ты ее?

В уме Ильи мелькнул первый вечер его возврата домой, голубятня, стоны и та же Фрося. Приятели переждали и решились подсмотреть за девушками. Кирилло взлез на балкон по трубе к окну спальни, с целью заглянуть в окно. Илья ждал внизу. Их застал Роман и крикнул караульных. Они убежали. Роман будто бы видел и Илью. Эта сцена сильно напугала и князя и Рубашкина. «Ведь они могли нас убить!» — решили они и дали знать о дерзости Ильи посреднику.

Через два дня из-за Авдулиных бугров явился босоногий чужой мальчишка и принес в контору записку, писанную карандашом, от посредника, такого содержания:

«Приказчику села Есауловки. Прошу созвать к барскому двору все общество бывших крестьян помещика князя Мангушки на завтрашний день с утра. Мировой посредник Ралов».

Мальчишка ткнул записку в руки Романа и исчез, пока тот успел прочесть ее и собраться с мыслями. Роман был поражен. Прочтя записку, он кинулся наверх к князю. Через пять минут в Сырт опять поскакал верховой, и Рубашкин явился снова.

— А, каково? — шептал князь, давая ему записку посредника, — «прошу» вместо «приказываю», и кому же, мужику? И потом, как ядовито: бывших крестьян князя? Какой-то Ралов! Да это забавно! Записка по такому важному делу на клочке дрянной бумажки и карандашом. Да это террор?

— И фамилия какая скверная! Ралов! — перебил генерал, — какой-нибудь нищий!

Рубашкин прочел записку и плюнул.

— Ему жалуются на разбои, негодяи лезут в окна, а он пишет в контору! Нет, это бесчестно, подло! Я к министру буду писать. Завтра я у вас непременно буду опять, чтобы все видеть.

— О, пожалуйста, ваше превосходительство!

Рубашкин уже с весны не останавливал никого, когда его титуловали по-генеральски.

Рано утром Рубашкин уже явился к соседу и застал его за стаканом кофе еще не умытым, в ермолке и халате.

— Вы еще нежитесь?

— Да-с! День будет, надо полагать, тяжелый…

— А что? Разве этот, как бишь его, Ралов скоро будет?

— О, нет еще! Куда им, этим молокососам. Я думаю, еще спит. Только для форсу с утра требовал сбора людей. Разве к вечеру будет. Не хотите ли чаю или закусить?

Князь потянулся, позвонил. Вбежал Власик и не своим голосом крикнул: «Посредник едет!»

— Вот-те и на!

Приятели бросились к окну, из которого было видно, как толпа мужиков у ворот задвигалась. Издали, версты за две, по косогору спускалась коляска четверней.

— Однако, коляска! — сказал князь, — так они у вас в колясках ездят!

Крестьяне заранее один за другим сняли шапки. По зеленой луговине от двора навстречу посреднику поскакал приказчик Роман.

— Это зачем? — спросил Рубашкин, — а, понимаю! верно, пригласить его прямо к нам.

Князь кинулся одеваться. Рубашкин, оставшись один, спустился в залу и стал перед зеркалом, принимая разные внушающие положения. В это время за воротами раздался стук колес, но коляска к крыльцу не подъезжала. Рубашкин пошел сперва в переднюю, потом в кабинет. Там уже стоял князь. Князь глянул на Рубашкина: на генерале явились звезда и фрак. Рубашкин глянул на князя: на князе звезды не было, но он также облекся во фрак и белый галстук и нацепил на себя заграничный орден какого-то овна девы, полученный им за жертвы в пользу иностранных богаделен. Приятели были в сильном волнении. В окно было видно, как посредник у ворот вышел из коляски с письмоводителем, как крестьяне скромно ответили на его приветствие, и тотчас стал опрашивать крестьян. На нем были: беловатое драповое пальто и старенькая помятая фуражка. Письмоводитель был тоже в старой шинельке.

— Что же это? — спросил князь, — они, кажется, идут под амбар?

В комнаты стремглав вбежал приказчик, крича лакею:

— Стол посреднику, стул и чернильницу!

— Ты-то чего мечешься? — шепнул ему сердито Рубашкин, — отчего к князю не идет?

— Не можем знать-с; говорят: я не в гости приехал, а по делу; кланяйся им и скажи, что я прошу их прийти и при обществе объявить все, чтобы крестьяне знали, что я посредник, а не гость князя.

— И это он сказал при всех?

— При всех.

Князь и генерал переглянулись.

— Вы пойдете туда? — спросил Рубашкин.

— А вы?

— Нет, вы скажите.

— Нет, вы.

Словом, приятели остались, угрюмо уселись во фраках у окна и не пошли на следствие посредника о беспорядках в Есауловке. Из окна была видна у амбара куча народа и стол, за столом перед бумагами на стуле посредник. Он говорил, вставал, садился. Был слышен ответный гул голосов. Из дверей конюшни, из окон и из-за углов кухни и других зданий

178

везде торчали взволнованные лица любопытных. Тут были и выпущенные из острога музыканты, и несколько призванных нарочно в свидетели жителей соседних имений. Власик взобрался на крышу амбара и оттуда с другими ребятишками также слушал, что говорилось на той небывалой сходке. Илья Танцур и Кирилло стояли в толпе крестьян. Роман стоял с письмоводителем за стулом посредника. По приказанию князя, верховой поехал в Сырт за Саддукеевым. Посредник не в первый раз уже являлся убеждать есауловцев покориться новому положению. Потравы лугов, рубка леса и всякие ослушания продолжались. Посягательство Ильи и Кириллы на спокойствие князя в ночь, когда их застали у балкона, клало меру терпения посредника. Долго он высчитывал вины общества, долго горячился, кричал, даже охрип и грозил все дело передать земской полиции.

— Это ты всему зачинщик! — сказал он, наконец, Илье и прибавил, — сотские! взять его и отправить в стан. Пусть с ним с первым ведается полиция!..

Илья выступил.

— Коли отец мой и тут гонит меня, — сказал он, — так я молчать не буду. Он погубил отца моей невесты, доносил на меня, что я с ворами лазил в дом барина, теперь донес, что видел меня опять ночью у балкона, выставляет, что я людей смущаю, не так законы им читаю. Православные, полно батьке моему над нами властвовать, кровь нашу пить! сечь людей через становых да на вас жаловаться. Ваше высокоблагородие! я ребенком бегал от немца-изверга, а нынче весной уходил от отца родного. Воротился я всю правду про него сказать. Был в суде дорогою, просьбы моей не приняли, не так написана; был у станового, и тот не принял. Знайте же вы, я про отца своего теперь при людях говорю: он с помещицей Перебоченскою фальшивые ассигнации в Нахичевани покупал да после распродавал; тем они и обогатились. А доказать мои слова могут: помещик Хутченко в остроге, горничная Перебоченской Фрося, что у генерала Рубашкина в ключницах нанимается, и один армянин в Ростове, Халатов. Этот знает и ту книгу, где барыня эта с отцом моим расписывалась в получке тех ассигнаций.

— Ваше высокоблагородие! велите ему замолчать! — вскрикнул Роман, чуть помня себя от злости и испуга.

— Это ко мне не относится, — сказал рассеянно Ралов, — а, впрочем, господин письмоводитель, запишите все это.

Письмоводитель кинулся писать.

Толпа молчала.

— Это все ты скажешь перед судом, — обратился опять посредник к Илье, — а теперь за то, что через тебя вся деревня волнуется, иди под арест. Сотские, взять его!

Илья осунулся назад.

— Не трогайте его, — загудела толпа. — Он правду говорит: мы все за него.

Посредник глянул: все лица были бледны, глаза опущены к земле.

«Эге-ге, — подумал посредник. — Да какой же я был болван, что до сих пор с ним нежничал, потерял столько времени, когда все прямо его считают коноводом»... Он начал было опять кричать, грозить. Письмоводитель выручил его. «Видите, какое здесь село; напрасно вы тут скромничаете, — шепнул он ему, — эта деревня была заброшена. Народ тут незабитый, смелый, так вот все и стоят щетиной, букой. Посмотрите на их морды: волки, звери! Тут без станового вам не обойтись. Советую приказать послать за ним нарочно...»

Посредник услышал кругом себя ропот толпы, крикнул ей: «Молчать», — и когда крестьяне через выборных отказались даже подписать протокол сходки, повторяя, что, пока князь не сменит приказчика Романа, до тех пор они не пойдут на работу, он прибавил:

— Господин письмоводитель! пишите повестку к становому. Пусть он заставит их опомниться. Я не выеду отсюда до тех пор, пока вас силой не заставят слушаться меня и выдать Илью.

В это время тихо подошел к толпе подъехавший на беговых дрожках и запыленный Саддукеев. Подойдя к посреднику, он поклонился ему, расспросил его, сначала не взял в толк, в чем дело, но потом отозвал его в сторону.

— Извините меня! — сказал он, — вы не выдержали. Одумайтесь, будьте хладнокровнее. Смотрите сами на эти лица: какие же они звери? Вас сбил письмоводитель, переждите, не дайте вмешаться в это дело полиции. У вас немалые силы в руках. А иначе вы наделаете такого, что и сами не будете рады.

Посредник обиделся и ответил:

— Я знаю, что я делаю! Терпенье мое лопнуло. И то мне совестно перед губернатором и перед всем этим околотком.

Через четверть часа один из сотских поехал в стан с повесткой. Посредник, забыв роль, сидел у князя, и все ругали наповал крестьян.

— Оставайтесь, господа, ночевать у меня! — сказал князь гостям, — мне скучно, да теперь и не совсем безопасно, а становой будет только завтра.

Весь вечер хозяин и гости то подходили к окнам, то выходили на крыльцо, прислушиваясь и приглядываясь к тому, что делается в селе. Власику велели растопить камин в портретной галерее и там сели ужинать. Есауловка заволновалась. В сумерки среди нее показалось много посторонних лиц из других слобод. Они явились узнать новости о заезде посредника. Все тихо шушукались, глядели на барский дом. Кабак, сверх ожидания, был пуст. Тревожные кучки народа ходили по улице, садились под хатами, у ворот, у церквей, и к ночи все столпились у двора Ильи. Илья с вечера воротился в свою хату на Окнине. Всякого нового, подходившего к его двору, окликали словами: «Кто идет?» — «Казак!» — отвечали подходившие. Бабы и дети заперлись по своим хатам. В избе Ильи светился огонь.

— Что там делается у него? — спрашивали те, кто стоял, за теснотою, на дворе.

— Царское положение читает со стариками народу про посредников и про становых.

— Да нам же читал посредник.

— То подложное. Там главные страницы вырваны. А на самом посреднике царских знаков нет; он только кричит, ничего не поймешь, да бородой ковыляет.

На дворе зашумели.

— Идет, идет с книжкою.

— Кто?

— Сам Илья Романыч.

Илья вышел из хаты. Сзади него держали фонарь.

— Православные! — сказал он, кланяясь на все стороны, — старики согласились и положили не сдаваться. Мне что? Отстоите меня, спасибо; нет, голову за вас положу.

— Будь спокоен, не выдадим тебя. Как можно! Всех пусть берут! — загудел народ.

Илья поклонился опять.

— А сечь нас не полагается. Приедет становой, просите; не послушается, не сдавайтесь. Силой станет брать, гоните его понятых. Что нам теперь? Мы вольные… А чтоб лучше столковаться, пойдем за слободу в поле.

— Пойдем, пойдем! — заговорили есауловцы, а с ними авдулинцы, чередеевцы, савинские и прочие поселяне и посланцы от разных сел и хуторов, между которыми находились и старые знакомцы Ильи, сапожник и квасник. Они особенно благоговейно его слушали, с трепетом в толпе произносили его имя, восторженно выхваляя его народу.

Огромная толпа двинулась впотьмах к Кукушкиным кучугурам. Есауловка вдруг стихла. Кое-где только отзывались собаки, жалобно в потемках лая в ту сторону, куда пошел народ.

— Ну, слава богу, затихли! — сказали про себя князь, гости и приказчик, засыпая в разных местах, — завтра будет становой; он их уймет сразу и окончательно. Еще беседовать думают с мужичьем, кротостью брать!

Заря застала Есауловку такою же тихою. Все мирно спали. Спал в своей

181

хате и Илья Танцур, крепко обняв напуганную Настю, которая одна в целом селе не спала, прислушиваясь к дыханию Ильи, приглядываясь к его усталому, бледному и изнуренному лицу, и при занимающемся рассвете думала многое, многое, повторяя про себя: «Ах ты, бедный, бедный! Завязал ты себе глаза от света божьего. Пропали наши головушки; пропала и моя доля навеки. Не видала я счастья; не видючи и в гроб лягу!» Но, кроме Насти, не спал еще один человек в Есауловке, именно флейтист Кирилло Безуглый. Как друга Ильи, его все теперь уважали, заискивали в нем. Он лежал на нарах в общей квартире музыкантов и думал: «Ишь ты, как Илья-то силы забрал. Князь тут, ждут станового, а он с Настей перешел себе в свою хату, да и баста. Сила-человек. Попрошу его отнять Фроську у Рубашкина; и уж коли захвачу пропащую девку, забью до смерти. Пусть знает, как я люблю ее и как изменять мне!»

# XVI

## Бунт

На другой день есауловские крестьяне на работу не вышли. Десятский ходил по селу нахмуренный и для виду усовещивал всех. Он знал о ночном сборище крестьян за слободой и донес обо всем Роману, а тот князю. Князь и Рубашкин перепугались; посредник тоже погрузился в мрачное раздумье.

Становой в тот день не приехал, а явился на следующее утро, в праздник. Народ смутно прохаживался после обедни по улице. Не было слышно ни громких разговоров, ни песен. Даже дети не играли под хатами. Становой был тот самый юноша, который когда-то приезжал в Конский Сырт. Как у всякого другого станового, и у этого против новых мировых учреждений в душе уже было предубеждение. Рубашкин его сразу не узнал. Он пополнел, был смелее, ходил переваливаясь. Представившись князю, он сказал, что все эти волнения чепуха и что в его стане никогда не было, да и не будет более таких выходок со стороны черни. Выразился, что если господин посредник уже вспомнил его, то он сразу уймет толпу негодяев, опросил созванных сотских, узнал, что понятые из окрестностей еще с вечера готовы, и, добродушно покуривая трубочку, велел нарезать добрые пучки розог и привести ко двору Илью Танцура, а с ним и Кириллу Безуглого, по указанию приказчика, главных коноводов затеянного движения. «Кстати же, Илью еще подозревают в

182

поджоге хутора Перебоченской и в разбитии с товарищами этапа под Ростовом, откуда он, вероятно, сам увел и дочку покойного каретника Перебоченской. Я его возьму-таки, отправлю в острог, а для внушения другим еще высеку при всех!»

Сотские кинулись исполнять приказания станового. Князь, Рубашкин и сам посредник вздохнули свободнее.

— Не лучше ли эту грустную экзекуцию произвести вам в другом месте, а не во дворе князя? — сказал Рубашкин становому, — знаете ли, как-то неловко; это напомнит былое… теперь не такая пора… надо оставлять исподволь старые привычки… притом же праздник, народ раздражен…

— Извольте-с! — весело ответил на все готовый юноша и, по совещании с Романом, приказал собрать виновных на барском хлебном току. Рубашкин еще до приезда станового послал к Саддукееву записку такого содержания: «Приезжайте скорее, прошу вас, к князю; останетесь, может быть, и ночевать у него; да захватите, кстати, мое ружье и пистолеты». Роман в новом сюртуке внес на подносах с лакеем закуску становому. В доме настала тишина.

— Не отложить ли лучше до завтра? — спросил князь Рубашкина, — народ, чернь, эти негры, может быть, перепились, набуянят вдвое, сделают насилие, сюда кинутся…

— О! помилуйте! — перебил становой, услыхав слова князя и осушая третью рюмку водки, — вот как я всыплю главным буянам по-нашему, знаете-с, по-былому, розог этак по триста, да при этом раза по два водой отолью, так вздор-то у них из головы выйдет…

— По триста! Mon Dieu, — шептал в ужасе по-французски князь, не покидая софы и греясь под кучею мягких клетчатых пледов.

— Им не впервые. Это не Италия-с, где Венеры купидонов на картинах алыми цветочками секут. Не бойтесь… — прибавил становой и громко рассмеялся.

— Люди готовы-с! — сказал Роман, показываясь в дверях.

— Идем! — решил становой и, проходя мимо Рубашкина, шепнул ему, — князь меня видит в первый раз; если все к вечеру будет как рукой снято, потрудитесь насчет благодарности.

— О, будьте спокойны!

Становой ушел.

В доме и во дворе стало еще тише. Князь, не изменяя положения, мрачно посматривал по зале. В голове его невольно мерещилась кроткая Генуя, его длиннобородый учитель живописи, сборы в Сиену и непобежденная копия ландшафта. Рубашкин подошел к окну, в которое было видно, как по улице к току бежали, вероятно, последние из запоздалых любопытных видеть разделку станового с ослушниками воли

183

посредника. Даже наемный лакей не шел принимать со стола закуски, а стоял у крыльца и также напряженно посматривал за ворота.

— Я схожу взглянуть с бельведера в трубу! — сказал Рубашкин князю, — не видно ли этой картины оттуда? Только странно, что Саддукеев до сих пор не является. Не проедет ли он прямо на ток?

Рубашкин пошел наверх. Но как он ни наводил трубу с бельведера, тока не было видно: он был скрыт за церковью. Рубашкин спустился во второй ярус дома и стал ходить по комнатам, выбирая окно, из которого можно было бы видеть ток. Но отсюда ток был еще менее виден за верхушками деревьев. Адриан Сергеич снова спустился в кабинет, собираясь распечь князя за то, что главное место сельских работ у него не было видно из дома. На пороге кабинета явилась бледная и растерянная фигура: то был Саддукеев. За ним обрисовался на пороге Роман; на приказчике лица не было…

— Что вы наделали? — сказал Саддукеев, бросая шапку на стол и забыв даже поклониться князю, — ах, что вы наделали!

— А что? — спросил Рубашкин. Саддукеев стал обтирать лицо.

— Я к вам бежал целую версту. Вы меня вызвали и не написали зачем; я увидел сборище людей на току и прямо туда подъехал. Спасибо вам, уж и удружили.

— Что же там? Пожалуйста, без обиняков, — перебил его Рубашкин.

— Что там? очень просто: бунт, да уж теперь, поздравляю вас, настоящий!

Саддукеев перевел дух и глянул на стариков: князь и генерал стали бледны как мел.

— Я подоспел туда, становой кончил уже угрозы и брань. Народ стоял между скирдами; понятые по бокам. Главные виновники впереди, то есть Илья, Кирилло и Власик. «Ну-с, а теперь розог!» — крикнул становой. Понятые зашевелились. Положили прежде Власика и стали его сечь. Мальчишка молчал. Народ тоже молчал. Но когда становой приказал раздевать Илью Танцура, несколько голосов отозвалось: «Да за что же это? коли его сечь, так секите и всех нас!» Становой разгорячился, первого попавшегося съездил в зубы, крикнул понятым: «Взять Илью, положить и сечь!» Те было двинулись, а есауловцы на них. «Нет, стой, ребята! Тронете его, так и свои бока берегите!» Произошла свалка. Сперва народ напирал на понятых, потом сотских стали нажимать. Я все порывался было вперед, думая образумить станового: куда! Тот, весь красный, махал руками, ругался, наконец, схватил за грудь Илью, крича: «Ты разбойник, поджигатель, бунтовщик! в кандалы его!» Толпа ожесточилась. «Всех нас бейте! Всех нас режьте! все в Сибирь готовы идти, а Ильи не выдадим! Что мы за бунтовщики? Не тронь его, а не то и тебе не сдобровать!» Становой остановился. «Что стоишь, мерзавец! — спросил он Илью, — попался?

теперь не уйдешь! Понятые не возьмут тебя, я возьму, меня не тронешь, я царский». — «Не смеешь, ваше благородие: не за что! ведь и я царский!» — ответил Илья. «В зубы его, сударь! — кричал сзади станового Роман, — своими руками я бы его придушил!» Илья оглянулся на отца и громко сказал: «Батько, берегись! ты вор: царя обворовал. Православные! али выдадите?» Становой обратился к понятым и сотским: «Если вы его сейчас не возьмете, вот вам бог — все в Сибири будете!» Но тут в толпе кто-то крикнул не своим голосом: «Не тронь его! Ребята! бей! на осину его, в колодезь! огня к барским хоромам!» Что дальше было, я не могу уже себе дать отчета...

— Упаси нас, господи, и помилуй! — простонал у дверей приказчик, утирая расшибленный висок, — конец свету пришел!

— Произошла невероятная свалка! — продолжал Саддукеев, — все перемешалось, и виновные, и понятые, и все село. Я отшатнулся с конем на поводу в сторону. Вдруг слышу возле меня баба орет: «Батюшки! станового бьют!» Я бросил и коня, кинулся вперед, силясь всей грудью протесниться. Толпа расступилась... Из средины ее выскочил в разорванном сюртуке и без галстука становой. Я не без страха подошел к нему. Прошло одно мгновение. «Спасите меня! — шепнул он, ища фуражку, — тут надобно войско...» Я указал ему мою лошадь. Он быстро вспрыгнул на нее, толпа не успела опомниться, и он ускакал, куда? я и сам не знаю; вероятно, в стан, с целью известить обо всем губернатора...

Князь вскочил с софы. Пледы разлетелись по ковру.

— Это ужас, ужас! На станового подняли руки! Мы пропали! О боже, что нам делать? Посмотрите, не идут ли они сюда! Люди, Роман, смотрите в окна, запирайте двери, ворота, ставни...

— Оружие мое привезли? — спросил Саддукеева Рубашкин.

— Извините, не взял; я не ожидал такого исхода дела. А впрочем, располагайте мною; я готов идти уговаривать народ. Но извините меня, господа, более вы сами виноваты. Господин посредник обиделся упорством сходки, не выждал, послал за полицией; вы сами, князь, не пошли на сходку, где одно присутствие ваше...

— Ну, уж извините! Благодарю вас за совет. Жизнь мне дороже, и я предпочитаю на ваш либерализм смотреть издали...

— А я с господином Саддукеевым совершенно согласен! — сказал со вздохом посредник, — я сделал ошибку и, кажется, неисправимую. Нечего делать: надо требовать войско. Становой тоже, вероятно, напишет об этом. Пожалуйте бумаги.

— Войско? — спросил Саддукеев, — да пустите меня к народу; дайте им успокоиться сегодня, а завтра я готов с ними говорить...

— Э, милый мой, — сказал Рубашкин, — делайте свое дело в Сырте и не мешайтесь здесь.

Саддукеев вспылил и долго еще говорил с посредником.

Посредник задумался, взял перо и долго не решался писать к губернатору.

— Если вы не напишете, мы напишем! — сказал ему сухо Рубашкин, и он стал писать.

В ночь с пакетом посредника в губернский город поехал сам Роман Танцур.

— Мне больше нечего тут делать пока! — сказал посредник и, печально раскланявшись, также уехал.

Рубашкин остался снова ночевать у князя, а Роману посоветовал заехать к Перебоченской и также ее пригласить к князю, как ближайшую соседку, разделить в дружеской компании общую участь.

Губернатор, получив пакеты от станового и посредника, обратился за советами к Тарханларову. Бывший советник, а теперь вице-губернатор, Тарханларов, прочел рапорт станового со словами: «Мне сделали насилие, изорвали на мне мундирный сюртук, даже нанесли мне побои, и я едва ускакал верхом на лошади управляющего Сырта», — вспомнил и свой подбитый когда-то висок и запорошенные глаза, отдал обратно губернатору бумаги и сказал:

— Да! этот парень, Илья Танцур, был когда-то надежен… а теперь… теперь точно, ваше превосходительство, надо послать туда военную экзекуцию. Волнение растет.

В Есауловку был назначен к выступлению эскадрон драгун, квартировавший в сорока верстах оттуда.

— А если и это не поможет, я сам туда поеду, — сказал губернатор, — и вперед пошлю артиллерию.

События между тем быстро шли своим чередом.

Прошло три дня после отъезда станового и посредника.

На тройке обывательских прискакал в Есауловку исправник, призвал стариков, выборных и сотских и сказал: «Наконец-то я до вас опять добрался! согласна ли деревня выдать зачинщиков» и, получив отрицательный ответ, прибавил: «Так не прогневайтесь же! завтра будет войско! я вам припомню и понятых у Перебоченской, и все старое!» — и опять ускакал.

Народ начал тревожиться, сходиться кучками. В окрестные села и обратно скакали лощинами и окольными проселками за буграми верховые. В Авдуловке, в Карабиновке и в других особенно забористых хуторах, где проживали старые бродяги Гриценко и Шуменко, происходили шумные сходки. Содержатели одиноких постоялых дворов на большой дороге в город стали задумываться о безопасности своих бочек; крупные побранки и смутный говор жалоб и всяких похвалок слышались в шинках, на перекрестках и на базарах.

Вслед за Романом, который привез князю утешительные вести из города, в княжеский дом явилась в трауре Перебоченская. Князь ее давно не видел и сразу не узнал. Рубашкин, гордясь дружбою князя, по случаю нездоровья его сиятельства, взялся хозяйничать в есауловском доме и угощать ту самую барыню, которая год назад чуть его собственноручно не поколотила на первом его знакомстве с провинцией. Дом князя принимал все более и более торжественный вид. Перебоченская, войдя, объявила, что в ее хуторе обокраден кабак.

Есауловцы между тем сменили выбранных весною своих старшин и поставили головою Илью, а его помощником Кириллу Безуглого. Вечерами они и многие из окрестных сел сходились к Илье на советы.

— Что нам делать? — спрашивали они.

— Будет чистая воля, а это все обман. Батька мой денег наделал, так и скрыл с князем настоящие бумаги.

— А войска? Слышно, на нас идет и конница и пехота.

— Исправник только так грозит. Не за что нас бить.

— То-то, ты уж, Илья Романыч, того, подумай, как нам себя спасти!

Снова прошел день. Любопытство со всех сторон напряглось еще сильнее. Князь опять сидел, укутанный пледами, и молча посматривал на голубой штоф залы, на амуров и муз на потолках, на раззолоченную мебель и на разноцветные стекла окон.

«В Италию бы опять, в Италию, — думал он, — да дела надо уладить с этими скотами; денег мало будет!»

Перебоченская охала и все шепталась с Рубашкиным, поглядывая в окна, не идут ли на них крестьяне.

По условию, перед вечером следующего дня из-за Малого Малаканца снова прискакали в Есауловку исправник с рассыльными и письмоводителем. Уезд и прежде прославлял его за умение подавлять вспышки черни без дальних проволочек. Едучи по Есауловке, он встал в тарантасе, завидел толпу парней, почтительно скинувших перед ним шапки, вытянулся и, грозя кулаком, весь в дорожной пыли, крикнул, едучи:

— Всех вас, подлецов, в Сибирь! всех запорю!..

Есауловцы пуще прежнего бросились советоваться с Ильей. Его двор окружили правильною стражей. Роман на каурой кобылке метался между барской усадьбой и Сыртом.

Хата на Окнине, мечта и счастье Ильи Танцура, стала шумным притоном нескольких сот разгоряченных и отуманенных страхом, незнанием дела и негодованием, голов. С бельведера дома находчивый Рубашкин, князь, барыня и гости стали на нее наводить подзорную трубу, восклицая:

— Видите, видите? Опять к нему идет толпа; с фонарями ходят. Вон, это, кажется, он вышел, что-то опять говорит, все слушают…

Стемнело. Село затихло. По улицам точно кто метлой смел обычных гуляющих по вечерам. Огни в окнах светились только кое-где. Опустела и хата на Окнине. У двора Ильи, боясь его ареста, сменялись только сторожа. Илья Танцур остался в хате с Настей.

— Прощай, Настенька! — сказал он, — бог не дал счастливо с тобой пожить. Погубила нас доля да мой отец. Войско, слышно, идет… Куда-то меня денут? Напрасно я шел так далеко за тобою, отбил тебя от конвоя. Коли узнают откуда как-нибудь, что это я все сделал, погорячился, так мне еще хуже будет; веры ни в чем не дадут. Вон надо на бумаге про все написать, как отец с Перебоченской фальшивыми ассигнациями разбогатели. Поджег я Перебоченскую, уцелела проклятая; ушлют меня за народ, так хоть чем-нибудь доеду ее и батьку.

Настя тихо плакала, сидя на лавке.

— Илюша… оставь эти дела… И так мы в грехе живем… бросим Есауловку… Сейчас же уйдем навеки, с глаз отсюда долой! Илюша! Ты же хотел в Молдавию, к тому трактирщику, помнишь?

— Поздно, Настя. Теперь за мир надо постоять. Отца-то моего, отца-изверга, да и эту барыню под ответ бы подвести. Они изверги, а я не повинен ни перед кем. Одно только: у того деда Зинца я силой взял денег, как шел тебя отбивать. Ну, да я ему ворочу вдвое; у меня вон такой же старик было коня украл, а отдал. Кончим тут дела с миром, уйдем… Бог с ними, с этими местами: тогда с Зинцом расплатимся. А теперь давай перо, бумагу, напишу еще сам про отца и про Перебоченскую; меня возьмут, ты отнеси мое письмо к самому губернатору. Слова мои докажут еще тот барин Хутченко, Фроська и Палашка: грек все разыщет. Лишь бы не отперлись.

Илья сел писать. Настя сидела сбоку и смотрела на него. Голова у ней часто кружилась, в груди сосало. За день перед тем она сказала Илье, что чувствует себя беременной.

— Постой, кончим все, добьемся правды; пойдем к отцу Смарагду. Он тут за сто верст опять на приходе и вовсе к раскольникам не передавался; место лучшее нашел. Он нас отмолит у бога и перевенчает.

Илья кончил письмо и отдал его Насте.

— Спрячь за пазуху.

Настя опять кинулась ему на шею.

— Илюша, голубчик! Убьют тебя, коли в Сибирь не сошлют… На кого ты меня бросаешь? Илюша! Не пожили мы с тобою! А год-то назад, в Ростове? Ночи, Илюша? Наш двор? Улица? Наши прогулки, как я тебе стишки читала? Илюша, оставь эти дела; убежим, нас скроют.

Настя билась на груди Ильи и страстно, судорожно его обнимала.

Плошка в хате чуть теплилась. Валетка во время второго побега Ильи пропадала без вести, а тут опять явилась. Сверчок где-то трещал под лавкою.

— Как тебе, Настя, сказать. Мне что-то вовсе не страшно, как подумаю! Что я сделал, чем повинен? Меня становому сечь не дали. Да ведь так теперь и сказано. Не может быть, чтоб за правду истязали нас, ссылали. Что, в самом деле, куражится исправник? И на него есть управа. Да хоть бы и войска. Вряд ли еще их и пошлет губернатор. Нас только стращают. А меня знают, Настя, и в губернии. Тот чиновник-грек, как заезжал сюда, хвалил меня при всех. Я за правду стоял тогда на следствии; меня подкупали и отец и барыня отказаться от моей подписи на бумагах; я не послушался. Чем же я еще провинился? Народ смущаю? Да ведь меня выбрали! ну, мир приказывает, я и говорю. Не будет войска; душа моя чует, что не будет.

С надворья кто-то с силой стукнул в окно. Настя вскочила… Вошел Кирилло с Фросей.

— Как, и ты, Фроська?

— Одумалась, бросила генерала; я и не бил ее.

— Илья, пропали мы! — сказал, входя вслед за тем, десятский.

— Что такое?

— Войска вступают в Есауловку; сабли за околицей звенят, кони в потемках храпят; сам я у винокуренного завода слышал и побежал к тебе сюда. Народ опять собирается.

— Да это и впрямь по нас стрелять будут? — спросил Кирилло.

Илья, Настя, Кирилло, Фрося и десятский опять поспешно вышли на улицу.

На дворе не было зги видно. Мертвая тишина кругом. Вдали за Лихим, со стороны Конского Сырта, отдавался переливистый лай собак; войска вступали впотьмах через мост оттуда.

Послышались шаги на улице. Кто-то быстро бежал и с размаху наткнулся на десятского.

— Тише, разобьешь!

— Нешто стеклянный стал? Довольно побарствовал: служи теперь и нам.

— Кто идет? — спросил Илья.

— Илья Романыч, идите за околицу войско встречать: мир зовет вас и помощника. Все уже готово: стол и хлеб.

— Кирюша, пойдем! — сказал Илья, — ты ведь мой помощник.

— А баб куда девать?

— Настя, воротись в хатку и возьми к себе Фросю. Эх, Фрося, Фрося! продала было ты нас, да хорошо, что одумалась. Не такая ты была прежде; помнишь голубятню?

— Илья Романыч, голая я ходила у барыни; опять же Кирюшу в острог сажали. А я вам по гроб жизни благодарна, и теперь уж моего душеньку Кирюшу ни на кого не променяю.

— Ну, иди же с ней, Настя; знакомьтесь!

Фрося и Настя пошли переулком опять на Окнину. Два эскадрона драгун, сделав на рысях несколько переходов форсированным маршем, подоспели в Есауловку к сроку, назначенному губернатором и Тарханларовым. В княжеском доме не успели узнать о приближении команды, как передние шеренги драгун уже показались в околице Есауловки.

Старший дивизионер, полный и добродушный майор Шульц, бывший прежде не раз по соседству с Есауловкой на охоте, в самой Есауловке на охотничьем перевале у отца Смарагда, ехал впереди. На улице впотьмах перед ним нежданно обрисовалась густая толпа народа и что-то белое среди нее.

— Что это? — спросил озадаченный Шульц, останавливая коня.

— Святая икона и хлеб-соль вам, отцы родные, слуги царские! — ответило несколько голосов впереди крестьян, в том числе и Илья Танцур. Среди улицы стоял наскоро покрытый скатертью стол, на нем икона. Старики поднесли дивизионеру хлеб-соль. Он оглянулся: солдаты сзади, сняв кивера, крестились. Перекрестился и он.

— Спасибо вам, братцы! — сказал весело Шульц, — встреча ваша христианская; только и вы по-христиански поступайте. Идите по домам и ждите приказаний начальства. Исправник тут?

— Тут. Слушаем, батюшка! Слушаем, ваше высокоблагородие! Мы вас знаем; не раз видели. Не обидьте нас.

Эскадроны тихим шагом стали вступать в Есауловку. «Что за странность? — подумал Шульц, приятно предвидя близкий отдых от ускоренного неприятного пути, — извещают о бунте, а крестьяне встречают нас такие покорные». Конь под майором отрадно храпел и фыркал, чувствуя скорую дачу овса. Шульцу также рисовался в уме вкусный ужин у князя. С другого конца села влетел с колоколами в то же время становой. Он верно рассчитал срок прихода войска и ехал теперь спокойно. В окнах княжеского дома замелькали огни. В пространные пышные горницы вступило еще несколько помощников Шульца, все молоденьких офицеров. Тут же откуда-то вынырнул и французик Пардоннэ с красным носиком, сахаровар князя. Компания составилась большая. Подали закуску перед ужином.

Исправник и становой узнали между тем от молодых офицеров о встрече крестьянами войска с хлебом и солью и вспылили.

— А вам-таки наше мужичье и демонстрацию сделало? — спросил исправник флегматического дивизионера.

— Какую?

— Будто не понимаете? Жаль, что меня там не было!

— Сотских! — крикнул нарочно во все горло исправник, выйдя со становым на крыльцо. Сотские, стоявшие тут же, подошли.

— Теперь уж розог! Да побольше! — возгласил с крыльца еще громче исправник, — сейчас отправиться в соседние байраки и привезти оттуда по крайней мере три воза розог, да самых добрых! Слышите?

— Слушаем.

В полночь по Есауловке проехали к барскому двору три воза розог. Мужики всю ночь напролет не спали и видели это. Зато мирно уснули усталые солдаты, господа офицеры, полиция и князь с гостями. Перебоченская избрала себе для ночлега бельведер.

Давно рассвело. В гостиной еще спали вповалку все гости. Вошел приказчик Роман и тихо тронул за плечо генерала.

— Что тебе? — спросил из-под одеяла Рубашкин.

— Вся деревня-с, все мужики, забрали до зари баб, детей и стариков и с возами, имуществом и скотом выступили в поле. Табор протянулся большущий. Отец Иван их уговаривал, не послушались. Был бы отец Смарагд, наверное, их уговорил бы. А мы с конюхами с колокольни на все смотрели в поле.

— Куда же это они выступили?

— Сам не знаю-с. Посылал я это вскоре после верхом верного лазутчика по кабакам тут поблизи узнать. Так он догнал их уже за Авдулиными буграми. Они стали там, между Емелькиными Ушами и Горбами Стенькиными, в долине лагерем и говорят, что пусть их перебьют, а они в Есауловку более не воротятся, Илюшки не выдадут, бумаг никаких не подпишут и уйдут за Волгу, в Киргизскую орду, на вольные степи. Окружились возами, ходят с косами, с топорами; бабы, дети и все добро их внутри табора, а у иных и ружья в руках. К ним пристали уже кое-кто из авдулинцев, хуторские разные. И коновод над всеми иродово отродье, мой Илюшка. Ходит в красной рубашке промеж возов и всем заправляет. К вечеру ждут еще подмоги из Карабиновки, хотят опять сняться и переправиться за Волгу против Емелькиных Ушей. Карабиновский помещик уже в город уехал с детьми.

— Слышите? — крикнул Рубашкин и вскочил. Все спавшие также проснулись. Нежданные вести о выступе есауловцев всех изумили. Поднялись десятки предположений. А на бельведере гости нашли Перебоченскую уже у подзорной трубы. Она указывала костлявыми пальцами вдаль и предлагала всем смотреть в трубу, в которую действительно ясно был виден вдали верст за десять, между зеленых холмов, в долине, лагерь крестьян, уставленный возами. Среди его дымились костры. Кое-где в поле мелькали отдельные пешеходы.

191

Исправник сказал: «Надо, господа, действовать, а иначе завтра уже будет поздно. Другие слободы могут соединиться с есауловцами; может быть, у них заранее припасено и оружие, тогда наши два эскадрона с ними не справятся. По рапорту станового, губернатор мне дал самые строгие предписания. Время смутное. Прикажите, майор, седлать лошадей, пока мы еще потолкуем».

Поглаживая черные громадные бакены, Шульц поклонился, вышел и сделал нужные распоряжения. Перебоченская покинула бельведер, распустила розовый зонтик, взяла палочку и пошла на улицу.

— Смотрите же, голубчики, солдатики, эскадрончики, не выдайте нас! — лепетала она, обходя кучки солдат, — уж коли велят покорить бунтовщиков, так покоряйте как следует.

Вахмистр отдал приказание майора. Солдаты стали выводить и седлать лошадей. Возле церкви, у ворот священника, у значка ходил часовой. Там и здесь стояли сложенные в козлы ружья. Вышли на улицу из княжеских ворот, в белых чистеньких кителях, в новеньких фуражках и с новыми часовыми цепочками на груди молодые офицеры. Заложа руки в карманы брюк и изредка раздавая приказания от себя, они стали тихо прохаживаться вдоль улицы, рассматривая церковь, опустелые хаты и дворы. Отец Иван, позванный к князю, сумрачно с дьячком пошел в дом. Исправник с сигаркой вышел к офицерам, поболтал с ними и опять озабоченно ушел в дом, прибавя шепотом: «Однако же, господа, вы примите меры, чтоб у всех солдат ружья были заряжены как следует. Может быть, придется... ведь дело нешуточное... пять сел взбунтовалось...»

Офицеры взялись под козырьки и проводили исправника, с которым все были знакомы и не раз играли с ним в карты, словами: «Слушаем-с! Только насчет грозного боя напрасно пугаете. Все кончится пустяками; этого Илью нам выдадут головой; ему и его приятелям вы припишете к вечеру ижицу, есауловцы вернутся домой, князь на радости задаст им пир, а вы должны нам устроить здесь завтра же охоту на лисиц и волков: говорят, в байраках здесь их тьма». — «Шутите, шутите. Вы еще не знаете русского мужика. Это тот же зверь лесной. Не побьешь, он тебя побьет!»

Между тем исправник, при первой вести о самовольном уходе есауловцев из села, послал новый рапорт губернатору с своим рассыльным казаком. В рапорте он говорил, что, вероятно, для спокойствия вверенного ему уезда придется прибегнуть к оружию, но что он постарается еще раз лично отнестись к крестьянам и уговорить их воротиться по домам, и прибавил: «Бунтовщики стали табором в Терновской долине. Их шайка увеличивается из окрестных деревень. Я сделал обыск в избе Ильи Танцура и полагаю, что этот бунт имеет основою и воспоминания о Стеньке Разине. Притом же ходят в народе еще слухи о некоем гетмане

Загребайле, в имени которого нельзя не угадать происков Гарибальди. Для блага уезда и края я полагаю и надеюсь взять сегодня же из этой толпы Илью Танцура силою и препроводить его на суд к вашему превосходительству. Солдаты рвутся исполнить долг чести. Заболевших во вверенном мне отряде не имеется. Исправник Тебеньков».

Князь Мангушко с утра, от нового волнения, озяб и, сев на софу, окутался, да так и не вставал. Кругом его говорили, ходили, спорили, курили. Он молча то поднимал, то опускал белые пушистые бровки, жался более и более в глубь софы, в мягкие гарусные подушки, и повторял про себя: «То ли дело Италия, Генуя, Сиена! Море, живопись, цветы!» Рубашкин также как-то осунулся и обрюзг. Перебоченская шушукалась с отцом Иваном. Французик Пардоннэ не присутствовал. С утра он вдруг почувствовал расслабление в желудке и, забравшись в контору к Роману, улегся на его постели, а Ивановна, охая о сыне и опять сильно выпив, ставила ему на живот припарки.

Молодые офицеры, застегнутые на все пуговки, сидели молча, напряженно, по стульям. Один дивизионер, флегматический и толстый майор Шульц, добродушно смотрел на все происходящее и от нечего делать то расчесывал гребешком свои громадные черные бакены, то раскачивался на стуле и думал: «Экие шуты гороховые! И из-за чего они в набат бьют, создают неведомые страхи. От наших мужиков ждут теперь разиновщины! Дурачье! Я убежден, стоит только выдвинуться, построиться, скомандовать „заряжай“ — и все кинутся врассыпную...»

— Вы, кажется, майор, не разделяете моих убеждений? — спросил его исправник.

— У вас инструкции; мы же должны исполнять волю начальства и не рассуждать.

Положили сперва попробовать последнюю тихую меру: отрядить к бунтовщикам парламентеров.

— Какая досада, — сказал Рубашкин, — мой Саддукеев бог весть из-за чего с вечера вчера ускакал в город, даже без спроса взял моих лошадей и тарантас. Или он письмо какое получил, или так. Вот был бы парламентер: он мастер говорить с народом, и его любят.

— Не по хорошему мил, а по милу хорош! — перебил его исправник.

Парламентеры, однако, поехали за Авдулины бугры. Это были: исправник, Рубашкин, отец Иван и два офицера. Священник поехал на беговых дрожках, остальные — верхами. Генерал и исправник взяли в карманы по револьверу. Когда их кавалькада скрылась за селом, Перебоченская подошла к Шульцу.

Эскадроны стали строиться у церкви. Перебоченская объявила, что теперь не слезет с бельведера и будет следить за всем в трубу. Роман опять сел на каурую кобылку, опять заметался по селу, ускакал в поле, взъехал на бугор и стал смотреть.

Парламентеры ехали скоро мимо зеленых лугов и холмов. Дичь и глушь в эту сторону были особенно суровы и пустынны.

В десяти верстах от Есауловки, в Терновой долине, обставленной со всех сторон новыми высокими буграми, на площадке обрисовался лагерь есауловцев. Парламентеры остановились на окраине последнего отвесного холма, шагах в пятистах от бунтовщиков, бывших под их ногами в долине.

— Да! — сказал Рубашкин, вынимая карманный бинокль, — подлецы ловко стали! Из возов устроили правильное каре. Скот, имущество и дети внутри, а они на часах по краям… Смотрите, действительно косы, топоры, дым; костры разложили, есть варят!..

— Проголодались, бестии! — прибавил исправник, — эх! кабы артиллерия! Вот картечью-то брызнуть бы в мерзавцев; как овцы кинулись бы врассыпную.

— Вон, должно быть, сам Илья Танцур! — сказал офицер, взяв бинокль у генерала, — я догадываюсь, что это, верно, он; только вовсе не в красной разбойничьей рубахе; вон посреди лагеря стоит, будто распоряжается, рослый такой, окружен всеми…

— Ах ты, варвар, шельмец! — крикнул Рубашкин, — и в самом деле, он, узнаю его; он еще в Сырте мне помог. Как люди-то меняются!

В лагере между тем тотчас заметили появление господ на окраине холма. За полчаса перед тем только кончилось укрепление первого становища табора. В числе нескольких сот взрослых тут было человек восемь с охотничьими и солдатскими ружьями. Старики Гриценко и Шумейко привели к табору своих хуторян и стали одними из главных помощников Ильи.

— Да, теперь мужик не дешев стал, теперь вздорожает! — говорил Гриценко, несмотря на свои годы, хлопоча у постановки лагеря. Он знал, как здесь некогда жители отбивались от татар, и взялся руководить устройством первого стана. С шутками и со смехом все принялись уставлять по его указаниям кругом себя возы. То там, то здесь раздавался плач детей, вой и причитыванье баб. Но мужчины храбрились.

— Лишь бы нам за Емелькины Уши пробраться да на перевозе за Волгу уехать. А там уже степями уйдем. Отчего не уйти? Кто остановит? Тут сейчас пойдут царские земли, а не пустят туда, далее уйдем.

— Куда же вы уйдете, беспутные? — причитывала, кашляя, одна старуха, — ой, переловят вас всех, перевяжут и пересекут.

— В Белую Арапию, тетка, уйдем, коли так!

— Да вы сдайтесь, беспутные! — голосила старуха, сидя на опрокинутом бочонке, — ну их! жили, жили, а теперь броди по свету нищими. Ну куда вы затеяли, в какую такую это Белую Арапию? Где она?

— На вольных землях за Астраханью, где рай житье, на речке Белорыбице.

— Да вы меня послушайтесь, ребята! Муж, покойничек-то мой, на эту Сырдарью ходил. Ну... тьма-тьмущая народу тогда тоже было поднялась. Ну... не доходя этой Сырдарьи, и переловили, воротили да и дали каждому на дорогу по сту розог, а придя домой, опять по сту, да еще в оба раза и обобрали. Так-то и с этой, с Белой Арапией, вам на сиденьях будет. Покоритесь, ох, воротимся; вон скотинка целый день не емши стоит, детям побегать, побаловать негде. Куда вы наши старые кости волочите? Не дождаться нам той воли во веки веков.

Поднялись было крики других баб. «Чем вам отбиваться, безумные? Их сила, а вы? Куда вам против господ идти».

— Мы вольные теперь! — отозвался Кирилло, — идем, куда хотим, коли тут теснят, истязают, вот что...

— Бабам глотки заткнуть! — крикнул Гриценко, — а не то Волга недалеко, придем перетопим всех, кто трусит.

— Идти назад! — закричали одни.

— Идти вперед, сниматься! Сниматься опять, в поход! — закричали другие. — Илья, приказывай!

— Как мир скажет, так тому и быть, — отозвался Илья, — я вам, православные, не сказ!

— Да нет... да ты, Илья Романыч, сам скажи, как думаешь. Сам, ничего; вона еще их слушать! — заговорили десятки голосов, — оно, конечно, мир главное... Кто против мира? Однако же скажи и ты.

— Что православные! Надо отбиваться и идти вперед. Тут милости теперь не жди; как мух, нас теперь передушат дома.

— А идти, так идти! Поднимайтесь, братцы, запрягай возы, выезжай. Гайда, вперед! Эка невидаль!

— Какие войска! — заговорил кто-то, — то не войска, ребята, то обман опять! Выжига-исправник савинских понятых переодел, а городские чиновники офицерами переоделись. Ей-богу, так! Эка, пугать...

Толпа загудела и разделилась на две стороны. Одни настаивали идти вперед, другие — воротиться.

— Да вы слушайте. Переберемся через Волгу, к нам пристанут другие села. Вон асеевцы, зеленовцы, головиновцы присылали спрашивать, приставать ли к нам?

— Нет, ребята! — перебил Гриценко, — даром мы на старости лет воротились из бегов. Мы воли чаяли. А где она! Аль опять нам в бродяги идти, разбежаться по волчьим билетам с холоду да с голоду?

— Ой, воротитесь, безумные да беспутные! — голосила баба на бочонке, — не сносить вам головушек! Эки прыткие какие, в Белую

Арапию! А где она, вольная-то Арапия? На том свете только и будет нам волюшка, братцы, в могиле, вот что!

— Ой, не голоси, тетка, кишки выпустим!

— Вперед!

— Назад!

— Где капиталы у нас? С чем идти?

— Бог поможет!

Илья вскочил на воз, замахал шапкой и стал кланяться. Все затихли.

— Братцы, православные! Назад нам не идти более. Что бог даст, пойдемте далее. Войска тронут — отбиваться до последней капли крови.

— Отбиваться, отбиваться! — закричали все.

— Все теперь согласны?

— Все, все!

— Выходите же опять далее, запрягайте возы, а стрелкам идти по бокам!

Гул и шум усилились. Все кинулись снова запрягать возы. Небо перед тем нахмурилось. Стали сбегаться тучки. Ветер подул. Дождь было закапал и перестал.

Тут на обрыве косогора появились над долиной господа парламентеры. В лагере их сразу заметили, озадачились, стихли мигом и стали переглядываться. Исправник что-то сказал отцу Ивану. Священник замахал с обрыва платком.

— Цытьте, цыма-те! — загудела толпа в лагере, — поп о чем-то сказать хочет.

— Что вам, батюшка? — спросил из толпы Илья.

— Вас надули, ребята, образумьтесь! — начал отец Иван с обрыва, — воротитесь, только с уговором: выдайте зачинщиков исправнику — Илью, Кириллу и десятского.

— У нас нет зачинщиков, мы все зачинщики! Коли брать силой нас, берите всех!

— Илью Танцура с товарищами выдайте!

— Не выдадим, не выдадим! Мы все зачинщики! — ревела внизу толпа.

— Бога вы не боитесь, образумьтесь! По вас стрелять будут!

— Не выдадим, не выдадим!

Священник вынул крест из-под рясы и, подняв его над головой, пошел по откосу обрыва к лагерю.

— Нейдите, батюшка! — крикнул вдруг Илья, — нейдите, сами не продавайте бога!

— Выдайте его, ребята! — сказал опять священник, не переставая идти с крестом над головой.

В лагере настала мертвая тишина.

— Убью, батюшка! — крикнул Илья и поднял ружье. Исправник кинулся к священнику и остановил его.

— Нейдите, отец Иван, довольно. Тут все надежды потеряны.

— Да их бы так пустить идти! — сказал офицер, — пусть бы себе шли, ведь далеко не уйдут! А пыл остынет.

Исправник с злобной иронией взглянул на офицера.

— Какие вы, господа, я вижу, еще дети. Стыдились бы говорить! Не видите вы, какие это звери?

Офицер покраснел, замолчал и стал в бинокль опять разглядывать лагерь. Исправник выступил вперед, покричал, погорячился, погрозил и, наконец, объявил, что, если бунтовщики сейчас же не выдадут Ильи, Кириллы и десятского, он уезжает, явится с войском, и тогда уже им пощады не будет.

В это время сзади его на холму раздался скач лошади. Парламентеры оглянулись: ехал на каурой кобылке приказчик Роман. Не доезжая шагов за десять до исправника и других господ, он остановился. Кафтан на нем был расстегнут, седые волосы развевались от ветра, лицо было в поту. Разгоряченная скачем лошадь не стояла на месте под ним.

— Так вы не сдаетесь? — закричал Роман бунтовщикам, кружась на лошади и стараясь подогнать ее к окраине обрыва, — так вы все слушаетесь этого подлеца, Ильюшки? Ильюшка, будь ты проклят за все твои дела! Слышишь? Покорись, собака! Не обижай господ, не мути людей. Идите все вы, сорванцы, к князю и просите прощения! А ты, собака, Илья, будь проклят!

— Коли так, батько, коли ты гибели, моей крови захотел, так знайте меня! Православные! более не сдаваться! Пусть нас бьют, режут, секут саблями! Мы свое дело отстоим! Все ляжем, а не сдадимся. Но с тобой, батько, у меня другие счеты...

— Какие счеты, подлец?

— Ты нажился фальшивыми бумажками, царя обокрал с той барыней, людей своих истязал, погубил отца моей невесты, скрыл волю от всего села, князя подговорил земли нам не давать и вызвал суд и войско на нас. Бог меня с тобою рассудит за твою клятву, а я тебе конец положу своими руками. Я тебе не сын, а ты, христопродавец, мне не батько!

С этими словами Илья схватил ружье, приложился из лагеря в отца, и выстрел грянул.

Исправник, Рубашкин, священник и офицеры в ужасе отшатнулись. Дым рассеялся. Роман скакал обратно в Есауловку. Илья промахнулся. Парламентеры вскочили на лошадей и поскакали также обратно. Через час бунтовщики двинулись далее. А в терновую долину из-за Авдулиных бугров стали показываться первые шеренги идущих из Есауловки драгун.

— Залп по ним, залп без рассуждений! — шептал между тем Рубашкин

197

майору Шульцу, едучи возле него также верхом. А Шульц, поглаживая громадные черные бакены, лениво и стройно покачивался на молодцеватом, бешеном и раскормленном вороном коне.

Но вернемся еще раз в губернский город, куда уехал нежданно Саддукеев.

Слухи о происшествиях в Есауловке и вообще в том уезде сильно одолевали губернатора. С утра он велел никого не принимать, полагая заняться вплоть до обеда петербургской перепиской. В тот день отходила почта. Суета затихла. Кого-то лакей и дежурный чиновник с успехом выпроводили. Было часов восемь утра. Окно кабинета было в нижнем этаже дома. Под окном послышались шаги и сердитый голос: «Тьфу ты, Полинезия проклятая! Да тут не сто лет, не тысячу, а две тысячи надо прожить, чтоб добиться толку в любезном отечестве!» Губернатор кинулся к окну и из-за шторы узнал взъерошенную и разобиженную фигуру Саддукеева. Губернатор вспомнил, что этот оригинал по выходе из гимназии был управителем у Рубашкина, значит, соседом князя Мангушки по Есауловке, куда пошли войска, и что-то сказало ему, что недаром чудак к нему ломился и спорил с лакеями. Губернатор быстро открыл окно, перевесился на улицу, завидел Саддукеева уже вдали и подозвал его.

— Что вам угодно, господин Саддукеев? Вы были у меня? Извините, я занят…

— Ах, боже мой!.. Но вы принять меня должны, должны, ваше превосходительство, если не желаете сделаться… притчею во языцех! Извините ради бога за выражение. Я вне себя… Полиция, исправник готовы сделать в Есауловке ничем не поправимое преступление…

Губернатор иронически улыбнулся.

— Ну-с? Что же там за чудеса готова сделать моя полиция?

— Минуту времени!

— Пожалуйте, войдите ко мне.

Саддукеев опять ввалился в сени и в приемную, скинул пальто, толстые замшевые перчатки, ткнул оторопевшему чиновнику в руки дорожный синий зонтик, быстро застегнулся и устремился к кабинету. Губернатор сам отпер ему дверь в кабинет.

— Говорите, не стесняйтесь! — сказал губернатор как можно спокойнее.

Саддукеев наскоро передал губернатору обо всем, что произошло в Есауловке, как выезжал посредник, потом становой и как становой сам был причиной нанесенных ему неприятностей. Он клялся и божился, что преступники в Есауловке не крестьяне, а сперва посредник, потом исправник и становой, что они выдумали и раздули ими самими произведенный мятеж народа против властей. Тут же он изобразил трусость Мангушки и Рубашкина, которые увидели в этом что-то чудовищно грозное и кровавое, и заключил словами: «Этот мнимый бунт — только продолжение той же истории о торговле фальшивыми ассигнациями Перебоченской и старика Танцура. Илья для них бельмо в глазу, и они его положили извести во что бы то ни стало; становой и посредник затеяли тревогу по собственной вине, а исправник — по старой мести Илье Танцуру за дело выезда Тарханларова к Перебоченской». Губернатор начинал бледнеть и кусал ногти.

— Что же мне, по-вашему, надо делать? — спросил он, не поднимая глаз.

Саддукеев с шумом встал. Его красное лицо было в поту. Большие толстые губы дрожали. Скулы и широкие уши двигались. Серые выпяченные глаза сверкали лихорадочным огнем.

— Ехать! сию же минуту ехать туда вам самим! — сказал он, заикаясь и закидывая назад голову.

Губернатор позвонил.

— А не поздно?

— Не поздно, не поздно еще. Но ради бога скорее! Я поспел к вам в одну ночь. А у вас в распоряжении и курьерские и помещичьи лошади.

Губернатор велел лакею приготовить все к выезду и, отпуская Саддукеева, сказал:

— Мы едем вместе?

— Согласен-с...

— Вы, я думаю, заметили, что я во многом изменился? — спросил губернатор.

— Да-с...

— Вы честный человек, господин Саддукеев, и я вами совершенно доволен.

Был позван Тарханларов и Лазарь Лазарич Ангел.

— Войска через вас я так поспешно послал! — сказал губернатор Тарханларову, — боюсь, не вышло бы чепухи!

Грека он взял с собою, пригласил его и Саддукеева закусить. Коляску подали. Губернатор, грек и Саддукеев сели и покатили, провожаемые с крыльца злыми и завистливыми глазками щеголя-секретаря, пустившего утку о гетмане Загребайле и бывшего издателем местных губернских ведомостей. Лошади были запряжены курьерские. Вперед для заготовки новых смен обывательских лошадей поскакал на другой тройке жандарм. Ямщик гикал, охал, свистал. Четверня неслась в полную скачь. Пыль густыми клубами далеко оставалась позади коляски. Было часов десять утра.

— Успеем ли мы, однако, захватить команду до ее действий? — спросил губернатор, не имея сил отбиться от разных тревожных мыслей.

— Пехоту, вероятно, предупредили бы. Ну, а насчет драгун, вероятия мало захватить их до начала действий. Еще с вечера они должны быть в Есауловке. А сегодня исправник и прочие имели уже довольно времени, чтоб снова насочинять себе страхов и решиться на крайние меры!

Два раза уже коляска останавливалась; вместо курьерских лошадей впрягались при помощи разных веревок и ремешков обывательские, и целые деревни крестьян с бледными лицами хлопотали и возились тут, снаряжая далее на грустное дело губернатора. Ямщики из поселян несмело вспрыгивали на козлы и в седло, суетливо помахивали кнутами, коляска выбиралась опять на зеленые бугры и неслась далее и далее.

Грек, страдавший в последнее время печенью и желтый оттого, как лимон, уставя вдаль красивые грустные и пасмурные глаза, думал: «Не послушались меня, выпустили из рук Перебоченскую, не арестовали приказчика Танцура, допустили опять в исправники Тебенькова, — вот и хлопочите, а дело об ассигнациях я раскрыл бы. Да и трех живодеров тех, Кебабчи, Хутченко и Рахилевича, предлагает выпустить теперь на поруки Тарханларова, благо, сам добился хорошего места!»

Коляска шумно подлетела к дому князя Мангушки. Саддукеев побежал в дом, где в зале наткнулся на Перебоченскую, приготовлявшую на тарелке горчичники.

— Губернатор приехал! Где князь? где исправник, офицеры, войско?

Тарелка выпала из рук Перебоченской.

— Князь сильно заболел, за доктором поехали.

— А офицеры? эскадроны?

Перебоченская оправила чепец, переложила заново крест-накрест платок на груди и, поклонясь входившему губернатору, сказала:

— Бунтовщики бросили Терновую долину и пошли далее. Илья Танцур во время увещаний исправника выстрелил в своего отца. Теперь исправник повел вдогонку им драгун.

— Можно видеть князя? — спросил губернатор.

— Он сильно заболел.

— Велите скорее перепречь лошадей, поедем — сказал губернатор Саддукееву.

— Да, ваше превосходительство, — заговорила Перебоченская, — теперь только на вас и надежда оставь те нас, не дайте погибнуть от этих зверей-мужиков.

Коляска снова выехала за околицу.

Летя во весь опор за Терновую долину, губернатор впервые в жизни почувствовал все значение мгновений, которые он теперь переживал. Стоя в коляске и с тоскливым волнением смотря в синеющую даль прибрежных поволжских холмов и долин, он невольно покрикивал кучеру князя: «Скорее, братец, скорее».

Мелькали кусты и камни, косогоры, ручьи и овраги Вот Авдулины бугры, вот за ними новая черта туманного небосклона. Тучки на небе, справа Волга, слева сплошной лес на косогоре, прямо склон к ровной карабиновской степи. Слух и зрение губернатора напряглись. Ему чудились выстрелы; вдали как будто мелькал дым. Коляска летела и летела. В ней стояли, замирая от волнения, губернатор, Саддукеев и грек.

— Боже! мы, кажется, спасены! — вскрикнул по-французски губернатор, — вон возвращаются драгуны, вон стан ослушников. А вот завидели нас и едут к нам Рубашкин и исправник. Ну, погоди же ты, негодяй Тебеньков! Увернулся из дела Перебоченской, а тут уж я тебе не прощу и поблагодарю за тебя Тарханларова.

На душе губернатора отлегло. Он даже вынул лорнет и оседлал им нос, готовясь встретить спешивших к нему на дрожках Рубашкина и Тебенькова.

Дрожки подъехали. Издали тянулись шеренги драгун. Офицеры не отделялись от своих мест, не скакали навстречу губернатору.

— Ну, что? — спросил губернатор исправника.

— Все кончено-с! — ответил Табеньков, вскакивая с генеральских дрожек.

Губернатор взглянул. Рубашкин сурово поклонился; глаза его были красны; сам он был не похож на себя.

— Как кончено? Стреляли? — спросил, задыхаясь, губернатор.

— Стреляли! — ответил исправник, — иначе нельзя-с было поступить. Дали всего один залп, и бунтовщики покорились.

— Есть убитые?

— Восемь человек убитых и около двадцати раненых.

— Кто же убит? — спросил Саддукеев.

— Бывшие впереди! Вы их всех лично знаете! — подсказал, качая головой, Рубашкин, — убиты: Илья Танцур и его невеста Настя, флейтист Кирилло Безуглый, десятский, два старика из соседних хуторян, бывшие прежде в бегах с Ильей, горничная Перебоченской Палашка и еще какой-то парень, также из бродяг, вернувшихся в последнее время…

Губернатор молчал.

— Теперь и дело Перебоченской и трех ее друзей кончится иначе! — шепнул грек Саддукееву, — пропадут и мои поиски насчет ассигнаций! А я было так подогнал уже это дело.

— Что ж, господа? — сказал губернатор, — я полагаю, что иначе нельзя было и поступить. Ведь этот бунт мог принять нешуточные размеры!

— Позвольте, ваше превосходительство, осмотреть убитых? — спросил грек.

— Я уже осматривал и ничего не нашел! — перебил исправник.

201

Коляска и дрожки поехали обратно в Есауловку. Раненым мятежникам тотчас были оказаны все нужные пособия. Убитых похоронили на другой день. А вечером того дня, как приехал губернатор, в княжеский двор были созваны усмиренные бунтовщики, и губернатор долго их усовещивал, стыдил, грозил им судом, обещал за полное раскаяние испрошения им помилования и уехал, сам растроганный донельзя.

Исправник за дорогую цену продал Перебоченской донос Ильи, найденный на убитой Насте. Перебоченская вздохнула свободнее и на радостях щедро расплатилась с Романом Танцуром, хоть при этом все-таки его прижала.

Стали лелеять приятные надежды о близкой свободе и сидевшие в остроге Хутченко, Кебабчи и Рахилевич. Роман Танцур выпросил себе у князя раньше срока вольную, приписался в губернском городе в мещане, перевел туда жену и сейчас же занялся огромным подрядом хлеба и дров на войска. Рубашкин начал реже ездить к Мангушке, затосковал еще сильнее по милому северу и с началом осени снова уехал в Петербург.

Рубашкин в Петербурге занимает теперь место в одном из ведомств, соприкосновенных к комитетам по части реформы не то земских, не то судебных учреждений. Саддукеев остался управлять Сыртом, детей пристроил в гимназию, стал ездить к князю в Есауловку поиграть в карты и поболтать от скуки. Поговорку о ста годах он вскоре перестал вовсе употреблять, потому что, как-то присутствуя на полевых работах осенью, простудился, схватил горячку и без всякого пособия в присутствии подслеповатой, глухой и отупевшей от старости бабки-знахарки умер.

Губернатора к зиме нежданно отставили. На место же его назначили совершенно новое лицо из университетского поколения времен конца тридцатых годов. Он приехал скромно, тихо, объявил, что все чиновники могут оставаться на своих местах, лишь бы хорошо и честно служили, заперся в кабинет, стал читать все дела до последней страницы, и губерния, ждавшая по былым временам балов и всякого, блеска и шума, сильно огорчилась. Новый губернатор только сделал пока два видных дела: устроил так, что Тарханларова от него перевели в другую губернию, а дело Перебоченской и трех ее приятелей получило новый, и, говорят, грозный для негодяев ход.

www.ingramcontent.com/pod-product-compliance
Lightning Source LLC
Chambersburg PA
CBHW020646260626
47157CB00008B/2925